CONTRIBUTIONES JENENSES
Jenaer Beiträge zur Ökonomik
Band 10

Max-Planck-Institut für Ökonomik

Max-Planck-Institute of Economics

Manfred E. Streit

Wissen, Wettbewerb und Wirtschaftsordnung

NOMOS Verlagsgesellschaft
Baden-Baden

Die Deutsche Nationalbibliothek verzeichnet diese Publikation in der Deutschen Nationalbibliografie; detaillierte bibliografische Daten sind im Internet über http://www.d-nb.de abrufbar.

ISBN 978-3-8329-3322-7

1. Auflage 2008

Statt eines Vorworts:

Wissen, Wettbewerb und Wirtschaftsordnung – Ein Rückblick

Von Manfred E. Streit

Der Titel dieses Aufsatzes ist ein alter. Nach Friedrich August von Hayeks Tod am 23. März 1992 in Freiburg war es für mich als einer der Nachfolger auf seinem Lehrstuhl* eine mehr als angemessene Aufgabe, seiner durch einen Aufsatz zu gedenken, in dem ich sein wissenschaftliches Oeuvre würdigte[1]. Rückblickend auf meine bisherige wissenschaftliche Arbeit kann ich feststellen, daß die im Titel genannten Phänomene zugleich Schwerpunkte meiner eigenen Bemühungen seit meiner Ernennung zum Ordinarius an der Universität Mannheim im Herbst 1971 beschreiben.

Auf das Wissensproblem bin ich zunächst erst indirekt gestoßen. Angeregt durch die damalige Diskussion einer neuen Weltwirtschaftsordnung und der Stabilisierung der Exporterlöse von Produzenten in Entwicklungsländern mit interventionistischen Mitteln stieß ich auf die Nutzungsmöglichkeit von Terminkontraktmärkten. Bei Arbeiten über diese Märkte in Mannheim und noch mehr am Europäischen Hochschulinstitut in Florenz so wie an der Australian National University, Canberra wurde ich mit der Frage konfrontiert, wie die Marktteilnehmer Informationen für ihre Transaktionen erwerben und verarbeiten. Das war eine Fragestellung, die von der Neoklassik, welche in meiner Mannheimer Fakultät und darüber hinaus vorherrschte, mit wenig angemessenen Abstraktionen umgangen wurde[2] und heute noch wird. Hätte ich damals schon Hayeks theoriekritischen Aufsatz „Wirtschaftstheorie und Wissen" gekannt[3], wäre es mir wohl besser gelungen, meine von der konventionellen Ökonomik abweichende Position zu definieren.

Das Thema Wettbewerb möchte ich der Periode in Jena zuordnen, die mit meiner Gründung des Max-Planck-Instituts zur Erforschung von Wirtschaftssystemen, nunmehr Max-Planck-Institut für Ökonomik, 1993 begann. Auf der Suche nach einem Forschungsgegenstand für das Institut und abweichend von der ursprünglich anvisierten Transformation von Wirtschaftssystemen stieß ich im produktiven Diskurs mit meinen Mitarbeitern, die mit mir von Freiburg nach Jena wechselten und anknüpfend

* Im August 2007 verstarb sein direkter Nachfolger, Erich Hoppmann. Ihm, der so eindrucksvoll Hayeks Ideen und ökonomische Theorie vertrat, möchte ich diesen Aufsatz widmen.

1 Der Aufsatz mit dem gleichen Titel ist in Teil A dieses Bandes wiedergegeben.

2 Der entsprechende Aufsatz mit dem Titel „Heterogene Erwartungen, Preisbildung und Informationseffizienz auf spekulativen Märkten" findet sich in Teil A dieses Bandes.

3 Der genannte Aufsatz von Hayek steht im Vordergrund meiner jüngsten Arbeit „Das Wissensproblem der Ökonomik aus Hayekscher Sicht", abgedruckt in Teil A dieses Bandes.

an die in Freiburg betriebene Ordnungsökonomik auf Institutionensysteme und deren Wandel. Das programmatische Resultat des Diskurses wurde zum Inhalt meiner Antrittsvorlesung als Honorarprofessor an der Friedrich-Schiller-Universität Jena am 1. Februar 1995[4]. Mit der Arbeit an diesem Thema wurde ein weiterer Forschungsgegenstand erschlossen, der Systemwettbewerb oder der Wettbewerb zwischen Systemen von Institutionen, d.h. durchsetzbaren Verhaltensregeln, und deren Wandel durch Wettbewerb[5]. Hieraus ergab sich eine Reihe von gemeinsamen Arbeiten mit Mitarbeitern, die bis in die Theorie und Politik der europäischen Integration reichten[6]. Diese Bemühungen machten den Kern der Arbeiten in meiner Abteilung, „Institutionenökonomik und Wirtschaftspolitik" am gegründeten Institut aus.

Wirtschaftsordnung und damit die Ordnungsökonomik steht für meine Arbeiten an der Wirtschaftswissenschaftlichen Fakultät der Albert-Ludwigs Universität Freiburg[7]. Die freiheitlich gesinnten Gründer der „Freiburger Schule" und die von ihnen betonte, ordnungsökonomisch relevante Verbindung von Rechtswissenschaft und Ökonomik sowie die sich daraus ergebende Distanz zur neoklasssischen Ökonomik waren schließlich ausschlaggebend für meine Entscheidung, 1990 von Mannheim nach Freiburg zu wechseln. Erst dort entdeckte ich, wie viel mir von Hayek sowohl wissenschaftlich als auch weltanschaulich zu geben hatte. In der zu Beginn angeführten Schrift zu seinem Gedenken stieß ich auf eine Monographie, deren mangelnde Rezeption durch Gesellschaftswissenschaftler Hayek bedauerte, „The Sensory Order – An Inquiry into the Foundations of Theoretical Psychology", erschienen 1952. Die erkenntnistheoretischen und neurosensorischen Grundlagen dieser Arbeit faszinierten mich und ich ging Hayeks daraus abgeleiteten Grundverständnis von gesellschaftswissenschaftlichen Erkenntnisgegenständen in seinen eigenen Arbeiten nach. Später, nach meiner Erkrankung, sollte ich dieser Monographie noch einmal begegnen und zwar in der Eigenschaft als Herausgeber und Übersetzer der „Sensory Order" im Rahmen der Edition der gesammelten Schriften von F.A. Hayek in deutscher Sprache[8]. Mit der Übersetzung schien sich der Kreis erfreulich zu schließen, der mit meiner Beschäftigung mit der Wissensproblematik vor mehr als drei Jahrzehnten begann. An den Beginn des Aufsatzes zum Gedenken an von Hayek stellte ich ein Zitat aus seiner letzten Monographie „The Fatal Conceit", das für Hayeks Sicht des Ordnungs- und Wissenproblems der Ökonomik charakteristisch sein dürfte:

4 „Dimensionen des Wettbewerbs – Systemwandel aus ordnungsökonomischer Sicht", wiedergegeben in Teil B dieses Bandes.

5 Vgl. hierzu die Arbeit mit Daniel Kiwit in Teil B.

6 Die entsprechenden, mit Werner Mussler verfassten Arbeiten, finden sich in dem von mir herausgegebenen Sammelband „Beiträge zur Institutionenökonomik und Wirtschaftspolitik" Contributiones Jenenses Bd. 8, Baden-Baden: Nomos 2001.

7 Meine in Freiburg entstandenen Arbeiten sind abgedruckt in dem von mir herausgegebenen Sammelband „Freiburger Beiträge zur Ordnungsökonomik", Tübingen: Mohr Siebeck 1995.

8 F.A. Hayek „Die sensorische Ordnung" hrsgg. und übersetzt von Manfred E. Streit, Gesammelte Schriften in deutscher Sprache von F.A. Hayek, Bd. B5, Tübingen: Mohr Siebeck 2006.

„Die eigentümliche Aufgabe der Ökonomie besteht darin, dem Menschen vor Augen zu führen, wie wenig er wirklich über das weiß, was er planen zu können meint.“[9]

Des öfteren habe ich mir die Frage nach der Brücke vorgelegt, welche die im Titel genannten Phänomene verbindet und die zu verstehen helfen mag, warum Hayek mit seinen Konzepten des „Wettbewerbs als Entdeckungsverfahren“ und der „spontanen Ordnung“ häufig auf mangelndes Verständnis stieß. Bei Arbeiten über die marktwirtschaftliche Ordnung und die sie generierenden Prozesse stieß ich auf die Systemtheorie als Erklärungsmöglichkeit[10]. Sie schien sich insofern anzubieten, als die Ordnung aus dem Zusammenwirken oder der Interaktion vieler Individuen durch Transaktionen hervorgeht. Ähnliches gilt dann auch für Wettbewerbsprozesse, die der Hayekschen Forderung zu entsprechen haben, „we must show how a solution is produced by the interaction of people each of whom possesses only partial knowledge[11]. Was das Phänomen Wissen angeht, vermutete Hayek überzeugend, daß individuelles Wissen aus der Interaktion einer Unzahl von Neuronen hervorgeht, die auf sensorische Reize reagieren, welche von der Wahrnehmung eines Individuums ausgelöst werden. Wenn nunmehr unter dem System „eine Anzahl von in Wechselwirkung stehenden Elementen“ verstanden wird, wie es der Nestor der Allgemeinen Systemtheorie und Bekannte Hayeks, Ludwig von Bertallanffy definierte[12], dürfte die systemtheoretische Brücke deutlich geworden sein, welche die hier betrachteten drei Phänomene verbindet. Wenn zudem berücksichtigt wird, daß marktwirtschaftliche Systeme als offen gelten, weil in ihnen überraschende Neuerungen (Innovationen) hervorgebracht werden, bedeutet Offenheit, daß sie nicht vollständig in Form von Kausalitäten abbildbar sind. Da sich die konventionelle Ökonomik in ihrer Vorgehensweise analog zur klassischen Physik relativ einfacher (linearer) Kausalitätsvermutungen bedient, die im Hinblick auf das betrachtete marktwirtschaftliche System wenig angemessen sind, dürfte erklärbar sein, warum Hayek mit seinem systemtheoretischen Grundverständnis ökonomischer Prozesse auf mangelndes Verständnis stieß. Da die planerische Vorwegnahme ökonomischer Prozesse ebenfalls systemtheoretisch bezweifelt werden kann, dürfte sich Hayeks zuvor zitierte Aussage erhellen, daß die Ökonomik die Aufgabe habe, dem Menschen vor Augen zu führen, wie wenig er wirklich über das weiß, was er planen zu können meint.

Abschließend möchte ich es nicht versäumen, denjenigen zu danken, welche direkt oder indirekt meine Arbeit an dem vorliegenden Band gefördert haben. Zunächst habe ich der Max-Planck-Gesellschaft für die finanzielle Förderung der Veröffentlichung

9 F.A. Hayek „Die verhängnisvolle Anmaßung: Die Irrtümer des Sozialismus“, übersetzt von Monika Streißler, Tübingen: Mohr Siebeck 1996, S. 81

10 Zur Systemtheorie vgl. Streit, M.E.: „Von der Ordnungsökonomik zur Systemtheorie – Bemerkungen zu zentralen Forschungsparadigmen „, Contributiones Jenenses, Bd. 9, Baden-Baden: Nomos 2004, S. 31-35.

11 Zitiert nach meinem Aufsatz „Das Wettbewerbskonzept der Ordnungstheorie“ in Teil B dieses Bandes.

12 Bertallanffy, L.v. „Zu einer allgemeinen Systemtheorie“, Biologia generalis 19, 1949, S. 115.

des Bandes zu danken. Ferner und vor allem danke ich ihren Präsidenten, die es mir mit der Einrichtung einer Emerituseinheit am Institut ermöglicht haben, nach meiner Erkrankung wissenschaftlich weiter zu arbeiten. Ferner danke ich meiner Sekretärin, Sandra Deichsel, dafür, daß sie die unumgänglichen Schreibarbeiten sorgsam erledigte und umsichtig half, die Drucklegung des Bandes zu ermöglichen.

Jena und Saarbrücken im Herbst 2007.

Inhalt

C. Wirtschaftsordnung

A.
Wissen

Das Wissensproblem der Ökonomik aus Hayekscher Sicht*

„The phenomen of human knowledge is no doubt the greatest miracle in our universe. It constitutes a problem that will not soon be solved."

K. R. Popper, 1971

0. Überblick

Die Ökonomik dürfte weitgehend eine angewandte Theorie der Wahlhandlungen oder Entscheidungen sein. Entscheidungen setzen Wissen über die Handlungsmöglichkeiten sowie die erwart- und bewertbaren Handlungsfolgen voraus. Der entscheidungsorientierte Umgang mit Wissen i.S.v. Informationen über Gegebenheiten der Außenwelt des Menschen (LORENZ 1997, 38) führt zu den nachstehenden Untersuchungsschritten: Zunächst (Teil 1) wird der Verwertung vorhandenen Wissens nachgegangen. Sodann (Teil 2) wird geprüft, wie Wissen erworben wird. Damit verbunden sind subjektive Wahrnehmungsvorgänge, womit eine neurobiologische Dimension angesprochen wird (Teil 3). Schließlich (Teil 4) gilt die Aufmerksamkeit dem Prozeß, durch den Wissen in einem marktwirtschaftlichen System verbreitet wird. Die genutzten Verfahrensweisen sind entsprechend mit Rationalität, Kognition bzw. Kommunikation in der marktwirtschaftlichen Ordnung oder Katallaxie (HAYEK, 2003, 258ff.) beschrieben.

1. Wissensverwertung: das olympische Modell

Verfügbares Wissen wird nach den in der Ökonomik gängigen Vermutungen perfekt rational zur Handlungsvorbereitung verwertet. Zweckrational handelt, „wer sein Handeln nach Zweck, Mitteln und Nebenfolgen orientiert und dabei sowohl die Mittel gegen die Zwecken, wie die Zwecke gegen die Nebenfolgen, wie endlich auch die verschiedenen möglichen Zwecke gegeneinander rational abwägt" (WEBER 1921/2002, 13). Symbol für eine perfekte Wissenswertung in diesem Sinne ist in der Ökonomik der viel kritisierte homo oeconomicus, der automatengleich und modellkonform alles Wissen nutzt, um optimierend zu handeln. In aller Schärfe kritisierte HAYEK (1937/1952., 65) diese Abstraktion wie folgt: „Man möchte fast glauben, daß

* Erstveröffentlichung in: ORDO, Bd. 58, 2007/2008, 147-153

das Hausgespenst in unserem Schrank, der homo oeconomicus, den wir mit beten und fasten ausgetrieben haben, durch die Hintertüre wieder hereingekommen ist in der Gestalt eines quasi allwissenden Einzelmenschen." Im Hinblick auf die damit verbundenen Wissensanforderungen ist seine Vorgehensweise „olympisch" i.S.v. Herbert SIMON (1983, 3). Sie ist den Bewohnern des Göttersberges vorbehalten und beschreibt das Modellverhalten eines Allwissenden.

2. Wissenserwerb: das neoklassische Kalkül

Die kritische Annahme eines allwissenden Akteurs lässt die Frage entstehen, wie Wissen über die Außenwelt eines Akteurs überhaupt erworben wird. Die Antwort gab einer der Begründer der Informationsökonomik, George J. STIGLER (1961/1971, 66): Bei der Suche nach entscheidungsrelevanter Information wäre ein Optimum erreicht, „wenn die Grenzkosten der Suche dem erwarteten Grenzertrag der Information entsprächen, genau so, wie dies für die Analyse des Käuferverhaltens gilt" (eigene Übers.). Vermutlich unwissentlich widersprach dem Kenneth ARROW (1962/71, 148) mit seinem „fundamentalen Paradoxon in der Bestimmung der Nachfrage nach Information." Danach ist der Wert einer Information einem Akteur unbekannt, solange er sie nicht hat. Hat er sie jedoch, dann wurde sie kostenlos erworben (ARROW, ebenda). Das Stiglerische Nachfragekalkül wird so illusorisch. Mit seinem unwissentlichen Gegenargument handelte sich Arrow eine Fehlinterpretation der Realität ein. Seinem Argument stellte er die Feststellung voran, Information sei ein unteilbares Gut (ARROW, op.cit., 147). Dem gegenüber haben Information und Wissen eine neurobiologische Dimension. Sie sind Produkte menschlicher Wahrnehmung und deren mentaler Verarbeitung, also Produkte menschlichen Geistes oder Bewusstseins (STREIT, 2003, 115ff). Damit wird die Hayeksche Frage aufgeworfen „What is mind?" (Was ist Geist oder Bewusstsein?).

3. Die neurobiologische Dimension des Wissenserwerbs

Mit der vorangegangenen Frage wird zugleich ein Thema angesprochen, das vor allem Psychologen wie von Helmholtz, du Bois-Reymond, Fechner und Mach in der zweiten Hälfte des 19. und der ersten Hälfte des 20. Jahrhunderts bearbeitet haben und das gegenwärtig die Neurobiologie oder Hirnforschung beschäftigt. Es wurde bereits 1910 von Hayek bei seiner kritischen Analyse von Machs Analyse der Empfindungen aufgegriffen und schlug sich später in seiner „sensorischen Ordnung" (HAYEK 1952/2006) nieder[1]. Hinsichtlich der Wahrnehmung und ihrer Verarbeitung, also beim Wissenserwerb, vermutete er, daß die Wahrnehmung auf einem Abgleich

---

1 Die Arbeit mit dem Titel „Beiträge zur Theorie des Bewusstseins ist im Anhang zu HAYEK (1952/2006) S. 199-226 abgedruckt

von Mustern beruht. Am Beginn des Wahrnehmungsprozesses steht die vor-sensorische Erfahrung (HAYEK, op. cit., 160), welche in abstrakten Mustern geronnen ist, die mit konkreten Sinneseindrücken verglichen und zur Entwicklung neuer Muster als Grundlage zukünftiger Erkenntnisleistungen führt. Konrad LORENZ (1973, 150) hat ähnlich wie Hayek vermutet, daß jegliches Erkennen und Wiedererkennen realer Gegebenheiten darauf beruht, „daß in den Sinnesdaten obwaltende Konfigurationen oder Muster mit solchen zur Deckung gebracht werden, die entweder aus der Erfahrung oder aus der Stammesgeschichte gewonnnen, als Grundlage weiterer Erkenntnis bereit liegen – pattern-matching im Sinne von Karl Popper“[2]

Die Verbindung der Mustererkennung zum menschlichem Gehirn stellt ROTH (1997, 250) her, indem er vermutet, daß Wahrnehmungsreize i.d.R von Aktivitätsmustern von Nervenzellen repräsentiert werden. Das erinnert an die Theorie neuronaler Netze (PALM, 1990, GRAUEL, 1996). Folgt man dieser Vermutung, so wird Erkenntnis und darauf fußendes Wissen zu einer ausschließlich subjektiven Kategorie und der Ansatz der Ökonomik, den beobachteten Akteur auf der Grundlage von „Daten“, die diesem und dem beobachtenden Ökonomen bekannt sind, rationale Anpassungen vornehmen zu lassen, zu einer reduktionistischen Objektivierung. Als Reduktion ist die Modellierung des Marktgeschehens insofern zu verstehen, als die „Daten“[3], an die sich alle Akteure anpassen, vorgedachte Lösungen für ein allgemeines Allokationsgleichgewichts sind, dessen Logik die Akteure unter dem Druck eines als vollkommen angenommenen Wettbewerbs notwendig folgen müssen, wenn sie perfekt rational handeln wollen.

Bleibt schließlich noch der Stellenwert zu klären, den die aufgezeigten Ergebnisse der neurobiologischen Kognitionstheorie für die Ökonomik haben. Danach muß die Modellierung des repräsentativen Akteurs, der im Zentrum der ökonomischen Analyse steht, fragwürdig erscheinen. Ebenso fragwürdig ist die Vorwegnahme seiner kognitiven Fähigkeiten, die dadurch geschieht, daß er mit entscheidungsrelevantem Wissen ausgestattet modelliert wird, das dem beobachtenden Ökonomen in Form von

2 In der Neurobiologie wird ähnliches unter „Gestaltsgesetze der Wahrnehmung“ (ROTH 1997, 258) vermutet. Danach (ROTH, ebenda) kann die Mustererkennung auf Arbeiten von Gestaltspsychologen wie Köhler, Metzger und Wertheimer zurückgeführt werden, deren Erkenntnisse in den letzten Jahren an „besonderer Aktualität“ (ROTH, ebenda) gewonnen haben. HAYEK (1952, 2006) verwertete bei seiner Arbeit Erkenntnisse der Gestaltspsychologie, wie aus der Nennung von Arbeiten von Köhler und Metzger im Literaturverzeichnis und im Text hervorgeht. Auch die Theorie neuronaler Netze schien er vorgedacht zu haben als er mit Termini wie „linkages“ oder „Verknüpfungen“ (HAYEK, op. cit., 100) oder gar „Netzwerk von Verbindungen“ (op.cit., 111) operierte.

3 HAYEK (1937/1952, 57) beurteilte die Verwendung von „Daten“ wie folgt kritisch: „es scheint kein Zweifel möglich zu sein, daß diese beiden Begriffe des > Datums <, einerseits als objektive reale Tatsachen, die als dem beobachtenden Nationalökonomen bekannt angenommen werden, und andererseits im subjektiven Sinne, als Dinge, die der Person, deren Verhalten wir zu erklären suchen, bekannt sind, – wirklich grundlegend verschieden sind und sorgfältig auseinander gehalten werden müssen. Und die Frage, wieso die Daten im subjektiven Sinn mit den objektiven Daten je zu einer Übereinstimmung gelangen, ist eines der Hauptprobleme, die wir zu lösen haben.“

Tatsachen oder Daten bekannt ist. Den Wissenserwerb selbst zu modellieren, käme dem Versuch gleich, mentale Vorgänge im menschlichen Gehirn darstellen zu wollen. Dazu bedürfte es aber eines Supergehirns, das eine noch größere Komplexität als der menschliche Kognitionsapparat aufweisen müßte. HAYEK (1952/2006, 181) mußte dazu, seinen eigenen Erklärungsversuch nutzend, resignierend feststellen, „daß wir niemals mit Hilfe des Gehirns detailliert erklären können, wie es unter den jeweiligen Umständen arbeitet, oder vorhersagen, welche Ergebnisse seine Aktivitäten hervorbringen, obwohl wir seinen modus operandi im großen und ganzen verstehen mögen oder, anders ausgedrückt, eine Erklärung des Prinzips, nach dem es arbeitet, haben mögen."

In der Ökonomik wird die Wahrnehmung des von ihr betrachteten repräsentativen Akteurs[4] und deren Verarbeitung, also sein Wissen, in einer Weise modelliert, mit der Erkenntnisse der modernen Kognitionstheorie, insbesondere des sog. radikalen Konstruktivismus (SCHMIDT, 1987, 11ff.), per Annahme beiseite geschoben werden.

Demgegenüber legt gerade diese Theorie Zurückhaltung bei Aussagen über Wahrnehmungsvorgänge bzw. Vorgänge im menschlichen Gehirn nahe. Denn bei ihm handelt es ich, folgt man diesen Erkenntnissen, um „...ein kognitiv in sich abgeschlossenes System..., das nach eigenentwickelten Kriterien neuronale Signale deutet und bewertet, von deren wahrer Herkunft es absolut nichts Verläßliches weiß" (ROTH, 1997, 235). Die von der ökonomischen Modellierung des Wahrnehmungs- und Entscheidungsverhaltens des betrachteten Akteurs abweichende Schlußfolgerung der modernen Kognitionstheorie könnte größer nicht sein, wenn festgestellt wird: „...die von uns erlebte sinnliche Welt ist demnach nur ein Konstrukt des Gehirns, wenn auch keineswegs ein willkürliches Konstrukt"[5] (ROTH, ebenda).

4. Wissensverbreitung: die Katallaxie als Kommunikationsprozeß

Ausgangstatsache dürfte sein, daß das Wissen der Akteure über ihre ökonomische Umwelt, insbesondere die Knappheitsbedingungen, mit denen sie konfrontiert sind, in der betrachteten Gesellschaft breit gestreut und dem beobachtenden Ökonomen in seiner Gesamtheit unzugänglich ist.[6] Nur in einem unrealistischen Extremfall gibt es annahmegemäß bei einem Beobachter zentralisiertes Wissen über alle allokationsrelevanten Tatsachen. Wie zuvor erwähnt, ist dies der Fall eines allgemeinen Allokationsgleichgewichts, wie er von der neoklassischen Wohlfahrtsökonomik modelliert wird. Dort gilt das Wissen als effizienzfördernd verbreitet, wenn alle Akteure mit den gleichen, das Allokationsgleichgewicht widerspiegelnden Knappheits- oder Preisrelatio-

4 Vgl. zum repräsentativen Individuum kritisch KIRMAN (1992)

5 HAYEK (1942/1952, 81) schien diesen Befund aus seiner subjektivistischen Sicht zu antizipieren als er formulierte: „Kurzgesagt, in den Sozialwissenschaften sind die Dinge das, wofür die Menschen sie halten."

6 HAYEK (1937/1952, 70) nennt es das Problem der „Wissensteilung" mit Verweis auf v. Mises

nen als Wissenselemente konfrontiert werden. Ihre perfekt rationale Anpassung an diese „Daten" führt dann unter dem Druck idealen (vollkommenen) Wettbewerbs zu einem wohlfahrtsökonomischen Optimum. Im Grunde wäre es dazu erforderlich, daß auch der beobachtende Ökonom wie eine „freischwebende Intelligenz" (HAYEK 1959/2004, 92) all diese Daten in einem Maximierungskalkül unter Berücksichtigung der realwirtschaftlichen Bedingungen ermittelt und den Akteuren gewissermaßen vorgibt. Mit diesem Kalkül wäre er bei Millionen von Akteuren und auf Tausende von Gütern bezogenen individuellen Nutzenfunktionen hoffnungslos überfordert. Das musste selbst Pareto, auf den diese Überlegung zurückgeht (HAYEK 2004, 121ff.) einräumen. Wäre dies dennoch möglich, könnte behauptet werden, daß alles allokationsrelevante Wissen verbreitet und verwertet wäre.

Ansonsten könnte gefragt werden, wie denn das geschilderte Problem der „Wissensteilung" (HAYEK 1952, 70) bewältigt werden könnte. Unabhängig von dem beschriebenen Einwand des Rechenaufwands würde Hayeks theoriekritische Antwort lauten: „Das Problem ist (daher) in keiner Weise gelöst, wenn wir zeigen können, daß alle Fakten, wenn sie dem Einzelnen bekannt wären (so wie wir hypothetisch annehmen, daß sie dem beobachtenden Nationalökonomen gegeben sind), sie eine Lösung eindeutig bestimmen würden; statt dessen müssen wir zeigen, wie eine Lösung durch das Zusammenwirken von Menschen hervorgebracht wird, von denen jeder nur Teilkenntnisse besitzt." Angesprochen ist damit die Interaktion im wissensgenerierenden marktwirtschaftlichen Prozeß, der hayekschen Katallaxie. Die Wissensgenerierung ist für den einzelnen Akteur nicht kostenlos. Ihm und seinen Tauschpartnern entstehen dabei Transaktionskosten (STREIT, WEGNER 1995, 35ff). Angebot und Nachfrage auf allen Märkten in Übereinstimmung zu bringen, erfordert einen Such- und Signalisierungsprozeß, die Festlegung der Tauschbedingungen, setzt Verhandlungen sowie Vertragsabschlüsse voraus und die Durchsetzung eines Vertrages erfordert eine Kontrolle.

Die damit angesprochenen Transaktionskostenelemente wären für die Wohlfahrtsökonomik kein wirkliches Problem, wenn sie sich analytisch wie bekannte Transportkosten behandeln ließen. STIGLER (1967, 297) griff dies mit folgenden Worten auf: „Informationskosten sind gleichsam die Kosten für den Transport von der Unwissenheit zur Allwissenheit, und selten kann sich ein Käufer die ganze Fahrt leisten" (eigene Übers.). Wie wenig überzeugend dies ist, wurde bereits mit dem Hinweis auf Arrows Informationsparadox gezeigt. Wissen wird also im Marktprozess unter Aufwand von Transaktionskosten generiert und durch Preissignale „in verschlüsselter Form" (HAYEK 2003, 268) kommuniziert. Ein nationalökonomischer Beobachter, der das Geschehen vollständig überblickt und optimierend auswertet, ist dazu nicht erforderlich. „Anzunehmen, daß alle Kenntnis einem Einzelnen gegeben ist, in derselben Weise, in der wir annehmen, daß sie uns als erklärenden Nationalökonomen gegeben sind, heißt das Problem schon in den Annahmen auszuschalten und das zu vernachlässigen, was in der realen Welt wichtig und bedeutsam ist" (HAYEK 1946/1952, 120).

Dem so eindringlich unter Wissensaspekten kritisierten Gleichgewichtsdenken[7] liegt darüber hinaus eine Vorgehensweise zu Grunde, mit der ein weiteres ökonomisches Phänomen auf analytische Handhabbarkeit reduziert wird, der Wettbewerb. Das geschieht dadurch, daß vom Ergebnis, dem ermittelten Gleichgewicht, aus deduziert wird. Wenn es existiert und stabil ist, muß nach dem Verhalten und den Handlungsbedingungen der Akteure gefragt werden, die zu diesem vorgedachten Ergebnis führen. Auf das marktwirtschaftliche System bezogen, ist dann zu fragen, wie muß die Struktur aller gleichgewichtsrelevanten Märkte beschaffen sein, damit sich die Akteure gleichgewichtskonform verhalten? Die Antwort führte zum Verhalten im perfekten Polypol, zur vollkommenen Konkurrenz[8]. Mit diesem Marktstruktur- Marktverhaltens-, Marktergebnisansatz war für die Ökonomik der analytische Zugang zum Wettbewerb als einem komplexen Phänomen nachhaltig versperrt. HAYEK (1968/2003, 132) erinnerte im Widerspruch zu diesem ergebnisorientierten Ansatz daran, „daß überall dort, wo wir uns des Wettbewerbs bedienen, dies nur damit gerechtfertigt werden kann, wenn wir die wesentlichen Umständen nicht kennen, die das Handeln der im Wettbewerb Stehenden bestimmen". In Umkehrung dieses Arguments und als Kritik an dem gleichgewichtsorientierten Ansatz wurde der Wettbewerb für ihn zu einem „Verfahren zur Entdeckung von Tatsachen…, die ohne sein Bestehen entweder unbekannt bleiben oder doch zumindest nicht genutzt werden würden" (HAYEK, ebenda). Folglich fiel Hayeks Urteil über den kritisierten analytischen Ansatz eindeutig aus: „Die Theorie den Informationen anzupassen, die wir haben, ..., ist ein falsches wissenschaftstheoretisches Prinzip." (HAYEK, op.cit., 135).

5. Schlußfolgerungen

Die Behandlung des Wissensproblems durch die Ökonomik erwies sich – folgt man den angeführten Hayekschen Darlegungen – aus den folgenden Gründen als problematisch:

1. Die Verwertung verfügbaren Wissens wird geprägt durch das „olympische Modell" (SIMON). Sie setzt den viel kritisierten homo oeconomicus voraus, der dieses Problem perfekt zweckrational bewältigt und im Grunde dem Modellverhalten eines Allwissenden entspricht.
2. Der Erwerb von Wissen erwies sich beim Vergleich von Betrachtungsweisen neoklassisch orientierter Informationsökonomen (ARROW, STIGLER) als strittig. Anlass bildete eine Vorstellung von Information als einem Gut. Hingegen konnte in Anlehnung an Hayek argumentiert werden, daß der Wissenserwerb subjektbe-

7 Mit Hayeks ambivalenter Behandlung von Gleichgewicht und Gleichgewichtstendenz beschäftigt sich LOY (1988)

8 Eine ausführliche, kritische Analyse des Modells der vollkommenen Konkurrenz findet sich in HAYEK (1946/1952)

zogen neurophysiologisch abgebildet werden kann und sich deshalb einer objektivierenden ökonomischen Interpretation entzieht.

3. Die Verbreitung von Information wird von der Wohlfahrtsökonomik modelltheoretisch abgekürzt. Die Interaktion der Wirtschaftssubjekte im Marktprozess bleibt unterbelichtet und damit auch der Umstand, daß dabei Wissen durch Aufwand von Transaktionskosten generiert und durch Preissignale kommuniziert werden muß. Hingegen impliziert die Wohlfahrtsökonomik einen allwissenden nationalökonomischen Beobachter, der mit einer selbst von PARETO bezweifelten Rechenoperation die Bedingungen für ein effizientes Allokationsgleichgewicht ermittelt und diese den perfekt konkurrierenden Akteuren als „Daten“ vorgibt.

6. Zusammenfassung – Summary

Zusammenfassung

Da die Ökonomik als angewandte Theorie der Wahlhandlungen oder Entscheidungen angesehen wird, erlaubt dies eine entsprechende Behandlung des damit verbundenen Wissensproblems und diesen Essay wie folgt zu gliedern: In einem ersten Teil wird die Verwertung von Wissen überprüft, wie sie in der neoklassischen Ökonomik modelliert wird. In Teil 2 wird gefragt, wie dieses Wissen erworben wird. Das führt zur subjektiven Wahrnehmung, die eine neurobiologische Dimension hat (Teil 3). In Teil 4 gilt die Aufmerksamkeit dem Prozess, durch den Wissen in einem marktwirtschaftlichen System verbreitet wird. Die Ergebnisse der Ökonomik zur Verwertung, zum Erwerb und zur Verbreitung von Wissen werden im Lichte entsprechender Erkenntnisse von F.A. Hayek kritisch gewürdigt.

Summary

Since economics is considered to be an applied theory of choice or of decisions, a corresponding treatment of the knowledge problem allows to organize this essay as follows: In the first part the use of knowledge, available to decisions, as it is modelled in neoclassical economics, will be assessed. In part 2, it will be asked, how such knowledge will be acquired. This leads to perception which has a neurobiological dimension (part 3). In part 4, attention will be paid to the process through which knowledge is disseminated in a market system. The findings of economics related to the processing, acquisition and dissemination of knowledge will be critically assessed by drawing on corresponding views of F.A. Hayek.

Literaturverzeichnis

Arrow, K.J. (1962/1971), Economic Welfare and the Allocation of Resources for Invention in: D.M. Lamberton (Hrsg.), Economics and Information, Harmondsworth: Penguin, S. 141 –159.

Grauel, A. (1996): Neuronale Netze, in : Mannheimer Forum 95/96 – Ein Panorama der Naturwissenschaften, München: F. Luci, S. 11-74.

Hayek, F.A. (1937/1952), Wirtschaftstheorie und Wissen, in: ders. (Hrsg.), Individualismus und wirtschaftliche Ordnung, Erlenbach-Zürich: Eugen Rentsch Verlag, S. 49 – 77.

Hayek, F.A. (1942/1952): Die „Tatsachen“ der Sozialwissenschaften, in: ders. (Hrsg.): Individualismus und wirtschaftliche Ordnung: Eugen Rentsch Verlag, 1952, S. 78-102.

Hayek, F.A. (1942/1952): Der Sinn des Wettbewerbs; in: ders. (Hrsg.): Freiburger Studien, Erlenbach-Zürich: Eugen Rentsch Verlag, 1952, S. 122-140.

Hayek, F.A. (1946/1952), Der Sinn des Wettbewerbs, in ders., (Hrsg.), Individualismus und wirtschaftliche Ordnung, Erlenbach-Zürich: Eugen Rentsch Verlag, 1952, S. 122 – 140.

Hayek, F.A. (1952/2006), Die Sensorische Ordnung – Eine Untersuchung der Grundlagen der theoretischen Psychologie; Gesammelte Schriften in deutscher Sprache, Bd. B5, hrsgg. und übersetzt von M. E. Streit, Tübingen: Mohr Siebeck.

Hayek, F.A. (1959/2004), Missbrauch und Verfall der Vernunft – Ein Fragment. Gesammelte Schriften in deutscher Sprache, Bd. B2 hrsgg. von V. Vanberg, Tübingen: Mohr Siebeck.

Hayek, F.A. (1968/2003): Der Wettbewerb als Entdeckungsverfahren in. F.A. Hayek: Rechtsordnung und Handelnsordnung – Aufsätze zur Ordnungsökonomik, Gesammelte Schriften in deutscher Sprache, Bd. A4, hrsg. von Manfred E. Streit, Tübingen: Mohr Siebeck, S. 132-149.

Hayek, F.A. (2003), Recht, Gesetz und Freiheit, Gesammelte Schriften in deutscher Sprache, Bd. B4, hrsgg. von V. Vanberg, Tübingen: Mohr Siebeck.

Hayek, F.A. (2004), Wissenschaft und Sozialismus – Aufsätze zur Sozialismuskritik, in: ders. Gesammelte Schriften in deutscher Sprache, Bd. A7, hrsgg. von M. E. Streit, Tübingen: Mohr Siebeck.

Kirman, Allen. P. (1992): Whom or What Does The Representative Individual Represent? Journal of Economic Perspectives, Bd. 6, S. 117-136.

Loy, C. (1988): Marktsystem und Gleichgewichtstendenz, Tübingen: Mohr Siebeck.

Palm, G. (1990): Assoziatives Gedächtnis und Gehirntheorie; in: Gehirn und Kognition, Hrsg. W. Singer, Heidelberg: Spektrum – der – Wissenschaft – Verlag S. 164-174.

Popper, K.R. (1971), Objective Knowledge – An Evolutionary Approach, Oxford: Clarendon Press.

Roth, G. (1997): Das Gehirn und seine Wirklichkeit – Kognitive Neurobiologie und ihre philosophische Konsequenzen, Frankfurt/Main: Suhrkamp.

Schmidt, S. J. (1987), Hrsg.: Der Diskurs des Radikalen Konstruktivismus, Frankfurt/Main: Suhrkamp

Simon, H. (1983), Reason in Human Affairs, Oxford: Blackwell.

Stigler, G. J. (1961/1971), Economics of Information, in J. M. Lamberton (Hrsg.), Economics of Information and Knowledge, Harmondsworth: Penguin, S. 61 – 82.

Stigler, G. J. (1967), Information in Labour Market, Journal of Political Economy 70 (Supplement), S. 94 – 105.

Streit, Manfred. E. (2003): Menschliches Wissen – Dimensionen eines komplexen Phänomens, ORDO, Bd. 54, S. 113-122.

Streit, M. E., G. Wegner (1995): Information, Transaktion und Katallaxie – Überlegungen zu einigen Schlüsselkonzepten evolutorischer Markttheorie; in: M.E. Streit (Hrsg.): Freiburger Beiträge zur Ordnungsökonomik, Tübingen: Mohr Siebeck, S. 29-56.

Weber, M. (1921/2002): Wirtschaft und Gesellschaft, 5. rev. Aufl. Studienausg. Nachdruck, Tübingen: Mohr Siebeck.

Menschliches Wissen – Dimensionen eines komplexen Phänomens*

„The phenomenon of human knowledge is no doubt the greatest miracle in our universe. It constitutes a problem that will not soon be solved...“

K. R. Popper (1992)

1. Prolegomena

Wissen im Sinne von Informationen über Gegebenheiten der Außenwelt des Menschen (Lorenz 1997, 38) beschäftigte und beschäftigt Philosophen, Psychologen, Biologen, Kognitionstheoretiker und Neurophysiologen. Am wenigsten haben Ökonomen als Sozialwissenschaftler das Phänomen als solches aufgegriffen. Dem stand die Annahme im Wege, dass der von ihnen betrachtete repräsentative Akteur im Grunde alles wusste, was es zur Lösung seines charakteristischen Optimierungsproblems zu wissen gab, und dass er in der Lage war, sein auch einem externen Beobachter zugängliches Wissen perfekt zweckrational zu verarbeiten. Selbst die neuere Informationsökonomik versperrte sich den Problemzugang dadurch, dass das subjektive Element des Wissens, die Verbindung zur individuellen Wahrnehmung, ausgeklammert wurde. Das machte Wissen und mit ihm Information zu einem objektivierbaren, einfachen Phänomen, dessen analytisch-deduktive Handhabung bisweilen zu paradoxen Ergebnissen führte.[1]

Die Verbindung zwischen Wissen im obigen Sinn und menschlicher Wahrnehmung ist so subjektiv und individuell wie das Gehirn des einzelnen Menschen. In ihm wird Information als von außen kommender, efferenter Impuls sensorisch erfasst und verarbeitet. Dieser Vorgang ist Gegenstand der Neurowissenschaft oder Hirnforschung. Er beinhaltet ein Zusammenwirken von Milliarden vernetzter Neuronen im cerebralen Kortex. Das macht die Komplexität des Phänomens des menschlichen Wissens, seiner

* Erstveröffentlichung in: ORDO, Bd. 54, 2003, 113-122

1 Im Falle der Informationsbeschaffung erfordert die neoklassische Optimierung einen Informationsgrad, bei dem Grenzkosten und Grenzertrag der zu beschaffenden Information ausgeglichen sind (Stigler 1962, 66). Das führt allerdings zu einem fundamentalen Paradoxon; denn der Wert (Grenzertrag) einer zusätzlichen Information ist dem Informationsnachfrager nicht bekannt bevor er die Information erworben hat. Dann aber hat er sie ohne Kosten erworben. (Zu diesem Ergebnis kommt Arrow 1971, 148, ohne jedoch sein neoklassisches Räsonnement im Lichte dieser Erkenntnis zu überprüfen oder gar zu revidieren. Eine Optimierung des Suchaufwands wird unmöglich (vgl. hierzu Streit, Wegner 1995, 39 f.).

Entstehung und Verarbeitung aus.[2] Kognitionstheoretisch sind die sensorischen Rezeptoren oder Sinne (das Sehen, Hören, Fühlen) gewissermaßen „die Tore des Gehirns zur Welt“ (Roth 1987, 229ff.); durch sie strömt Information in Form von Impulsen, die von einem Wahrnehmungsmuster gefiltert und auf Übereinstimmung mit dem bisher vorherrschenden Muster immer wieder überprüft und zur Korrektur des Musters genutzt wird (Lorenz 1997, 149f.).

Philosophisch betrachtet und das Leib-Seele- oder psychophysische Problem aufgreifend, spiegelt der zuvor geschilderte Vorgang der Informationsaufnahme und -verarbeitung die Wechselwirkung zwischen Poppers Welt der physikalischen Gegenstände und Zustände (Welt 1) und der Welt der psychischen Zustände oder Bewusstseinszustände und der subjektiven Kenntnisse sowie der Inhalte des Denkens (Welt 3) wider.[3]

Im Zentrum der Welt der Produkte menschlichen Geistes (Welt 3) steht die Sprache (Popper, Lorenz 1993, 75). Sie stellt die Mittel bereit, Elemente der Welt 1 abstrakt zu repräsentieren und sie hypothetisch mit dem Verstand zu manipulieren. Sprache dient nicht der Übertragung von Informationen über Zustände oder Gegenstände einer der beiden anderen Welten, sondern sie überlässt es dem Adressaten einer Botschaft, diese kognitiv einzuordnen bzw. selbständig Bedeutungszuweisungen vorzunehmen.[4]

Kodiert und übertragen werden die Botschaften durch das Mittel der Schrift. Sie folgt den gleichen Regeln der Syntax wie die Sprache. Eine Botschaft wird nicht grammatikalisch analysiert und bewusst synthetisiert. Vielmehr werden die Regeln der Syntax unbewusst genutzt.[5] Die Kenntnis der Sprache ist nicht etwa angeboren, wohl aber die Fähigkeit, sie zu lernen[6] im Verlauf eines neuronalen Adaptionsprozesses, der in identifizierbaren Regionen des Gehirns stattfindet.[7]

Interaktion als Dimension menschlichen Wissens ist ökonomisch durchaus zugänglich. Entdeckt und zur Erklärung ökonomischer Phänomene genutzt wurde sie vor allem von Hayek und Mises. Sie analysierten menschliches Zusammenwirken im Tausch und im Markt unter Wissensaspekten und gelangten damit zu neuen Einsichten in arbeitsteiliges Wirtschaften. Für sie ging Arbeitsteilung mit Wissensteilung einher (Hayek 1937, Kap. II). Ihre erkenntnisleitende Frage war, wie Wissen über die

---

2 Ein Verständnis von komplexen Phänomenen wie Bewusstsein und Gesellschaft vertritt Hayek (1967, 25) in Anlehnung an Weavers (1967, 168) Probleme organisierter Komplexität.

3 Vgl. hierzu Eccles (1976, 236) in Übereinstimmung mit Popper (in Popper, Eccles, 1987, 62f.). Eccles (ebenda) unterscheidet den äußeren Sinn (Welt 1), den inneren Sinn (Welt 2) und das reine Selbst (Welt 3) als Bestandteile des Bewusstseins. Popper (in Popper, Eccles, 1987, 63) unterscheidet 1. das Universum physikalischer Gegenstände, 2. die Welt psychischer Zustände einschließlich der Bewusstseinszustände und 3. die Welt der Inhalte des Denkens und der Erzeugnisse menschlichen Geistes.

4 So etwa die Interpretation einschlägiger Überlegungen des chilenischen Kognitionstheoretikers Humberto R. Maturana durch Schmidt (1987, 28).

5 Neuropsychologisch sind sie unbewusstes Wissen i.S.v. Ryle (1987) oder implizites Wissen i.S.v. Polanyi (1990). Auch Hayek (1952, 19) bezieht sich auf diese Wissenskategorie.

6 A. Friderici (zit. nach Schnabel, Sentker 1999, 51). Ähnlich auch Roth (1996, 108).

7 Vgl. Eccles (1976, 247f.).

Gegebenheiten in Raum und Zeit, welches über die arbeitsteilig wirtschaftenden Akteure verstreut ist, von ihnen kommuniziert und wirtschaftlich nutzbar gemacht wird. HAYEKS Antwort war, dass dieses Wissen in der „kodierten Form von Preisen" (HAYEK 1976, 117) signalisiert wird, ohne dass etwa ein Walrasianischer Auktionator benötigt würde, der das Gesamtgeschehen überblickte und eine Gleichgewichtslösung für das Allokationsproblem vorgeben könnte.

2. Kognition: Bewusstsein, Vernunft

Wie erwähnt, stellen die Sinnesorgane oder die sensorischen Rezeptoren die Tore des Gehirns zur Welt dar. Sie sind Teil des neurosensorisch begründbaren Wahrnehmungsapparates des Menschen. Seine Komplexität ergibt sich aus der Wechselwirkung von Abermilliarden von Nervenzellen bis hin zum cerebralen Kortex als „dem höchsten und komplexesten von verschiedenen Brücken, die die afferenten Nervenfasern verbinden, welche die Impulse von den peripheren Rezeptoren leiten" (HAYEK 1952, 56, eig.Übers.). Das bedeutet nicht, dass der Wahrnehmungsapparat ein passiver Empfänger von Empfindungen aus der Außenwelt ist. Vielmehr handelt es sich um einen aktiven Mechanismus, der die Fähigkeit zu haben scheint, die Phänomene einzuordnen, auf die die sensorischen Rezeptoren stoßen. In Anlehnung an HAYEK lässt sich behaupten, dass „wir nicht zuerst Empfindungen haben, die dann durch das Gedächtnis bewahrt werden, sondern dass es das Ergebnis physiologischen Gedächtnisses ist, dass physiologische Impulse zu Empfindungen umgeformt werden. Die Verbindungen zwischen physiologischen Elementen sind somit das primäre Phänomen, das die mentalen Phänomene schafft" (HAYEK 1952, 53, eig.Übers.). Diese Behauptung trifft sich im wesentlichen mit KANT, der in seiner Kritik der theoretischen Erkenntnis zu dem Ergebnis kommt: „Alle unsere Erkenntnis hebt von den Sinnen an, geht von da zum Verstande und endigt bei der Vernunft, über welche nichts Höheres in uns angetroffen wird, den Stoff der Anschauung zu bearbeiten und unter die höchste Einheit des Denkens zu bringen" (KANT 1960, 139). Die Bearbeitung des Stoffes der Anschauung führt zu nichts anderem als dem, was man *Bewusstsein* nennt, d.h. zur Entstehung und Entwicklung von Inhalten handlungsleitender menschlicher Wahrnehmung (STREIT 2001, 3). Seine Funktion ist es, unseren jeweiligen Standort in der Welt durch den Entwurf einer Art schematischen Modells oder einer schematischen Landkarte laufend zu überwachen. „Diese Karte – oder dieses Modell – ist eine von zahlreichen mutmaßlichen Theorien über die Welt, die wir haben und fast ständig zu Rate ziehen" (POPPER in POPPER, ECCLES 1987, 124). Der KANT'sche Stoff der Anschauung oder die Bewusstseinsinhalte bestehen, so gesehen, aus Theorien über die Welt, die durch die *Vernunft* handlungsrelevant genutzt werden. Die Nutzung selbst kann durch Verwendung einer Verfahrensnorm, der Zweckrationalität, erfolgen (vgl. hierzu STREIT 2000, 270ff.). Da Theorien grundsätzlich irrtumsanfällig sind, ergibt sich schon daraus ein wesentlicher Vorbehalt gegenüber dem für die Ökonomik so charakteristischen Verständnis von zweckrationalem Handeln. Ein weiterer Vorbehalt bezieht sich auf die Wahrnehmung oder Anschauung. Das, was die sensorischen Rezeptoren signalisieren, ist so subjektiv wie das individuelle Gehirn, das die von den Rezeptoren ausgehenden Impulse verarbeitet. Dem steht entgegen, dass in der Ökonomik von einer objektiven Zweckrationalität ausgegangen wird, nach der die Gegenstände oder Zustände der für den Akteur relevanten Handlungssituation objektivierbar sind. Wird zudem noch unterstellt, dass der betrachtete Akteur in einer vollständig aufbereiteten Handlungssituation leidenschaftslos seinen subjektiven Erwartungsnutzen maximiert, so würde, beliebige Wiederholbarkeit der Entscheidung vorausgesetzt, nichts anderes getan als einem „olympischen Modell" von objektiver Zweckrationalität (Simon 1983, 23) entsprochen; olympisch deshalb, weil es nur durch die Bewohner des Götterbergs realisierbar wäre.

3. Kommunikation: Sprache, Schrift

Wie erwähnt, steht die *Sprache* im Zentrum der Welt 3, der Welt der Produkte menschlichen Geistes. Neurophysiologisch lassen sich die Sprachzentren in der linken Großhirnhemisphäre des Menschen lokalisieren. Gemeint sind das vordere Sprachfeld von Broca und das große hintere Sprachfeld von Wernicke (Eccles in Popper und Eccles 1987, 359). Aus der Lokalisation im Gehirn ergibt sich bereits, dass die Fähigkeit, eine Sprache zu lernen und zu nutzen, Teil der genetischen Ausstattung des Menschen ist. Als Mittel zur Kommunikation hat die Sprache Werkzeugcharakter. Wegen ihrer neurophysiologischen Begründung lässt sich folgern, dass Sprache das einzige Werkzeug ist, das eine genetische Grundlage zu haben scheint (Popper in Popper und Eccles 1987, 75f.). Diese Grundlage reicht so weit, dass das Gehirn mit einer speziellen Sprachfähigkeit ausgestattet ist. Diese phylogenetische Ausstattung bestimmt die Grundstrukturen von allen menschlichen Sprachen.[8] Sie erleichtert den Erwerb einer Sprache ebenso wie die angeborene Disposition zum begrifflichen Denken, zur Symbolbildung und zum Symbolverständnis.[9] Damit sind auch die kognitiven Grundlagen für die symbolorientierte Übertragung von Wissen durch die *Schrift* gelegt. Die Entwicklung der Schrift alter Kulturen[10] verdeutlicht, so steht zu vermuten, eine enge Beziehung zu den dargelegten neurophysiologischen Befunden. Die Symbolbildung, dokumentiert durch die Knotenschrift der Inka (das „Quipu") sowie die Bilderschrift der Maya und Azteken, stützt sich vermutlich auf die Mustererkennung im Wahrnehmungsprozess. Auch die Hieroglyphen im alten Ägypten lassen sich so interpretieren. Die Chinesen bedienten sich zunächst einer von den Ureinwohnern übernommenen

8 Das entspricht der These von Noam Chomsky und seiner Schule (vgl. hierzu Vollmer 1990, 146ff.).

9 Der auffälligste Beleg hierfür ist der von A. M. Sullivan berichtete Fall ihrer von Geburt an taubstummen und blinden Schülerin Helen Keller, die erstaunliche Leistungen beim Spracherwerb und Sprechen leistete, obwohl sie durch den totalen Entzug von Erfahrung durch die genannten Rezeptoren behindert war (vgl. hierzu Lorenz 1997, 231ff.).

10 Zur Entwicklung der vor rund 5000 Jahren entstandenen Schrift vgl. Kuckenburg (1996) Teil II, S. 135ff.

Bilderschrift. Durch Verkürzung der Bilder, ihre Verbindung mit Strichen und vielfache Zusammensetzung entstand aus der schon im 3. Jahrtausend bestehenden Schrift nach und nach eine Wortschrift, bei der jedes Wort ein besonderes Zeichen hatte. Der Entwicklungsschritt zum Alphabet lässt sich am griechischen Alphabet nachvollziehen, das phönizischen Ursprung hatte und aus Bezeichnungen und Symbolen für Haustiere sowie Dinge des Alltags hervorging.

Funktional betrachtet dienen Sprache und Schrift dazu, Wissen des Menschen, gewonnen in seiner Auseinandersetzung mit der Umwelt, zu kommunizieren und diesem Wissen zeitlichen Bestand zu verleihen. Wenn dieses Wissen formuliert und weitergegeben wird, lässt es sich auch von anderen verstehen und überprüfen. Nur so entsteht für viele ein Erkenntnisgewinn (Vollmer 1990, 141), der sich tradieren lässt und damit zum Bestandteil einer Kultur wird. In ihrer wechselseitigen Beziehung sind Sprache und Schrift somit Artefakte kultureller Evolution.

4. Interaktion: Tausch, Markt

Wie bereits erwähnt, stehen für Hayek der Wissenserwerb und die Wissensverwertung im Zentrum der Analyse von gesellschaftlichen Systemen der Arbeitsteilung, in denen autonome Akteure mittels *Tausch* kooperativ interagieren. Unter Wissensaspekten sind folgende wissensorientierte Fragen zu stellen (Streit 1995, 199):

1. Wie werden die Akteure dazu angeregt, Wissen zu beschaffen, das sich für sie als nützlich erweisen könnte?
2. Wie wird derart subjektives Wissen über ökonomische Umstände verbreitet, das auch für Dispositionen anderer nützlich sein könnte?
3. Wie wird die Verwertung subjektiven Wissens kontrolliert, um Irrtümer aufzudecken?
4. Wie werden Irrtümer aufgegriffen und ihnen so entgegengewirkt, dass ihre Folgen für die Funktionsfähigkeit des Systems als Ganzes begrenzt bleiben?

Hayek´s vielzitierte Antwort war: durch die Anreiz- und Kontrollwirkungen des Wettbewerbs als Entdeckungsverfahren. Das Verfahren liefert nicht nur Anreize, Wissen zu erwerben und zusammen mit persönlichem Geschick als Mittel zum ökonomischen Überleben zu nutzen. Zugleich gibt es Informationen an andere weiter und zwar, wie zitiert, in der „kodierten Form" (Hayek) von Preisen. Werden diese Signale von anderen aufgespürt und unter Berücksichtigung der eigenen wirtschaftlichen Umstände korrekt interpretiert, so können sie wiederum Anlass zu vorteilversprechenden Tauschhandlungen oder Transaktionen sein. Der Vorteil kann durchaus auch auf Irrtümern anderer beruhen. Dann geraten jene durch die Transaktionen unter Anpassungsdruck, der auf eine Korrektur des Irrtums hinwirkt. Auf diese Weise werden nachteilige Konsequenzen für die Funktionsfähigkeit des Systems de facto begrenzt. Das System korrigiert sich gewissermaßen selbst. Ein Organisator, der das Systemgeschehen überblicken und korrigierend eingreifen könnte, wird nicht benötigt.

Wissen kann weder perfekt sein, noch ist es kostenlos zu haben. Im Falle von Transaktionen sind Kosten aufzuwenden, um in Erfahrung zu bringen (1) wer mögliche Transaktionspartner sind, (2) zu welchen Bedingungen eine Transaktion durchgeführt werden kann, sowie (3) ob die Transaktion auch vertragsgerecht vollzogen wird. Solche Kosten der Anbahnung, Aushandlung und Kontrolle von Transaktionen beziehen sich auf das zu einer Transaktion erforderliche Wissen. Es sind Transaktionskosten (vgl. hierzu Coase 1960, 148; Streit, Wegner 1995, 38ff.). Ökonomisch bedeutsam ist, dass der Aufwand an solchen Kosten, z.B. der Suche nach Transaktionspartnern, nicht optimiert werden kann, denn das setzte voraus, dass der Wert des Wissens (über diese Partner und ihre Tauschangebote) bereits bekannt ist. Der betrachtete Akteur wüsste bereits wonach er sucht. Er könnte sich nur dafür entscheiden, zu suchen, doch könnte er den Suchaufwand nicht optimieren.

5. Epilog

Wissen entsteht aufgrund von Wahrnehmungen. Diese können sich auf die drei genannten Welten beziehen. Akte der Wahrnehmung werden durch das menschliche Gehirn vollzogen. Sie sind Erkenntnisziele neurowissenschaftlicher Bemühungen.[11] Vorherrschender Bezugspunkt ist die Vorstellung von einem Wahrnehmungsprozess, in dem die laufende Überprüfung und Korrektur von Mustern in der Außenwelt des Menschen steht, das bereits erwähnte „pattern-matching“ (Lorenz 1973, 150). Die Mustererkennung ist ein Akt der Reduktion der Komplexität der Außenwelt, eine Abstraktion. Kognitionstheoretisch spiegelt sie das wider, was Hayek den „Primat des Abstrakten“ (Hayek 1996, 114-129) nennt. Zunächst gibt es die „vorsensorische Erfahrung“ (Hayek 1952, 8.5), welche in abstrakten Mustern gerinnt, die mit konkreten Sinneseindrücken abgeglichen werden und zur Entwicklung neuer Muster als Grundlage zukünftiger Erkenntnisleistungen führen. Dieser Abgleichungsprozess ist verwandt mit dem, was Hayek als multiple Klassifikation (Hayek 1952, 2.59ff.) beschreibt. Neurosensorisch lässt er sich so vorstellen, dass im Verlauf seiner Entwicklung und als Folge unterschiedlicher Sensitivität einzelner Neuronen oder Neuronenfelder auf unterschiedliche Reize aus der Außenwelt sich ein System von sensorisch bestimmten, neuronalen Verknüpfungen oder „linkages“ (Hayek) herausbildet.[12] Es ist in der Lage, die relative Häufigkeit zu registrieren, mit der Teile des sensorischen Systems mit efferenten Impulsen, zum Beispiel visueller Art, zusammengewirkt haben. Auf einer höheren sensorischen Ebene lässt sich mit diesem Klassifikationsapparat auch registrieren, welche Neuronen bei efferenten Impulsen zugleich angesprochen werden und wie häufig dies in gleicher oder ähnlicher Weise

11 Einen populärwissenschaftlichen Überblick über die Fragestellungen und Forschungsansätze geben Schnabel und Sentker (1999).

12 Hayek kommt mit seinen Überlegungen der Theorie neuronaler Netze (hierzu Cravel 1996) und zu entsprechenden Modellierungsversuchen (vgl. Rosenblatt 1962) nahe.

geschah.[13] Das bedeutet, dass das Gehirn alle Klassifikationsprozesse aus sich selbst heraus entwickeln muss. Als System ist es selbstreferenziell und selbstexplikativ, d.h. „es weist seinen eigenen Zuständen Bedeutungen zu, die nur aus ihm selbst genommen sind".[14] Wollten wir den menschlichen Verstand erklären, so erforderten beide Eigenschaften, dass unser Verstand gewissermaßen neben sich selbst treten müsste, um sich bei der Arbeit zu beobachten. Mit allgemein gültigen und naturnotwendigen Axiomen kann er nicht erklärt werden. Damit bleibt auch der Zugang zum Wissen und zur Wissensverwertung als neuronalem Prozess versperrt, trotz aller Fortschritte in der medizinischen Analysetechnik. In Anlehnung an Sokrates können wir nur konstatieren: Wir wissen, dass wir nichts wissen.

Was kann aus den bisherigen Ausführungen für die Ökonomik als sozialwissenschaftliche Disziplin gefolgert werden? Eine erste Konsequenz bezieht sich auf den repräsentativen Akteur, der im Zentrum der konventionellen (neoklassischen) Mikroökonomik steht. Sein Wissen gilt als handlungsrelevant. Nach dem bisher Dargelegten besteht es aus Theorien über seine Außenwelt, die irrtumsanfällig sind. Es sind keine unabweisbaren, problemgerecht zugeschnittene Daten, die einem externen Beobachter zur Verfügung stehen. Sie handlungsrelevant zu verarbeiten ist kein Problem der Entscheidungslogik. Vielmehr geschieht die kognitive Handlungsvorbereitung in einem äußerst komplexen, vielschichtig vernetzten neuronalen Prozess. Seine Ergebnisse überraschen manchmal den Akteur selbst wegen ihrer Neuartigkeit. Lapidar geht es dabei um die blendende Idee, den Geistesblitz oder die Fulguration im Sinne von Lorenz (1997, 49f.). Infolgedessen kann Wahrnehmung durchaus kreativ sein und zu innovativen Handlungen verleiten. Damit wird allerdings der konventionellen Mikroökonomik der analytische Boden entzogen. Das Optimierungskalkül bezieht sich auf allen Akteuren bekannte, problemrelevante Tatsachen oder Daten. Neuerungen können wegen ihrer Unvorhersehbarkeit nicht Gegenstände einer Entscheidungslogik sein.

Die zweite Folgerung zielt auf die Subjektabhängigkeit des Wissens und darauf, wie die ökonomische Außenwelt von einem Akteur wahrgenommen wird. Sein Gehirn leistet ständig aus sich selbst heraus eine Reduktion der Komplexität der Außenwelt. Erfasst werden weder alle noch die wirklichen Eigenschaften von Teilen der Außenwelt, sondern nur Aspekte davon. Diese werden zu früheren neurosensorischen Erfahrungen in Form von Mustern in Beziehung gesetzt und zu deren Korrektur genutzt. Der Vorgang des ‚pattern-matching' ist alles andere als eine Konfrontation mit handlungsrelevanten Daten, die aus der Sicht eines externen Beobachters für alle Akteure Lösungselemente eines stabilen mikroökonomischen Gleichgewichts sind. Hier

13 Hier ergibt sich eine interessante Parallele zu von Foersters „Prinzip der undifferenzierten Codierung" (H.v. Foerster 1985, 43): „In den Erregungszuständen einer Nervenzelle ist nicht die physikalische Natur der Erregungsursache codiert. Codiert wird lediglich die Intensität dieser Erregungsursache, also ein ‚wieviel', aber nicht ein ‚was'". Dem entspricht auch das „Prinzip der Neutralität des neuronalen Codes" (Roth, 1996, 93ff.).

14 So G. Roth (1987, 241) in Anlehnung an die kognitionstheoretische Tradition des radikalen Konstruktivismus, wie sie von Maturana und Varela geprägt wurde.

wird eine Kollision von Ökonomik und neurophysiologisch gestützter Kognitionstheorie ganz im Sinne von Hayeks ‚Sensory Order' erkennbar.

Die dritte Folgerung betrifft die Systemebene und die Frage, wie das auf alle Akteure verteilte und von ihnen generierte Wissen zu einer Koordination ihrer Handlungen genutzt und zugleich korrigiert wird. Die Antwort wurde bereits mit dem Hinweis auf den Wettbewerb als Entdeckungsverfahren gegeben. Er ist ein Verfahren, in dem Wissen unter Aufwand von Transaktionskosten erworben und in seiner Verwertung kontrolliert wird. Insofern weicht es beträchtlich von konventionellen Wettbewerbsvorstellungen ab (vgl. hierzu Streit 2001a, 29f.). Das gilt insbesondere für den Fall, in dem modelltheoretisch die Position eines externen Beobachters eingenommen wird, der davon ausgeht, (1) dass ein zweckrationales Verhalten möglich ist, welches sich an objektiven, allgemein zugänglichen Gegebenheiten orientiert, und (2) dass der evolutorische Charakter der marktlichen Interaktion, repräsentiert durch Neuerungen, ausgeblendet werden kann, um das Koordinationsproblem transparenter zu strukturieren. In besonders ausgeprägter, wenn nicht paradigmatischer Form geschieht dies bei der Modellierung des allgemeinen Konkurrenzgleichgewichts. Da die Preissignale Gleichgewichtspreise sind, enthalten sie alle für das stationäre Konkurrenzsystem relevanten Informationen. In diesem Fall wären alle in der ökonomischen Außenwelt der Akteure bestehenden Allokationsprobleme arbeitsteiligen Wirtschaftens bereits gelöst. Ihnen bliebe nur die automatengleiche Anpassung an diese Signale der Außenwelt, eine relativ einfache und im Hinblick auf das ökonomische Überleben rationale Reaktion. Zugleich würde mit solchen Reaktionen in diesem Modell eine objektiv gedachte Effizienz im Hinblick auf das Gesamtsystem erreicht; denn im Grenzfall bedeutete sie, dass auch die letzte noch lohnende Transaktions- bzw. Substitutionsmöglichkeit wahrgenommen würde. Unter Wissensaspekten lässt sich bei Konkurrenzgleichgewichtsmodellen folgern, dass das Gesamtergebnis von einem umfassend informierten Beobachter gewissermaßen planerisch vorweggenommen sein muss und durch einfache, einfallsarme Anpassungsreaktionen der arbeitsteilig Wirtschaftenden realisiert wird. Mit einer wissensgenerierenden und –kontrollierenden wettbewerblichen Interaktion hat dies wenig zu tun. Es wird nicht gezeigt, wie eine Lösung des Allokationsproblems durch das Zusammenwirken von Menschen hervorgebracht wird von denen jeder nur Teilkenntnisse besitzt (Hayek 1945/76, Kap. IV, 120).

Literaturverzeichnis

Arrow, Kenneth J. (1971), Economic Welfare and the Allocation of Resources for Invention, in: D.M. Lamberton (ed.), Economics of Information and Knowledge, Harmondsworth u.a., pp 141-160.

Coase, R. H. (1960): The Problem of Social Cost, Journal of Law and Economics, 3, 1-44.

Eccles, J. C. (1976): Das Gehirn des Menschen, München: Piper.

Foerster, H. v. (1985): Das Konstruieren einer Wirklichkeit, in: P. Watzlawick (Hrsg.), Die erfundene Wirklichkeit – Wie wissen wir, was wir zu wissen glauben?, Beiträge zum Konstruktivismus, München: Piper.

Grauel, A. (1996): Neuronale Netze: Ein Einblick in Versuche, das Gehirn als Neurocomputer zu verstehen, in: E. P. Tischer (Hrsg.): Mannheimer Forum – Ein Panorama der Naturwissenschaften, München.

Hayek, F. A. (1937): Wirtschaftstheorie und Wissen, in: ders. (Hrsg.), Individualismus und wirtschaftliche Ordnung, 2. Aufl., Salzburg, 156-232.

Hayek, F. A. (1945/76): Die Verwertung von Wissen in der Gesellschaft, in: ders. (Hrsg.), Individualismus und wirtschaftliche Ordnung, 2. Aufl., Salzburg, Kap. IV, 103-121, Erstveröffentl. 1945.

Hayek, F.A. (1952): The Sensory Order – An Inquiry into the Foundations of Theoretical Psychology, London: Routledge Kegan Paul.

Hayek, F. A. (1967): The Theory of Complex Phenomena, in: ders. (Hrsg.), Studies in Philosophy, Politcs and Economies, London und Henley: Routledge.

Hayek, F. A. (1976): Law, Legislation and Liberty, Bd. 2, The Mirage of Social Justice, London und Henley: Routledge.

Hayek, F. A. (1996): Die Anmaßung von Wissen – Neue Freiburger Studien, hrsgg. v. W. Kerber, Tübingen: Mohr Siebeck.

Kant, I. (1960): Die drei Kritiken – in ihrem Zusammenhang mit dem Gesamtwerk mit verbindendem Text zusammengefasst von R. Schmidt, 8. Aufl., Stuttgart: Kröner.

Kuckenburg, M. (1996): ... und sprachen das erste Wort – Die Entstehung von Sprache und Schrift, Düsseldorf: ECON.

Lorenz, K. (1997): Die Rückseite des Spiegels – Versuch einer Naturgeschichte menschlichen Erkennens, München: Piper.

Maturana, H. R. u. *Varela, F. J.* (1980): Autopoiesis and cognition: the realization of living, Dordrecht: Reidel.

Polanyi (1990): Implizites Wissen, Frankfurt/M.: Suhrkamp.

Popper, K. R. und *J. C. Eccles* (1987): Das Ich und sein Gehirn, München, Zürich: Piper.

Popper, K. R. und *K. Lorenz* (1993): Die Zukunft ist offen – Das Altenberger Gespräch mit Texten des Wiener Popper-Symposiums, 5. Aufl., München, Zürich: Piper.

Roth, G. (1987): Erkenntnis und Realität: Das reale Gehirn und seine Wirklichkeit, in: S. J. Schmidt (Hrsg.) Der Diskurs des radikalen Konstruktivismus, Frankfurt/M.: Suhrkamp, 229-255.

Roth, G. (1996): Das Gehirn und seine Wirklichkeit – Kognitive Neurobiologie und ihre philosophischen Konsequenzen, Frankfurt/M.: Suhrkamp.

Rosenblatt, F. (1962): Principles of Neurodynamics – Perceptrons and the Theory of Brain.

Ryle, G. (1987): The Concept of Mind, knowing how and knowing that, Chicago: Chicago Univ. Press.

Schmidt, S. J. (1987): Der radikale Konstruktivismus: Ein neues Paradigma im interdisziplinären Diskurs, in: ders. (Hrsg.) Der Diskurs des radikalen Konstruktivismus, Frankfurt/M.: Suhrkamp, 11-88.

Schnabel, U., A. Sentker (1999): Wie kommt die Welt in den Kopf, Hamburg: rororo science.

Simon, H. A. (1983): Reason in Human Affairs, Oxford: Blackwell.

Stigler, G. J. (1962): Information in the Labour Market, Journal of Political Economy 70 (Supplement), 94-105.

Streit, M. E. (1995): Konstitutioneller Wissensmangel, Spontane Ordnung und Regelorientierung – Hayeksche Paradigmen aus wirtschaftspolitischer Sicht, in: ders. (Hrsg.), Freiburger Beiträge zur Ordnungsökonomik, Tübingen: Mohr (Siebeck), 195-217.

Streit, M. E. (2000): Theorie der Wirtschaftspolitik, 5. neub. u. erw. Aufl., Düsseldorf: Werner.
Streit, M. E. (2001): Hayeks "The Sensory Order" nach 50 Jahren; Diskussionsbeitrag 02-2001, Jena: Max-Planck-Institut zur Erforschung von Wirtschaftssystemen.
Streit, M. E. (2001a): Jenaer Beiträge zur Institutionenökonomik und Wirtschaftspolitik, Contributiones Jenenses Bd. 8, Baden-Baden: Nomos.
Streit, M. E. und *G. Wegner* (1995): Information, Transaktion und Katallaxie, in: M. E. Streit (Hrsg.), Freiburger Beiträge zur Ordnungsökonomik, Tübingen: Mohr (Siebeck), 29-56.
Vollmer, G. (1990): Evolutionäre Erkenntnistheorie, 5. Aufl., Stuttgart: Hirzel.
Weaver, W. (1967): Wissenschaft und Komplexität, ORDO 18, 163-171.

Zusammenfassung

Der vorliegende Aufsatz bezieht sich auf ein Phänomen, mit dem sich Philosophen, Psychologen und Erkenntnistheoretiker beschäftigt haben: dem menschlichen Wissen. Merkwürdigerweise haben es Ökonomen als Sozialwissenschaftler weitgehend ignoriert, indem sie unangemessene Annahmen machten. In diesem Aufsatz werden drei Dimensionen nach einigen Prolegomena (Teil 1) betrachtet: Kognition, die Bewusstsein und Vernunft umfasst (Teil 2), Kommunikation, die sich auf Sprache und Schrift bezieht (Teil 3) und schließlich Interaktion, bei der es um Tausch und Markt geht (Teil 4). In einem Epilog (Teil 5) werden die Ergebnisse zusammengefasst und ihre Implikationen für die Ökonomik als Sozialwissenschaft betrachtet.

Summary: Human Knowledge – Dimensions of a Complex Phenomenon

The present paper deals with a phenomenon which has attracted philosophers, psychologists, biologists and theoreticians dealing with cognition: human knowledge. Curiously enough, economists as social scientists have largely ignored it by making inadequate assumptions. In this paper, three dimensions of the phenomenon will be considered after some prolegomena (part 1): cognition, comprising mind and reasoning (part 2), communication, referring to language and writing (part 3) and, finally, interaction, dealing with exchange and markets (part 4). In an epilogue (part 5), the findings will be summarised and brought into perspective by looking into their implications for economics as a social science.

Nachwort des Herausgebers und Übersetzers zu „Die sensorische Ordnung“*

„The phenomenon of human knowledge is no doubt the greatest miracle in our universe.“

K. R. Popper 1992

I.

Vor gut einem halben Jahrhundert erschien F. A. Hayeks „The Sensory Order – An Inquiry into the Foundations of Theoretical Psychology“. Rückblickend kann der Autor eine leise Enttäuschung über die Resonanz nicht verbergen, die das Buch hatte (Hayek 1977). Er betont die einsichtige und zustimmende Besprechung durch den von ihm häufig zitierten Psychologen E. G. Boring und stellt fest, dass „es praktisch keinen Anhaltspunkt dafür gibt, dass die psychologische Fachwelt auf seine These reagiert habe“ (ebenda, 293). Ausführliche Stellungnahmen erhielt er von dem Biologen, Physiologen und Systemtheoretiker Ludwig von Bertallanffy sowie von dem Neurophysiologen und Nobelpreisträger Sir John Eccles, dem er für das Lesen und die Kommentierung früherer Entwürfe des Buches im Vorwort dankt, der aber gegenüber der Hauptthese skeptisch bleibt (Hennecke 2000, 242). Später vermutete Hayek, dass die Gesellschaftswissenschaftler dieses Buch uninteressant oder unverdaulich fänden[1] (Streit, 1995, S. 160, Fußnote 1). Die Aufnahme, die das Buch fand, lässt sich am besten mit Hilfe des Social Science Citation-Index dokumentieren. Danach wurde die „Sensory Order“ seit Erscheinen 124 mal zitiert, gemessen an 802 Nennungen der besonders häufig zitierten „Constitution of Liberty“.

Hayek räumt im Vorwort rückblickend auf seine ursprüngliche Arbeit um 1920, die im Anhang wiedergegeben wird, seine Schwierigkeit als Autor ein: „Meine Schwierigkeit, der ich mir damals bewusst war, bestand darin, dass ich zwar glaubte, die Lösung für ein wichtiges Problem gefunden zu haben, ich jedoch nicht genau erklären konnte, was eigentlich das Problem war.“[2] (Vorwort s.u.). Hayek schreibt es dem Wiener Psychologen Ernst Mach und seiner „Analyse der Empfindungen“[3] (Jena, 1885)

* *Die sensorische Ordnung*, übersetzt und herausgegeben von Manfred E. Streit, in: ders. (Hrsg.): Fried-rich A. von Hayek Gesammelte Schriften in deutscher Sprache, Bd. B5, Tübingen: Mohr Siebeck 2006.

1 Das scheint er indirekt einräumen zu wollen, wenn er in der Einleitung (Hayek 1952, VIII) Änderungen in der Gedankenführung erwägt.

2 Es ist aufschlussreich, dass Hayek rückblickend wiederholt von seinem „Problem“ spricht, das er in einem „jugendlichen Versuch“ lösen wollte, ohne es zu erläutern. (Hayek 1977, 289).

3 Vgl. hierzu und zur Darlegung von Machs Position de Vries (1994, 316ff.)

zu, den Anstoß zu den Überlegungen zur Organisation der Wahrnehmung gegeben zu haben, die in das Buch Eingang fanden (Hayek 1977, 287). Später rückte er sein Problem in die Nähe der für ihn jungen Disziplin der kognitiven Psychologie.[4] Den Gegenstand seiner Studie umschreibt er mit der Frage „Was ist Geist?" (What is mind?). Geist i.S.d. Gesamtheit aller mentalen Prozesse ergab sich für ihn, das Leib-Seele- oder Geist-Leib-Problem aufgreifend, aus den Beziehungen zwischen drei verschiedenen Ordnungen oder Welten[5] (Hayek 1952, 1.10, 2.7): (1) der objektiven, wissenschaftlichen oder physikalischen Ordnung der Außenwelt des Menschen, (2) seiner eigenen neurosensorischen Ordnung und (3) der mentalen oder phänomenalen Ordnung seiner Sinneseindrücke und anderer mentaler Qualitäten. Hayeks zentrale Aussage war, dass, abweichend von Mach, zwischen der ersten und den beiden übrigen Ordnungen keine Isomorphie oder strukturelle Entsprechung besteht. Die dritte Ordnung oder Welt hatte für ihn eine heuristische Funktion. Sie diente dazu, Aussagen über Denkprozesse machen zu können und zu vermeiden, dass dem Denken eine außerphysikalische Qualität oder „Substanz" (Hayek 1952, 8.40) zugewiesen wird, wie er sie bei den sog. dualistischen Theorien vermutete (ebenda), die seit Descartes im 17. Jahrhundert dominant waren. Ferner sollte damit dem Umstand Rechnung getragen werden, dass das Denken nicht unmittelbar als Folge neuronaler Prozesse beobachtbar ist. Auf solche Prozesse lässt sich bestenfalls schließen (Hayek 1952, 8.44).

II.

Der kognitive Ausgangspunkt, die Wahrnehmung, so vermutete er, ist das Ergebnis von „Klassifikation" und damit der Bildung von Relationen zwischen Sinneseindrükken. Geleistet wird sie durch das Zentralnervensystem „als einem Apparat der multiplen Klassifikation oder besser, als einem Prozess der kontinuierlichen und simultanen Klassifikation und ständigen Reklassifikation auf vielen Ebenen (der Unzahl von Impulsen, die zu einem beliebigen Zeitpunkt ablaufen), zunächst angewendet auf jegliche sensorische Wahrnehmung, aber im Prinzip auch auf alle die Arten von mentalen Ganzheiten, wie Gefühlsregungen, Konzepte, bildhafte Eindrücke (images), Antriebe usw., die wir in dem mentalen Universum vorfinden" (Hayek 1977, S. 289, eigene Übers.).

Klassifikation ist nur möglich, wenn ein entsprechendes Zuordnungs- oder Klassifikationsschema besteht. Für die Wahrnehmung bedeutet dies, dass sie Interpretation im Sinne der versuchten Zuordnung von Sinneseindrücken zu einer oder mehreren

4 Einen Überblick über das damit verwandte Gebiet der Kognitionswissenschaft gibt Thagard (1996).

5 Dies erinnert sehr an die drei Welten, die K. R. Popper (Popper und Eccles 1987, Kap. 2) unterschied: (1) das Universum physikalischer Gegenstände, (2) psychische Zustände einschließlich Bewusstseinszustände und (3) die Welt der Inhalte des Denkens. Eine ähnliche, kognitionstheoretisch begründete Dreiteilung findet sich bei dem Neurokybernetiker G. Roth (1987, 236).

Klassen eines vorgedachten, ordnenden Systems ist. An der Beschaffenheit dieses Systems setzen Hayeks Theorie komplexer Phänomene (HAYEK 1967) und seine „Erklärung des Prinzips“ (HAYEK 1952, 8.57ff.) an. Komplex ist für ihn der neurosensorisch begründbare Wahrnehmungsapparat des Menschen[6]. Die Komplexität ergibt sich aus der Wechselwirkung oder Interaktion von Abermilliarden von Nervenzellen bis hin zum cerebralen Kortex als dem höchsten und komplexesten von verschiedenen Brücken, welche die afferenten Fasern verbinden, die Impulse von den peripheren Rezeptoren leiten. (HAYEK 1952, 3.3). Das bedeutet nicht, dass der Wahrnehmungsapparat ein passiver Empfänger von Empfindungen aus der Außenwelt ist. Vielmehr wird im Laufe von Hayeks Darlegungen deutlich, dass es sich um einen aktiven Mechanismus handelt, der die physiologische Fähigkeit zu haben scheint, die Phänomene zu klassifizieren, auf die die sensorischen Organe stoßen. Hayeks zentrale Behauptung hierzu ist, dass wir nicht zuerst Empfindungen haben, die dann durch das Gedächtnis aufbewahrt werden, sondern erst durch das Gedächtnis wird die physiologische Erregung zur Empfindung (Hayek 1952, 2.50). Die Verbindung zwischen physiologischen Elementen ist somit das primäre Phänomen, das die mentalen Phänomene schafft. In diesem Befund trifft er sich im wesentlichen mit Kant[7], der in seiner Kritik der theoretischen Erkenntnis feststellt (KANT, 1960, 139): „Alle unsere Erkenntnis hebt von den Sinnen an, geht von da zum Verstande und endigt bei der Vernunft, über welche nichts Höheres in uns angetroffen wird, den Stoff der Anschauung zu bearbeiten und unter die höchste Einheit des Denkens zu bringen.“

Die physiologische Fähigkeit, Phänomene zu klassifizieren, schreibt Hayek einem intuitiven Vermögen unserer Verarbeitung von Sinneseindrücken zu, Muster in der komplexen Vielfalt der Eindrücke von unserer Außenwelt zu erkennen (HAYEK 1967, 23). Die Mustererkennung ist ein Akt der Komplexitätsreaktion oder Abstraktion. Kognitionstheoretisch spiegelt sie das wieder, was Hayek den „Primat des Abstrakten“ nennt. Zuerst kommt die vor-sensorische Erfahrung (HAYEK 1952, 8.5), welche in abstrakten Mustern gerinnt, die mit konkreten Sinneseindrücken abgeglichen werden und zur Entwicklung neuer Muster als Grundlage zukünftiger Erkenntnisleistungen führen. KONRAD LORENZ (1973, 150) hat dies (vielleicht Popper und Hayek verwechselnd) so erklärt, „dass jegliches Erkennen und Wiedererkennen realer Gegebenheiten darauf beruht, dass äußere, in den Sinnesdaten obwaltende Konfigurationen oder „Muster“ mit solchen zur Deckung gebracht werden, die entweder aus der Erfahrung oder aus der Stammesgeschichte gewonnen, als Grundlage weiterer Erkenntnis bereitliegen.“ – pattern-matching im Sinne von *Karl Popper*. Physiologisch gesehen schlagen sich diese Muster in mehrschichtigen neuronalen Verknüpfungen oder Verbindungen („linkages“) nieder. Sowohl in Hayeks „vor-sensorischer Erfahrung“ (HAYEK

6 Eine neurophysiologische Darstellung verschiedener Wahrnehmungsvorgänge findet sich bei Eccles (in POPPER und ECCLES 1987, Teil II), ferner bei ECCLES (1990), ebenso bei EDELMAN und TONONI (2000). Vgl. hierzu auch HAYEK (1952, 3.3ff.).

7 Einen Versuch, Verbindungen zwischen der Sensory Order und Kants Erkenntnistheorie herzustellen, unternimmt CH. KUKATHAS (1990, 47ff.).

1952, 8.5) als auch in Lorenz' Hinweis auf die Stammesgeschichte kommt ein erkenntnistheoretisches A priori zum Ausdruck. Die Muster und mit ihnen der individuelle Apparat zur Interpretation der Außenwelt des Menschen müssen angeboren sein, wenn nicht Zuflucht zu metaphysischen Ansätzen zur Erklärung menschlicher Erkenntnisleistungen genommen werden soll. Zumindest durch Introspektion nachvollziehbar ist die Vermutung, dass wir bei der Wahrnehmung auf unbewusstes Wissen oder Erkenntnisse über Vorgänge in der Außenwelt zurückgreifen können. Hayek (1952, 2.7) betrachtet dies als Teil seiner dritten Ordnung, d.h. der mentalen Qualitäten. Dieses Wissen ist lediglich ein „Wissen wie" (knowing how) und nicht ein „Wissen, dass" („knowing that" i.S.v. Ryle, 1984, Kap. II). Als Beispiele für die erstgenannte Wissenskategorie verwendete Hayek das Sprachgefühl[8] (Hayek, 1963/67, 45). Es erlaubt die Identifikation und Vermeidung von Fehlern bei der Verwendung einer Sprache, ohne dass gesagt werden kann, worin ein Fehler besteht. Ähnliches gilt für die Identifikation von Bewegungsmustern und dafür, dass z.B. bei Personen ein als typisch beschriebener Gang oder eine Gestik wahrgenommen wird, ohne dass artikuliert werden kann, worin das Typische eigentlich besteht. Dieses „Wissen wie" gilt für Hayek als „nicht erlernt durch sensorische Erfahrung", sondern ist impliziert in den Mitteln, durch die wir solche Erfahrung erwerben; es ist bestimmt durch die Ordnung des Apparates der Klassifikation, der durch vor-sensorische Verknüpfungen aufgebaut wurde (Hayek 1952, 8.10). Damit kehrt Hayek, wenn auch plausibel, zu dem angesprochenen A priori zurück und befindet sich in Übereinstimmung mit dem zitierten Ryle, aber auch mit Polanyi's (1990) Kategorie des impliziten Wissens.[9] Hayek räumt ein, dass die Klassifikation, die auf vergangenen (erlernten) Verknüpfungen beruht, fehlbar ist (Hayek 1952, 8.14) und Reklassifikation erforderlich macht, was ihn – in Übereinstimmung mit Popper[10] (und Kant) – zu der Vermutung veranlasst, dass alles, was wir über unsere Außenwelt wissen, Theorien sind (Hayek 1952, 6.37). Das einzige, was eine Konfrontation mit der Außenwelt bewirken kann, ist die Änderung dieser Theorien. Methodologisch ist Hayeks Verwendung des „Modells" der multiplen Klassifikation eine „Erklärung des Prinzips" (Hayek 1952, 8.57 ff.) im Unterschied zu einer „Erklärung des (konkreteren) Details" (Hayek 1952, 8.66). Mit Blick auf die Klassifikation führt ihn dieser Erklärungsansatz zu einer zentralen Aussage: „Die Vermutung bzw. Behauptung ist, dass der Apparat der Klassifikation eine Struktur mit höherer Komplexität haben muss als sie die Objekte besitzen, die er klassifiziert" (Hayek 1952, 8.69). Wenn dies zutrifft, folgt daraus, dass sich der Apparat und mit ihm das menschliche Gehirn nicht selbst erklären lassen (ebenda).

8 Auch die Empfindung für Harmonien ist ein Beispiel. In ihr kommen Aspekte der Gestaltwahrnehmung zum Ausdruck, auf die Hayek in Übereinstimmung mit Lorenz (z.B. 1983, 132ff.) häufig verweist. Zur Gestaltwahrnehmung vgl. auch Vollmer (1990, 51ff.).

9 Oder wie er es formulierte (Polanyi 1990, 14): „Dass wir mehr wissen, als wir zu sagen wissen."

10 Vgl. Textziffer 6.37 und die Fußnote 117, in der Hayek zweifelt, ob er von den Ideen seines Freundes Popper korrekten Gebrauch macht.

III.

In der „Sensorischen Ordnung“ werden Probleme erkenntnistheoretisch analysiert und eindrucksvoll verknüpft, mit denen Hayek sich in vielen Arbeiten auseinander gesetzt hat und die Grundlagen für sein Verständnis von Wirtschaft und Gesellschaft waren, nämlich die Begrenztheit und Subjektivität menschlichen Wissens und die spontane Ordnung als Interaktionsphänomen. Ausdruck der Subjektivität ist der individuelle Wahrnehmungs- bzw. Klassifikationsapparat. Die durch ihn bewirkte sensorische Ordnung steht gewissermaßen für die neuronale Geschichte eines Individuums. Im Verlauf seiner Entwicklung und als Folge unterschiedlicher Sensitivität einzelner Neuronen oder Neuronenfelder auf unterschiedliche Reize aus der Außenwelt evolviert ein System von sensorisch bestimmten, neuronalen Verknüpfungen oder „linkages“. Es ist in der Lage, die relative Häufigkeit zu registrieren, mit der Teile des sensorischen Systems mit afferenten Impulsen, zum Beispiel visueller Art, zusammengewirkt haben. Auf einer höheren sensorischen Ebene lässt sich mit diesem Apparat zur „multiplen Klassifikation“ (Hayek 1952, 2.59 ff.) auch registrieren, welche Neuronen bei efferenten Impulsen zugleich angesprochen wurden und wie häufig dies in gleicher oder ähnlicher Weise geschah.[11] Das bedeutet, dass das Gehirn alle Klassifikationsprozesse aus sich selbst heraus entwickeln muss. Es ist als System selbstreferenziell und selbstexplikativ, d.h. „es weist seinen eigenen Zuständen Bedeutungen zu, die nur aus ihm selbst genommen sind“.[12] Wollten wir den menschlichen Verstand erklären, so erfordern beide Eigenschaften, dass der Verstand gewissermaßen neben sich selbst treten muss, um sich bei der Arbeit zu beobachten. Mit allgemein gültigen und naturnotwendigen Axiomen kann er nicht erklärt werden. Ferner ist es unmöglich, eine von der neuronalen Geschichte eines Individuums völlig losgelöste Beobachtungsposition einzunehmen, was die Subjektivität nochmals verdeutlicht.

Zusammen genommen bedeuten diese kognitionstheoretischen Befunde, dass Hayek in unüberbrückbarer Weise mit kartesianischen Vorstellungen brach. Hier liegt der tiefere Grund für seine immer wieder vorgetragene Kritik an dem, was er konstruktivistischen Rationalismus oder Szientismus nannte. Hier wurzeln auch seine nur zu wenig geäußerten Vorbehalte gegenüber dem Rationalmodell, wie es neoklassischen Modellierungen in der Nationalökonomie zugrunde liegt.[13]

Nach ihren von Hayek hervorgehobenen Eigenschaften kann die sensorische Ordnung als spontane oder ungeplante Ordnung angesehen werden. Sie ist das Ergebnis der Interaktion von Abermilliarden von Neuronen. Die Interaktion wird ausgelöst von

---

11 Hier ergibt sich eine interessante Parallele zu von Foersters „Prinzip der undifferenzierten Codierung“ (H. v. Foerster 1985, 43): „In den Erregungszuständen einer Nervenzelle ist nicht die physikalische Natur der Erregungsursache codiert. Codiert wird lediglich die Intensität dieser Erregungsursache, also ein ‚wieviel‘, aber nicht ein ‚was‘.“

12 So G. Roth (1987, 241) in Anlehnung an die kognitionstheoretische Tradition des radikalen Konstruktivismus, wie sie von Maturana und Varela geprägt wurde.

13 Vgl. hierzu meine Darlegungen an anderer Stelle (Streit 1975, 169ff.).

sensorischen Informationen, die die Rezeptoren aufnehmen und als afferente Impulse an das Zentralnervensystem weiterleiten. Dort verursachen sie durch multiple Klassifikation Bausteine der Ordnung in Form von neuronalen Erfahrungen. Sie gerinnen in bildhaften Eindrücken oder „images“. Dieses System von Verknüpfungen oder „linkages“ wird unter dem Eindruck neuer Wahrnehmungen ständig und kreativ handlungsrelevant angepasst. Es ist adaptiv und evolutorisch und kann daher als komplexes, adaptives System betrachtet werden.[14]

IV

Beim Aufschlagen des Buches fragt sich der Leser vielleicht, was denn das Anliegen der „theoretical psychology“ ist, die im Untertitel vorgegeben wird. Für Kant (1960, 156) galt: „Das denkende Subjekt ist der Gegenstand der Psychologie.“ Für Hayek ist die „sensorische Ordnung“ ein bedeutender Aspekt des ihn immer wieder beschäftigenden Problems der Wissensgewinnung und Wissensverwertung, der neurosensorischen Dimension von Wahrnehmungs- und Denkvermögen. Mit der „sensorischen Ordnung“ und den dort geäußerten Vermutungen und Überlegungen greift er eine Thematik auf, die heute der sog. Wissenschaft vom Gehirn (brain science) zugewiesen werden kann. Seine spekulativen Darlegungen zu neuronalen Verknüpfungen und Netzwerken kommen der modernen Theorie neuronaler Netze sehr nahe.[15] Insofern ist es erstaunlich, wie eine vor gut einem halben Jahrhundert ausgeführte theoretische Vorstellung heute zum Gegenstand wissenschaftlicher Bemühungen wird.

V.

Die Übersetzung des Buches ins Deutsche erwies sich keineswegs als einfach. Die Schwierigkeiten werden schon daran erkennbar, dass m.W. ein erster Übersetzungsversuch aufgegeben werden musste. Als eine Schwierigkeit stellte sich zunächst das Problem des Autors heraus, das er, wie erwähnt, im 1. Kapitel mit der Frage umschrieb: „What is mind?“ Das Wort „mind“ hat eine verwirrende Bedeutungsvielfalt. Nach dem Oxford Dictionary gibt es über 20 verschiedene Bedeutungen des Wortes und daran anknüpfende Wortverbindungen. Mit dem Blick auf den inhaltlichen, wahrnehmungsorientierten Kontext, in dem es steht, hätte es nahe gelegen, „mind“ als

---

14 Vgl. hierzu Holland (1995), der sich, wie Hayek, auf D. O. Hebb, den Begründer der neuropsychologischen Theorie bezieht (ebenda S. 90). Hayek selbst (1977, 325) stellt in der Diskussion der „Sensory Order“ offenkundig Parallelen zwischen der spontanen Ordnung des marktwirtschaftlichen Systems und der neurosensorischen Ordnung her, so wie er sie sieht. (in Weimer, W. B., Palermo, D., 1977, 325)

15 Verbindungen zu jüngeren Entwicklungen in der Neurophysiologie habe ich an anderer Stelle (Streit 2000) herzustellen versucht. Einen Überblick über die damit verwandte Hirnforschung oder brain science gibt der von Bogoch (1969) herausgegebene Konferenzband.

Bewusstsein zu interpretieren, d.h. als Entstehung und Entwicklung von Inhalten handlungsleitender menschlicher Wahrnehmung. Dem stand jedoch entgegen, dass der verbreitete englische Ausdruck für Bewusstsein, „consciousness", vom Autor in späteren Kapiteln (5, insbes. 6) sachgerecht verwendet wurde. Für die Übersetzung mit „Bewusstsein" sprach außerdem, dass die Arbeit vom September 1920, die nach dem Vorwort des Autors bei Abfassung des Buches vor ihm lag, den Titel trug: „Beiträge zur Theorie der Entwicklung des Bewusstseins". Für die Entscheidung, „mind" mit „Geist" zu übersetzen, war schließlich ausschlaggebend, dass dies der geistesgeschichtlich tradierten Terminologie in Philosophie und Psychologie entspricht, dass der Begriff sich in den Gegenstand des Buches, der Ordnung der Gesamtheit aller mentalen Prozesse, fügt, und schließlich, dass er die bei thematischen Querverweisen übliche Terminologie in den deutschsprachigen Werken von und über Hayek (z.B. Henneke, 2000, 46) trifft.

Ein weiteres Übersetzungsproblem ergab sich daraus, dass Hayek, wie zuvor gezeigt, mit der „sensorischen Ordnung" neuropsychologisches Neuland betrat, das heute Teil der Hirnforschung ist. Das bedeutete, dass er kaum auf terminologische Konventionen zurückgreifen konnte, um seine Überlegungen geltend zu machen. Es dürfte auch erklären, warum er z.B. häufig auf Begriffe wie „linkage" bzw. „Verknüpfung" oder „Verbindung" zurückgriff, um Aspekte dessen aufzugreifen, was gegenwärtig von der Theorie neuronaler Netze erfasst wird.

Die Übersetzung wurde mir wesentlich dadurch erleichtert, dass Hardy Bouillon (Trier) sorgfältig meine erste Fassung durchging, mit dem Original verglich, und half, sprachliche Unebenheiten zu glätten. Dafür gilt ihm mein besonderer Dank.

Literaturverzeichnis

Bogoch, S. (Hrsg.1969): The Future of the Brain Sciences, New York: Plenum Press.

Bouillon, H. (1991): Ordnung, Evolution und Erkenntnis, Tübingen: Mohr Siebeck.

Eccles, J. C. (1990): Das Gehirn des Menschen, München, Zürich: Piper.

Edelman, Gerald M. und *Tononi, Giulio* (2000): A Universe of Consciousness – How Matter Becomes Imagination, New York: Basic Books.

Foerster, v. H. (1985): Das Konstruieren einer Wirklichkeit, in: P. Watzlawick (Hrsg.), Die erfundene Wirklichkeit – Wie wissen wir, was wir zu wissen glauben?, Beiträge zum Konstruktivismus, München: Piper, 39-60.

Hayek, F. A. (1952): The Sensory Order, London – alle Zitate beziehen sich auf die Abschnittsziffern im Original.

Hayek, F. A. (1977): The Sensory Order after 25 Years, in: Weimer, W. B., Palermo, D. (Hrsg.), Cognition and Symbolic Processes, Hillsdale, New Jersey: Lawrence Erlbaum.

Hayek, F. A. (1963/67): Rules Perception and Intelligibility, in: F. A. Hayek, Studies in Philosophy, Politics and Economics, Chicago, 43-65.

Hayek, F. A. (1967): The Theory of Complex Phenomena, in: F. A. Hayek (Hrsg.), Studies in Philosophy, Politics and Economics, London und Henley: Routledge, 1967, 22-42.

Holland, J. H. (1995): The Hidden Order – How Adaptation Builds Complexity, Reading, Mass.: Helix Books.

Hennecke, H.-J. (2000): Friedrich August von Hayek – Die Tradition der Freiheit, Düsseldorf: Verlagsgruppe Handelsblatt.
Kant, I. (1781, 1788, 1790): Die drei Kritiken – in ihrem Zusammenhang mit dem Gesamtwerk mit verbindenden Text zusammengefasst von R. Schmidt, 8. Aufl., Stuttgart: Kröner, 1960.
Kukathas, Ch. (1990): Hayek and Modern Liberalism, Oxford: Clarendon Press.
Lorenz, K. (1973): Die Rückseite des Spiegels – Versuch einer Naturgeschichte menschlichen Erkennens, München: Piper.
Lorenz, K. (1983): Der Abbau des Menschlichen, München: Piper.
Polanyi, M. (1990): Implizites Wissen, Frankfurt/M.: Suhrkamp, 6. Aufl.
Popper, K. R. (1962): Objective Knowledge – An Evolutionary Approach, Oxford: Clarendon Press.
Popper, K. R. und *Eccles, J. C.* (1987): Das Ich und sein Gehirn, München, Zürich: Piper.
Roth, G. (1987): Erkenntnis und Realität: Das reale Gehirn und seine Wirklichkeit, in: S. J. Schmidt (Hrsg.), Der Diskurs des radikalen Konstruktivismus, Frankfurt/M.: Suhrkamp, 229-256.
Ryle, G. (1984): The Concept of Mind, Knowing how and knowing that, Chicago: Chicago University Press.
Streit, M. E. (1995): Wissen, Wettbewerb und Wirtschaftsordnung – Zum Gedenken an Friedrich August von Hayek, in: ders. (Hrsg.), Freiburger Beiträge zur Ordnungsökonomik, Tübingen: JCB Mohr (Siebeck), 159-194.
Streit, M. E. (2000): Institutionen als Kognitionsproblem – Bemerkungen zu einer neurosensorischen Vermutung, ORDO 51, 119-125.
Thagard, P. (1996): Mind – Introduction to Cognitive Science, Cambridge, Mass.: The MIT Press.
de Vries, R. P. (1994): Hayek´s Theory of Mind and Perception, in: J. Birner u. R. van Zijp (Hrsg.), Hayek, Co-ordination and Evolution – His legacy in Philosophy, politics, economics and the history of ideas, London, New York: Routledge.
Vollmer, G. (1990): Evolutionäre Erkenntnistheorie, Stuttgart: Hirzel.
Weimer, W. B. und *D. Palermo* (Hrsg., 1977): Cognition and Symbolic Processes, Hillsdale, New Jersey: Lawrence Erlbaum

Heterogene Erwartungen, Preisbildung und Informationseffizienz auf spekulativen Märkten*

A disquieting feature of aggregate models which assume uniform expectations is that they don't explain why there are any transactions at all in existing assets.

(James Tobin [1980])

Ausgehend von der Voraussetzung heterogener Erwartungen der Marktteilnehmer sollen im folgenden (1) der Preisbildungsprozeß auf Terminkontrakt märkten erläutert und (2) die Konsequenzen dieser Betrachtungsweise für die Informationseffizienz solcher Märkte geprüft werden. Terminkontraktmärkte als organisierte Form der allgegenwärtigen spekulativen Märkte wurden gewählt, weil ihre institutionellen Gegebenheiten klare Bezugspunkte darstellen[1]. Diese wiederum erleichtern es, die theoretischen Vorstellungen zu verdeutlichen.

Ein fast vergessenes Argument

Die Bedeutung heterogener Erwartungen für die Preisbildung auf Termin- bzw. Terminkontraktmärkten wurde zwar früh erkannt, aber auf eine Weise verdrängt, die auch für jüngere Modellierungsversuche gilt. Dies wird besonders deutlich an einer Diskussion zwischen Kaldor und Hawtrey vor mehr als vierzig Jahren[2]. Kaldor räumte auf einen entsprechenden Einwand Hawtrey's zwar ein, daß in seiner vorangegangenen Analyse[3] die Preisbildung auf diesen Märkten inadäquat dargestellt worden sei, da er die Erwartungsvielfalt vernachlässigt habe. Zugleich machte er jedoch geltend, daß eine Argumentation mit „repräsentativen" Erwartungen es erlaube, das Problem zu vereinfachen, ohne das Ergebnis materiell zu beeinflussen. Es gäbe immer eine Erwartung, die zum tatsächlichen Preis führe, wenn sie von allen Marktteilnehmern

* Für hilfreiche Kritik danke ich Hans Geiger, Alexander Gross und Klaus Kobold (Florenz) sowie Ehrentraud Graw (Mannheim). Alle verbliebenen Unzulänglichkeiten gehen selbstverständlich zu meinen Lasten.
Erstveröffentlichung in: Zeitschrift für gesamte Staatswissenschaft, 139, 1983, 67-79.1

1 Eine Darstellung der transaktionsbezogenen Funktionsweise dieser Märkte unter Berücksichtigung der institutionellen Bedingungen gibt der Verfasser an anderer Stelle (STREIT [1980])

2 KALDOR [1939/40b] und HAWTREY [1939/40].

3 KALDOR [1939/40a], S. 3ff.

gehalten würde[4]. Das Argument Hawtrey's, daß Spekulation mit homogenen Erwartungen nicht erklärt werden könne[5], wurde faßt vergessen. Die Vereinfachung schien auch analytisch unproblematisch zu sein, erlaubte sie es doch, die Präsenz von Spekulanten auf Keynes'sche Weise zu erklären, nämlich daß ihnen von den Hedgern eine Prämie für die Übernahme des Preisänderungsrisikos gezahlt werde.

In einem Großteil der sich anschließenden theoretischen Diskussion wurden zwei empirische Befunde übersehen: (1) Auch mit verbesserten statistischen Methoden war der Nachweis einer hinreichend weitverbreiteten, systematischen Verzerrung von Termin- bzw. Terminkontraktpreisen nicht zu führen; eine solche Verzerrung ist jedoch als Beweis für die Existenz einer Risikoprämie zu fordern[6]. (2) Das beobachtbare Verhalten von Hedgern paßt nicht zum Modellverhalten; der Anteil diskretionären Hedgings ist zu beträchtlich, um an der Vorstellung festhalten zu können, Hedger ließen sich nicht von eigenen Preiserwartungen leiten, sondern trachteten routinemäßig danach, ihr Preisänderungsrisiko abzuwälzen.

Wie attraktiv die Vorstellung „repräsentativer" Erwartungen unter Modellierungsaspekten geworden ist, zeigte sich auch in der jüngsten Zeit. Vor allem bei Versuchen, Informationsaspekte des Handels auf spekulativen Märkten zu modellieren, werden die „repräsentativen" Erwartungen vorherrschend als rationale Erwartungen konkretisiert. Sie zu bilden vermögen in erster Linie Spekulanten mit Hilfe der von ihnen erworbenen Informationen. Dies bedeutet zwar eine Akzentverschiebung weg von der schlichten Risikoübernahme, jedoch ergeben sich Schwierigkeiten bei dem Versuch, Informationsbeschaffung und -verwertung in spekulativer Absicht, Informationseffizienz des Gleichgewichtspreises sowie Informationsübertragung durch Preissignale mittels rationaler Erwartungen und i. d. R. im Rahmen einer komparativ statischen Analyse überzeugend abzubilden[7]. Vor allem ist es unter den Modellbedingungen schwierig, Anreize zur Informationsbeschaffung zu begründen; denn der einzelne Marktteilnehmer vermag Prognosevorteile aus dem Informationserwerb für sich nicht ohne weiteres zu internalisieren, da Nichtinformierte jede in den Gleichgewichtspreis eingeflossene Information identifizieren können. Nur wenn die Informationsübertragung über den Preis durch einen stochastischen Prozeß gestört wird, gelingt es, eine Informationsrente zu erzeugen, die auf informierte Spekulanten verteilbar ist[8]. Ohne solche Störungen bleibt in derartigen Modellen zwar der Rückgriff auf unterschiedli-

4 KALDOR [1939/40b], S. 196.

5 HAWTREY [1939/40], S. 205.

6 Selbst wenn aufgrund dieses Beweises nicht ausgeschlossen werden könnte, daß Spekulanten ihre Marktteilnahme von einer Risikoprämie abhängig machen, dürften sie dies kaum ohne gleichzeitige Bewertung der beobachtbaren Varianz der Prämie tun. Eine konventionell statistisch signifikante Verzerrung, deren Nettoertragswert außerdem größer als der einer risikoarmen Anlage sein müßte, wäre daher immer noch kein hinreichen der Beweis.

7 Eine eingehendere, kritische Analyse dieser Versuche unternimmt der Verfasser an anderer Stelle (STREIT [1982]).

8 Im Hinblick auf Terminkontraktmärkte mag als Beispiel für eine Serie verwandter Modelle das von GROSSMANN [1977] dienen.

che Risikoneigungen als Erklärungsmöglichkeit für Handel zwischen letztlich Gleichinformierten, aber die Anreizproblematik im Hinblick auf Informationsaktivitäten stellt sich erneut[9]. Generell dürfte auch für die Mehrzahl der jüngeren modelltheoretischen Versuche, das Geschehen auf spekulativen Märkten abzubilden, der grundsätzliche Befund KIRZNERS ([1981]; S. 121) zutreffen, daß der hohe Preis i. S.v. Verlust an fundamentalem ökonomischem Verständnis ignoriert wird, der für die Anwendung hochentwickelter technischer Methoden von zweifelhaftem praktischern Wert zu zahlen ist.

Im folgenden wird argumentiert, daß beides, Bemühungen, Preisänderungsrisiken abzuwälzen, und Versuche, prognoseverbessernde Informationen aufzuspüren und zu verwerten, zentrale und engverknüpfte Aspekte des Terminkontrakthandels sind. Der Preisbildungsprozeß dürfte sich weder adäquat dadurch erklären lassen, daß nur auf einen der Aspekte abgestellt wird, noch dadurch, daß die Marktteilnehmer in zwei entsprechende Gruppen – risiko- scheue Uninformierte und weniger risikoscheue Informierte – aufgespalten werden. Darüber hinaus dürfte das Informationsproblem nur mit einer dynamischen Analyse adäquat erfaßbar sein.

Risikoneigung und Informationsaktivität

Eine enge Verknüpfung von Risiko- und Informationsaspekten dürfte für das selektive Hedging charakteristisch sein. Der Informationsaspekt läßt sich erschließen, wenn berücksichtigt wird, unter welchen Bedingungen zum Beispiel ein Short-Hedging sich als vorteilhaft erweist, verglichen mit einem Verzicht auf Absicherung der gehaltenen oder erwarteten Kassaposition, also einer de-facto-Spekulation auf dem Kassamarkt. Dies ist der Fall, wenn sich die Differenz zwischen Terminkontrakt- und Kassapreis (die Basis) zugunsten des Hedgers verändert[10], was stets eine Änderung des Terminkontraktpreises erfordert. Letzteres gilt auch für den Grenzfall des perfekten Hedgings (konstante Basis). Hingegen entstehen bei einem konstanten Terminkontraktpreis lediglich zusätzliche Transaktionskosten[11].

Was bedeuten die vorgenannten Bedingungen zunächst hinsichtlich der Erwartungen, die bei selektivem Hedging unterstellt werden können? Wenn die Marktteilnah-

---

9 Die gegenteilige Argumentation von DANTHINE [1978] dürfte nicht schlüssig sein. Er zeigt zwar, daß die Stückgewinne der Risiko übernehmenden Spekulanten durch Informationsaktivitäten in Grenzen verbessert werden können, nicht jedoch, wie der einzelne Spekulant informationsbedingte Prognosevorteile internalisieren kann. Schwarzfahrerverhalten von Spekulanten ist daher nicht ausgeschlossen, was die Aufnahme von Informationsaktivitäten wiederum in Frage stellt.

10 Dazu gehört auch die Möglichkeit, daß der Terminkontraktpreis weniger stark als der Kassapreis fällt; denn dann läßt sich der Verlust auf dem Kassamarkt wenigstens teilweise durch einen Gewinn auf dem Kontraktmarkt kompensieren.

11 Die Konstanz von Kontraktpreis bzw. Basis bezieht sich nur auf die Marktsituation zu Beginn und Abschluß des Hedgings, nicht auf die Zwischenzeit.

me eines selektiven Hedgers[12], gezielt und erfolgversprechend sein soll, kann sie nicht auf der Einschätzung beruhen, der herrschende Kontraktpreis stelle de facto eine zutreffende Prognose des Kontraktpreises bei Kontraktfälligkeit dar[13]; denn dann wären aus der Sicht des potentiellen Hedgers nur vermeidbare Transaktionskosten zu erwarten. Vielmehr ist die Einnahme einer Kontraktmarktposition nur interessant, wenn der potentielle Hedger eine von der des Terminkontraktpreises abweichende Erwartung hat und ihr vertraut. Seine Erwartung kann beruhen (1) auf Intuition, aber auch und vor allem (2) auf spezifischen Informationslagen. Letztere wiederum können eine abweichende Beurteilung allgemein verfügbarer zukunftsträchtiger Informationen beinhalten oder die Auswertung von Informationen, die an deren Marktteilnehmern noch nicht zugänglich sind.

Für eine Verknüpfung von Risiko- und Informationsaspekten ergibt sich, daß die Chance, das Preisänderungsrisiko mittels Hedging abwälzen zu können, durch Informationsaktivitäten verbesserbar sein dürfte. Zumindest kann ein Hedger die Informationen heranziehen, die er mit seiner Tätigkeit als Produzent, Händler oder Verarbeiter der Kassaware erschließt. Demgegenüber würde der Routinehedger entweder keinerlei Preiserwartungen bilden oder aber ihnen niemals vertrauen[14]. Er würde sich stets damit begnügen, einen Terminpreis als Kalkulationsgrundlage zu fixieren.

Transitorisches Gleichgewicht heterogener Erwartungen

Für die Preisbildung ist von Belang, daß das, was hinsichtlich der Erwartungen eines selektiven Hedgers vermutet wird, erst recht für Spekulanten im konventionellen Sinne gelten dürfte. Verallgemeinernd und einige Einschränkungen vorläufig zurückstellend läßt sich vermuten: Für solche Marktteilnehmer ist eine Terminkontraktposition nur dann erwägenswert, wenn sie zu einem Preis eingenommen werden kann, der aus ihrer Sicht – ihrer Intuition und Informationslage – eine falsche de-facto-Prognose des Preises bei Kontraktfälligkeit darstellt. Da dies für beide Seiten einer Transaktion

12 Die Selektionsmöglichkeiten sind vielfältiger als im folgenden unterstellt. Sie schließen gezielte Abweichungen im Volumen der Terminkontraktposition von dem der Kassaposition ebenso ein wie Abweichungen in den Fristen von Kassa- und Terminkontraktpositionen. Eine theoretische Begründung diskretionären Hedgings im allgemeinen und der zuvor genannten Abweichungen im besonderen wird durch den Portfolio Ansatz trotz der unumgänglichen Vorgabe einer Nutzenfunktion erleichtert (vgl. z.B. einen der ersten Versuche von JOHNSON [1960]).

13 Aus Gründen der Präsentation wird auch in allen folgenden Ausführungen von der Möglichkeit abstrahiert, daß die geplante Beendigung eines Hedgings nicht mit der Fälligkeit eines Kontraktes übereinstimmt. In diesem Fall würde ein Hedger den Kontraktpreis entsprechend beurteilen müssen, womit sich jedoch die Gründe für vom herrschenden Kontraktpreis abweichende Erwartungen eher noch vermehren dürften.

14 Eine weitere, empirisch relevante Möglichkeit ist, daß organisatorische Gründe selektivem Hedging entgegenstehen. Die für eine derartige Marktteilnahme erforderliche Dispositionsfreiheit ist z. B. nicht ohne weiteres mit den starren Regeln von Unternehmensbürokratien in Einklang zu bringen.

gilt, dürfte auf Kontraktmärkten Handel zu „falschen“ Preisen eher die Regel denn die Ausnahme sein.

Um unter diesen Umständen die Preisentwicklung eines Kontraktes bis zu seiner Fälligkeit darstellen zu können, ist es erforderlich, die zeitliche Struktur der Transaktionen zu berücksichtigen. Zwei Zeitpunkte sind jeweils von Belang: der Zeitpunkt, in dem eine Kontraktmarktposition eingenommen wird, und der, in dem diese Position i. d. R. durch Einnahme einer entsprechenden Gegenposition – wieder aufgehoben wird. Aus der Perspektive des Handels zu „falschen“ Preisen ist entscheidend, daß eine Kontraktmarktposition nur in der Erwartung eingenommen wird, sie später gewinnbringend aufheben zu können[15]. Hierin liegt auch das spekulative Element des (diskretionären) Hedgings[16].

Nunmehr ist zu prüfen, unter welchen Umständen eine zum „falschen“ Preis eingenommene Terminkontraktposition mit Gewinn aufgehoben werden kann. Dies ist der Fall, wenn die den zukünftigen Kontraktpreis umgebende Ungewißheit ganz oder zum Teil in einer Weise beseitigt wird, die konsistent ist mit der Intuition bzw. Informationslage, auf der die Erwartungen eines Marktteilnehmers beruhen. Völlig beseitigt ist die Ungewißheit bei Fälligkeit eines Kontraktes; denn zu diesem Zeitpunkt diktiert die tatsächliche Lage auf dem Kassamarkt (über die Arbitragebeziehungen) eines Konsens auf dem Kontraktmarkt.

Teilweise beseitigt wird die Ungewißheit[17] in der Periode vor Fälligkeit eines Kontraktes in einer für einen Marktteilnehmer vorteilhaften Weise, (1) wenn sich die Informationslage anderer Marktteilnehmer der seinen anpaßt und diese gleiche oder ähnliche Folgen für den zukünftigen Kontraktpreis daraus ableiten, sowie (2) wenn Informationen den Markt erreichen, die zwar von den seinen abweichen, aber dennoch eine Preiserwartung begünstigen, die der seinen ähnlich ist. Unter diesen Umständen würden die geänderten Erwartungen genügend Marktgewicht haben, um eine Kontraktpreisänderung zu bewirken, die mit dem nunmehr erwarteten Preis vereinbar ist. Die Situation spiegelt einen partiellen Konsens der neu informierten, möglicherweise aller Marktteilnehmer wider. Er bezieht sich auf die Richtung, in der der herrschende Kontraktpreis zu korrigieren ist. Um es jedoch dem einzelnen Marktteilnehmer zu ermöglichen, aus seiner Sicht erfolgversprechende Positionen einzunehmen, muß er wiederum zu einem Kontraktpreis abschließen können, der seiner Informationslage bzw. den daran anknüpfenden Erwartungen nicht vollständig entspricht. An-

15 Diesen elementaren, bei vielen Modellierungsversuchen jedoch vernachlässigten Tatbestand betont besonders HIRSHLEIFER [1975]. Jedoch weichen die weiteren Ausführungen von denen Hirshleifers ab, der sog. „consensus beliefs“ als fiktives Bezugssystem (eine axiomatische Erläuterung des Systems gibt RUBINSTEIN [1975] benutzt, um heterogene Erwartungen („divergent beliefs“) zu definieren. Das ermöglicht es ihm, eine Variante rationaler Erwartungen beizubehalten.

16 Was ohne Hedging eine Spekulation auf dem Kassamarkt wäre, wird durch eine entgegengerichtete Spekulation auf dem Terminkontraktmarkt ergänzt.

17 Damit wird kein Kontinuum hinsichtlich der Verringerung von Ungewißheit im Zeitablauf unterstellt. Die folgenden Überlegungen sind z.B. auch auf die korrekte Antizipation transitorischer Störungen der Kontraktpreisentwicklung anwendbar.

derenfalls würde sich ein Engagement nicht lohnen, da er lediglich vermeidbare Transaktionskosten erwarten könnte. Das gleiche muß für diejenigen gelten, die die Einnahme einer Gegenposition erwägen. An ihnen ist es, durch ihr Engagement eine Widerstandslinie für die einsetzende Preisbewegung entstehen zu lassen. Aus dieser Sicht ergibt sich, daß in der Periode vor Fälligkeit eines Kontraktes Preisbewegungen nicht bei einem Konsens zum Stillstand kommen, der sich über die Richtung hinaus auch noch auf das Ausmaß der Korrektur der de-facto-Prognose durch den Kontraktpreis bezieht. Handel zu „falschen" Preisen ist die Regel. Jeder Preis, zu dem Umsätze in dieser Periode beobachtet werden, stellt lediglich ein transitorisches Gleichgewicht heterogener Erwartungen dar[18].

Wie angekündigt, sind die vorangegangenen Überlegungen noch etwas zu qualifizieren. Sie bezogen sich in erster Linie auf die Eröffnung neuer Positionen. Diese mögen sowohl von selektiven Hedgern als auch von Spekulanten im konventionellen Sinn eingenommen werden. Darüber hinaus mag eine Preisbewegung die Preisstruktur der verschiedenen gehandelten Kontrakte ebenso wie die Basis verändert haben. Als Folge können lohnende Spreading- und Arbitragemöglichkeiten entstanden sein. Auch ihre Wahrnehmung beinhaltet aber i.d.R. die Erwartung, daß sich der Kontraktpreis ändert[19].

Darüber hinaus gibt es jedoch noch drei weitere Gründe für Transaktionen, bei denen die Erwartungen nicht unbedingt von der de-facto-Prognose des Kontraktpreises abweichen müssen, zu dem kontrahiert wird. Ein Teil der Transaktionsnachfrage, die Preisänderungen auslöst, mag zur Einnahme von Gegenpositionen bei denjenigen anregen, denen es gelang, eine durch ihre Informationslage begründete Position einzunehmen, bevor ihre Erwartungen breitere Bestätigung fanden. Sie finden sich bestätigt und schreiten nun zu Gewinnmitnahmen[20]. Ein weiterer Teil mag von Marktteilnehmern kommen, die Verluste aus zuvor eingenommenen Positionen begrenzen möchten. Sie würden im Einklang mit der beobachteten Preisbewegung eine Revision ihrer ursprünglichen Erwartungen vornehmen. Schließlich kann es sein, daß einige Marktteilnehmer, vor allem sog. Scalper, neue Positionen eingehen, obgleich sie keine vom herrschenden Preis abweichenden Erwartungen haben. Auf diese Weise mögen sie sonst nicht akkomodierbare Transaktionswünsche einschließlich (netto) Routinehedging kurzfristig befriedigen. Der Preis dafür, daß sie „einen Preis machen", kann

18 Darüber hinaus läßt sich grundsätzlich mit LACHMANN [1943], S. 78, vermuten, daß hohe Umsätze bei geringen Preisbewegungen ein besonders deutliches Symptom heterogener Erwartungen sind.

19 Im Falle der Arbitrage mag das nicht so deutlich sein. Jedoch stellt z. B. intertemporale Arbitrage darauf ab, daß etwa ein herrschendes Contango die Lagerkosten i.w.S. übersteigt. Immer dann, wenn die im Zuge der induzierten Arbitrage einsetzende Verringerung des Contangos auch den Kontraktpreis verändert – und das dürfte die Regel sein -, läßt sich argumentieren, daß der Arbitrage zumindest de facto abweichende Preiserwartungen zugrunde lagen.

20 Selbst in diesem Fall ist nicht sicher, ob ihr Handeln nicht wiederum auf einer abweichenden Erwartung beruht, etwa der, daß sich die Preisbewegung umkehrt und weiteres Halten der Position gewinnschmälernd sein würde.

in Kommissionen und einem größeren Geld-Brief- Unterschied gesehen werden[21]. Letzteres ist aber durchaus wieder mit der Hypothese des Handelns zu „falschen" Preisen verträglich; denn eine vorübergehende Vergrößerung des Geld-Brief-Unterschieds[22] erlaubt es dem Scalper, von dem erwarteten Preis abzuweichen und eine ausreichende Gewinnchance zu schaffen. Für den Routinehedger würde daraus die Prämie erwachsen, die er für die Abwälzung des Preisänderungsrisikos zu zahlen bereit ist.

Temporäre Konvergenz heterogener Erwartungen

Bleibt zu erläutern, wie es zu der beobachtbaren, mit Annäherung an den Fälligkeitstermin eines Kontraktes sich verbessernden Prognosequalität des Kontraktpreises kommt. Allgemein läßt sich vermuten, daß mit der Annäherung an den Fälligkeitstermin die Informationsdichte über diesen zukünftigen Zeitpunkt zunimmt. Dazu gehört auch, daß sich i.d.R. die Zahl der grundsätzlich möglichen Ereignisse, die den Preis bei Fälligkeit beeinflussen können, mit größerem Vertrauen verringern läßt. Ferner dürften generell die Transaktionsbeziehungen zwischen Gegenwart und naher Zukunft häufiger sein als mit der fernen Zukunft.

Der arbeitsteilige Prozeß, mit dem die sich verdichtenden Informationen in das Kontraktmarktgeschehen eingeschleust werden, bereitet besondere Modellierungsschwierigkeiten. Was nämlich abzubilden wäre, ist die Art und Weise, wie die mit Transaktionswünschen angezeigten Erwartungen und damit verknüpfte Informationslagen im Verlaufe des Marktgeschehens geprüft und u. U. verbreitet werden. Wichtig dürfte dabei sein, daß Erwerb, Prüfung und Diffusion von Information aus der Perspektive einer wesentlich größeren Vielfalt von Transaktionen erfolgt, als sie normalerweise modelliert wird[23]. Dabei beziehen sich die Informationen bzw. die von ihnen beeinflußten Erwartungen

- auf einzelne Kontraktpreise und deren Veränderung im Falle der Spekulation konventioneller Art;
- auf Differenzen zwischen Kontraktpreisen und den entsprechenden Kassa preisen sowie darauf, wie es vermutlich zu Veränderungen dieser Differenzen kommt, d.h. die verschiedenen, unterschiedlich motivierten Formen des Hedgings;
- auf Differenzen zwischen (a) Preisen für den gleichen Kontrakt aber für unterschiedliche Fälligkeiten, (b) Preisen für verschiedene Kontrakte für substituierbare Produkte aber gleiche Fälligkeiten, (c) Preisen für verschiedene Kontrakte der gleichen Ware an unterschiedlichen Börsenplätzen sowie deren Veränderung, d.h. die verschiedenen Formen des Spreadings;

---

21 Einer der ersten, der auf diese Funktion von Scalpern hingewiesen hat, dürfte HAWTREY [1939/40], S. 204, gewesen sein.

22 Auf realen Märkten handelt es sich dabei i.d.R. um Vorgänge im Verlauf eines einzigen Börsentages.

23 Eine breitere Darstellung des folgenden findet sich bei STREIT und QUICK [1982].

- auf Differenzen zwischen (a) Preisen für den gleichen Kontrakt an verschiedenen Börsenplätzen und (b) Preisen für einen Terminkontrakt und den entsprechenden Kassapreisen, d.h. die reine räumliche und zeitliche Arbitrage.

Hinzu kommt, daß sich Marktteilnehmer häufig auf eine oder wenige dieser Transaktionsarten spezialisieren[24]. Daraus ergibt sich, daß die Preisentwicklung ständig aus sehr unterschiedlichen Perspektiven auf Gewinnchancen überprüft wird, die sich nicht zuletzt aus der Einschätzung individueller Informationslagen ableiten. Die Folge entsprechender Transaktionen ist ein spontaner Prozeß des Probierens und Korrigierens, über den eine Informationsanreicherung im Kontraktpreis erzielt wird[25]. Diese erfolgt vor allem bei lagerfähigen Gütern in engem Kontakt mit der Entwicklung auf dem Kassamarkt. Informationsverdichtung und zeitliche Arbitrage dürften bewirken, daß die Heterogenität der Erwartungen mit Annäherung an den Fälligkeitstermin eines Kontraktes abnimmt und daß Kassa- und Kontraktpreis konvergieren.

Wie bereits dargelegt, kommt es bei Fälligkeit eines Kontraktes aufgrund der faktischen Situation auf dem Kassamarkt notwendig zu einem Konsens über den Kontraktpreis. Dieser Konsens ist jedoch höchst temporär und nicht frei vom (indirekten) Einfluß durchaus heterogener Erwartungen. Zweierlei ist nämlich zu berücksichtigen: Einmal ist der Kassapreis selbst ein spekulativer Preis, beeinflußt z.B. von erwartungsbezogenen Lagerhaltungsdispositionen. Zum anderen gleitet gewissermaßen die Zeit auf dem Kontraktmarkt unter einer ganzen Serie von Kontrakten mit unterschiedlichen Fälligkeiten hinweg. An sie werden entsprechend der zeitlichen Tiefe des Marktes am Ende der Fristen stets neue Kontrakte angefügt. Die einzelnen Kontraktpreise und der Kassapreis sind hochgradig interdependent aufgrund des Zusammenspiels von Spreading und zeitlicher Arbitrage. Dementsprechend macht sich die Zukunft in der flüchtigen Gegenwart des Kassa- und Kontraktmarktgeschehens auch bei Fälligkeit eines Kontraktes bemerkbar.

Informationsaktivität und Informationseffizienz

Welche Konsequenzen ergeben sich aus dem zuvor skizzierten Prozeß für das Ausmaß an Informationssuche sowie für die Qualität der Verarbeitung und Verbreitung zukunftsrelevanter Informationen auf Terminkontraktmärkten? Die Antwort hat eine Anreiz- und eine Wettbewerbskomponente, die – wie stets bei Marktprozessen – zusammenwirken.

---

24 Die Spezialisierung kann sogar so weit gehen, daß sie sich beim Spreading auf wenige spezifische Termine beschränkt.

25 Die Informationsanreicherung bewirkt, daß sich die Qualität des Kontraktpreises als Knappheitsindikator verbessert. Die der Verbesserung zugrunde liegenden Informationen können jedoch von Marktteilnehmern nicht identifiziert werden. Jedenfalls dürfte die gegenteilige Annahme, die sich in zahlreichen Modellierungsversuchen kombiniert mit rationalen Erwartungen findet (*revealing full information equilibrium*), inadäquat sein.

Die Anreizkomponente beinhaltet, daß die Marktteilnehmer eine Chance haben müssen, Erträge aus Informationsaktivitäten zu internalisieren. Grundlage für solche Erträge ist eine Verbesserung der Treffsicherheit subjektiver Preiserwartungen als Folge von entsprechenden Informationen und ihrer richtigen Auswertung. Internalisierbarkeit eines Informationsertrags setzt voraus, daß es einem Marktteilnehmer gelingt, zu einem, verglichen mit seiner Erwartung falschen Preis zu kontrahieren. Das ist wiederum nur möglich, wenn seine Erwartung von anderen noch nicht geteilt wird, er also über einen zeitlichen Informationsvorsprung verfügt; der Vorsprung muß nicht unbedingt aus einer neuen Information bestehen, sondern kann, wie dargelegt, auch auf einer Neubeurteilung weithin verfügbarer Informationen beruhen.

Allerdings kommt ein Marktteilnehmer nicht umhin, seinen Informationsvorsprung selbst zu gefährden. Die Gefährdung ergibt sich aus seinem Bemühen, den Vorsprung durch Transaktionen zu verwerten, d.h. mit dem Versuch, eine Order zu platzieren. Der Verwertungsversuch ist mit einem externen Effekt verbunden. Dies gilt in besonderem Maße für die direkt am Kontrakthandel Beteiligten. Der externe Effekt besteht aus dem entsprechenden Preis-Mengen- Signal auf dem Kontraktmarkt. Ob, in welchem Ausmaß und wie schnell dieses Signal zu einer den dahinterstehenden Erwartungen bzw. Informationen entsprechenden Preisänderung führt, hängt davon ab, (1) inwieweit das Signal andere zu Informationsaktivitäten anregt, (2) ob einige „mit dem Markt gehen“, sich also zur einfachen Information entschließen, und (3) inwieweit es zur Keynes‘schen „Schönheitskonkurrenz“, also zu Versuchen anderer Marktteilnehmer kommt, das ursprüngliche Signal zu interpretieren. Hinzu kommt nicht zuletzt gewissermaßen eine Fremdgefährdung, wenn zugleich andere Marktteilnehmer durch eigene Informationsaktivitäten zu ähnlichen Erwartungen gekommen waren. Zusammengenommen beschreiben diese Handlungen die Wettbewerbskomponente.

Aus dem Zusammenwirken der beiden Komponenten ergibt sich, daß das Kontraktmarktgeschehen unter Informationsaspekten als ein durch die Suche nach zeitlichen Informationsvorsprüngen bestimmter Wettbewerbsprozeß beschrieben werden kann. Das ändert nichts an der Motivationsstruktur von Marktteilnehmern, die z.B. durch das Bemühen dominiert sein mag, Preisänderungsrisiken abzuwälzen; wie dargelegt, wird das Bemühen durch Informationsaktivitäten – allerdings nicht kostenlos – eher erleichtert. Ebensowenig sind spezifische Annahmen über die Risikoneigung erforderlich; die Risikoneigung dürfte allerdings die Entscheidung darüber beeinflussen, ob und gegebenenfalls in welcher Form aufgrund einer subjektiven Informationslage Positionen am Kontraktmarkt eingenommen, korrigiert oder aufgegeben werden[26].

Wohl aber hat diese Sicht des Kontraktmarktgeschehens Konsequenzen für die Qualität der Verarbeitung und Verbreitung zukunftsrelevanter Informationen auf Terminkontraktmärkten, also für ihre Informationseffizienz. In der Periode vor Fälligkeit des Kontraktes können diese Märkte nicht effizient im Fama‘schen Sinne sein, wenn der zuvor beschriebene Prozeß die Informationsaktivitäten und ihre Marktfolgen im

26 Dieses Argument betont z.B. HELLWIG [1980], S. 492f.

Kern beschreibt. Dabei kommt es aus der hier vertretenen Sicht nicht so sehr auf die von Fama ohnehin konzedierte Verletzung der Bedingungen kostenloser Information und Transaktionen an[27]. Schon bedeutsamer ist die von ihm ebenfalls erwähnte Möglichkeit, daß die Marktteilnehmer die Marktfolgen einer Information unterschiedlich beurteilen. Darüber hinaus sind jedoch vor allem die Effizienzfolgen zu berücksichtigen, die sich aus dem hier betonten Handel zu „falschen" Preisen auf der Grundlage heterogener Erwartungen ergeben können.

Die Eröffnung einer Kontraktmarktposition ist überwiegend nur dann attraktiv, wenn sie zu Preisen erfolgen kann, die nach Einschätzung der an Transaktionen Beteiligten ihre individuelle Informationslage und davon abgeleitete Erwartungen nicht voll widerspiegelt. In der Chance, zu einem zunächst nur subjektiv ineffizienten Preis kontrahieren zu können, liegt der Anreiz zu Informationsaktivitäten. Ein erzielter Gewinn ist die Prämie dafür, schneller bei Erwerb und Auswertung neuer bzw. der Neubewertung verfügbarer Informationen gewesen zu sein. Die Prämie ist höchst ungewiß und stets durch den Wettbewerb anderer Marktteilnehmer gefährdet. Dieser Wettbewerb um temporäre Informationsvorsprünge bestimmt Umfang und Geschwindigkeit der Informationsverbreitung auf dem Kontraktmarkt.

Jedoch erlaubt die bisherige Argumentationsweise kaum ein abschließendes Urteil über die Informationseffizienz des Kontraktmarktes. Dazu ist der Sprung von dem einzelnen Marktteilnehmer auf die Aggregationsebene des Marktes erforderlich. Nicht überzeugend scheint in jedem Fall die bislang modelltheoretisch dominante Praxis zu sein, im wesentlichen auf den Marshall'schen repräsentativen Marktteilnehmer und mit ihm auf homogene Erwartungen zurückzugreifen. Auf diese Weise wird zwar ein Gleichgewicht modellierbar, jedoch nur unter praktischem Verzicht auf das spekulative Element.

Bei dem hier eingeschlagenen Weg ist die Schwierigkeit unübersehbar, von der Vielfalt individueller Informationslagen und Transaktionen auf die Aggregationsebene des Marktes zu gelangen. Ein notierter Kontraktpreis stellt gewissermaßen die Resultante eines Polygons unspezifizierter, auf unterschiedlichen Informationslagen basierender Erwartungen dar. Vermutet kann werden, daß seine Informationseffizienz um so höher ist, je zahlreicher und agiler die Marktteilnehmer sind; hier fügt sich die Erfahrung ein, daß verzerrte Kontraktpreise bislang nur auf nach dem Volumen und Partizipation engen Märk ten beobachtet werden konnten. Unter Modellierungsaspekten scheint mit der hier vertretenen Sicht des Marktgeschehens noch am ehesten der Versuch vertretbar, zumindest nach Transaktionen und eingenommenen Marktseiten zu unterscheiden, auch wenn dabei Erwartungen immer noch unzulässig aggregiert werden müssen[28].

Jedoch führt insgesamt wohl kein Weg an der Erkenntnis vorbei, daß das Marktganze eine andere Informationsqualität hat als Ergebnisse von Versuchen, die Vielfalt

27 FAMA [1970], S. 387 f.

28 Vgl. hierzu z.B. den ökonometrischen Versuch von Goss und GILES [1981], der theoretisch durch einen früheren Ansatz von PESTON und YAMEY [1960] angeregt wurde.

der Erwartungen der einzelnen Marktteilnehmer zu aggregieren. Das Aggregationsproblem scheint ebenso unlösbar wie in der Gastheorie die Zusammenfassung der einzelnen Molekularbewegungen, die sich jedoch mit den Gasgesetzen erübrigt. Mit dem nicht nachvollziehbaren Qualitätssprung, welcher die Individual- von der Marktebene trennt, läßt sich vermutlich auch ein Teil der Attraktivität rationaler Erwartungen erklären. Die in den Grenzen ökonometrischer Signifikanzkonventionen beeindruckende Informationseffizienz vieler organisierter Märkte suggeriert eine Als-Ob-Vermutung: Es sieht so aus, als ob die Marktteilnehmer auf der Grundlage rationaler Erwartungen handelten. Damit erschöpft sich aber schon die Plausibilität des Erklärungsanspruchs dieser Hypothese. Jeder Versuch, sie auf das Verhalten der einzelnen Marktteilnehmer zu übertragen, ohne zumindest unterschiedliche Informationslagen sowie davon abgeleitete, internalisierbare Prognosevorteile zuzulassen und damit doch wiederum auf das Aggregationsproblem zu stoßen, muß notwendig an der Frage scheitern, warum es unter diesen Umständen überhaupt zu spekulativen Transaktionen kommt.

Zusammenfassung

Anhand von Terminkontraktmärkten als Beispiel für spekulative Märkte wird gezeigt, daß (1) die Zeitstruktur, die für alle Transaktionen auf solchen Märkten charakteristisch ist, impliziert, daß vor allem zu „falschen Preisen" gehandelt wird, bezogen auf die zugrundeliegenden Erwartungen. (2) Das Zusammenspiel einer Vielzahl von Transaktionsarten ist Ausdruck der Arbeitsteilung bei den Informationsaktivitäten. (3) Die Informationsqualität der Preise wird durch die Suche nach und die Verwendung von möglichen Informationsvorteilen seitens der Marktteilnehmer bestimmt sowie von der Geschwindigkeit, mit der diese durch Wettbewerb zunichte gemacht werden. (4) Wege, den Schritt von den Entscheidungen der Marktteilnehmer zum Marktganzen und umgekehrt zu modellieren, erwiesen sich bis jetzt als ungangbar ohne die Zuhilfenahme unangemessener Abstraktionen.

Summary

Heterogenous Expectations, Price Formation, and Informational Efficiency in Speculative Markets

Using futures markets as prototypes of speculative markets, it is argued (1) that the time structure characteristic to all transactions on such markets predominantly implies trading on false prices in terms of underlying expectations. (2) The interplay of the multitude of types of transactions reflects a division of labour in information activities. (3) The informational quality of prices depends on the traders' search for and use of possible informational advantages and the speed with which these are eroded by competition. (4) To model the step from the decisions of the individual traders to the market level and vice versa so far proved to be impossible without resorting to inadequate abstractions.

Literatur

DANTHINE, J.-P. [1978], "Information, Futures Prices and Stabilizing Speculation", *Journal of Economic Theory*, 17, 79-98.

FAMA, E.F. [1970], "Efficient Capital Markets: A Review of Theory and Empirical Work", *Journal of Finance*, 25, 383-417.

GOSS, B. A. and GILES, D.E.A. [1981], *Comparative Modelling of Price Determination and Storage in United States and Australian Commodity Markets: Soybeans and Wool*, Paper presented to the Western Economic Association International Conference, San Francisco, July 2-6.

GROSSMAN, S. J. [1977], "The Existence of Futures Markets, Noisy Rational Expectations and Informational Externalities", *Review of Economic Studies*, 44, 431-449.

HAWTREY, R. G. [1939/1940], "Mr. Kaldor on the Forward Market", Review of Economic Studies, 7, 202-205.

HELLWIG, M. F. [1980], "On the Aggregation of Information in Competitive Markets", *Journal of Economic Theory*, 22, 477-498.

HIRSHLEIFER, J. [1975], "Speculation and Equilibrium: Information, Risk, and Markets", *Quarterly Journal of Economics*, 84, 5 19-542.

JOHNSON, L. L. [1960] "The Theory of Hedging and Speculation in Commodity Futures", *Review of Economic Studies*, 27, 139-151.

KALDOR, N. [1939/40a], "Speculation and Economic Stability", *Review of Economic Studies*, 7, 1-27. [1939/40b], "A Note on the Theory of the Forward Market", *Review of Economic Studies*, 7, 196-201.

KIRZNER, I. M. [1981], "The "Austrian" Perspective on the Crisis", S. 111-122, in: D. Bell und I. Kristol (eds.), *The Crisis in Economic Theory*, New York.

LACHMANN, L. M. [1943], "The Role of Expectations in Economics", Economica, 10, wiederabgedruckt, S. 65-80, in: L. M. Lachmann (edited with an introduction by W. E. Grinder), [1977], *Capital, Expectations, and the Market Process, Essays on the Theory of the Market Economy*, Menlo Park, California.

PESTON, M. H. and YAMEY, B. S. [1960], "Inter-Temporal Price Relationships with Forward Markets: A Method of Analysis", *Economia*, 27-28, 355-367.

RUBINSTEIN, M. [1975], "Securities Market Efficiency in an Arrow-Debreu Economy", *American Economic Review*, 65, 812-824.

STREIT, M. E. [1980], „Zur Funktionsweise von Terminkontraktmärkten", *Jahrbücher für Nationalökonomie und Statistik*, 195/6, 533-549 und QUICK, R, [1982], *Information Processing in Futures Markets – An essay on the adequacy of abstraction*, European University Institute, Florence, Working Paper No. 9.

TOBIN, J. [1980], *Asset Accumulation and Economic Activity – Reflections on Contemporary Macroeconomic Theory*, Oxford.

B.
Wettbewerb

Dimensionen des Wettbewerbs – Systemwandel aus ordnungsökonomischer Sicht*

1. Kernprozesse des Systemwandels

Der Wettbewerb zwischen den beiden antagonistischen Gesellschafts- und Wirtschaftssystemen scheint entschieden: In dramatisch kurzer Zeit sind nahezu alle sozialistischen Systeme zusammengebrochen. Zurück blieb ein Erbe an Armut, Zerstörung und Konfliktpotential, das selbst überzeugten Sozialisten in kapitalistischen Ländern vorübergehend die Sprache verschlug. Damit ist jedoch keineswegs das viel zitierte „Ende der Geschichte" erreicht. Vielmehr sind auch die marktwirtschaftlichen Systeme weiterhin dem Wandel unterworfen. Die Vermutung, der ich nachgehen möchte, lautet, daß dieser Systemwandel von zwei gegenläufigen Prozessen beeinflußt wird:

- der Systemverkrustung, die auf die Funktionsweise der Demokratie in ihrer vorherrschenden institutionellen Ausgestaltung zurückgeführt werden kann, und
- dem Systemwettbewerb, der von institutionellen Unterschieden zwischen den bestehenden Wirtschaftssystemen ausgelöst werden kann.[1]

Bemerkenswert ist am Systemwandel, daß ihm zwei unterschiedliche Formen des Wettbewerbs zugrunde liegen: der ökonomische und der politische Wettbewerb. Beide Formen sind sowohl bei der Systemverkrustung als auch im Systemwettbewerb auf komplexe und unterschiedliche Weise miteinander verknüpft. Bemerkenswert ist auch, daß ökonomischer und politischer Wettbewerb mit den herkömmlichen Erklärungsweisen unzulänglich modelliert werden. Das hat auch Folgen für die Analyse der in Rede stehenden Phänomene.

Institutionentheoretisch interpretiert, spiegelt der Prozeß des Systemwandels Folgen dessen wider, was Eucken als Interdependenz der Ordnungen[2] kennzeichnete. Die Interdependenz beschränkt sich allerdings nicht auf die politische Verfassung und die Wirtschaftsverfassung des einzelnen Staates. Vielmehr entsteht die Interdependenz

---

* – Erstveröffentlichung in: Zeitschrift für Wirtschaftspolitik Jg. 44, 1995 Heft 2, 113-134
– Erweiterte Fassung der Antrittsvorlesung an der Friedrich-Schiller-Universität Jena am 1. Februar 1995. Für hilfreiche Anregungen danke ich meinen Mitarbeitern D. Kiwit, U. Mummert, W. Mussler, S. Voigt, T. Winkler und M. Wohlgemuth.

1 Die Vermutung, daß die Verkrustung der Systeme durch institutionellen Wettbewerb eingedämmt werden kann, wurde bereits von Brennan und Buchanan (1980, 172f.) sowie Olson (1982, 140ff.) diskutiert. Jedoch waren sie relativ skeptisch und sprachen sich programmatisch für Verfassungsreformen aus. Den beweifelbaren Druck hierfür erhoffte sich Olson von wachsender Einsicht in der Bevölkerung (z.B. Olson 1982, 237).

2 Vgl. Eucken ([1952] 1990, 183f.) sowie Analysen dazu z.B. von Krüsselberg [1989], Streit [1992]

auch zwischen Einzelstaaten als unterschiedlich offenen Systemen. Im Falle der Europäischen Union und bereits zuvor der Europäischen Gemeinschaften ist die zwischenstaatliche Interdependenz der Ordnungen durch die Gewährleistung der ökonomischen Grundfreiheiten (freier Waren-, Dienstleistungs-, Kapital- und Personenverkehr innerhalb der Gemeinschaft) sowie die gemeinsamen Wettbewerbsregeln in einem besonders ausgeprägten Maße institutionalisiert. Allerdings wurden auch Vorkehrungen getroffen, die es ermöglichen, den damit begünstigten Systemwettbewerb zwischen den Mitgliedsstaaten politisch zu beschränken.

Im folgenden geht es darum, die beiden Kernprozesse des Systemwandels und damit besonders die angesprochenen Wettbewerbsformen sowie ihr Zusammenwirken zu beleuchten. Ordnungsökonomisch gilt das Interesse der Regelabhängigkeit der zu diskutierenden Phänomene und damit ihren institutionellen Voraussetzungen. Systemwandel ist stets auch institutioneller Wandel.

2. Zur Systemverkrustung

a. Erwartungshaltungen gegenüber dem Staat

Von den beiden gegenläufigen Prozessen ist die Systemverkrustung inzwischen intensiv analysiert worden. Vor „institutioneller Sklerose" (Olson, 1982) als Begleiterscheinung wohlfahrtsstaatlicher Entwicklung hatte bereits von Hayek vor fünf Jahrzehnten in seinem politischen Buch „Der Weg zur Knechtschaft" gewarnt. Nicht aus Hohn widmete er es „den Sozialisten in allen Parteien" (Hayek [1944] 1952). Zwar war für ihn der Sozialismus als Gesellschaftsmodell, welches damals noch in westlichen Ländern viele Sympathien genoß, hundert Jahre nach Erscheinen des kommunistischen Manifests weitgehend diskreditiert. Aber er befürchtete schon bald nach Erscheinen seines Buches, mitten im wirtschaftlichen Aufschwung der Nachkriegszeit, daß der Sozialismus von vielen Gesellschaftsreformern durch einen „Mischmasch" inkonsistenter Ziele unter dem Etikett des Wohlfahrts- oder Sozialstaates ersetzt würde. Daher müsse sorgfältig geprüft werden, ob seine Folgen nicht denen eines ausgewachsenen Sozialismus sehr ähnlich sein würden (Hayek [1956] 1967, 216).

Diese Entwicklung hatte im Grunde schon Tocqueville in der ersten Hälfte des vorigen Jahrhunderts mit erstaunlichem Weitblick vorausgesehen, ohne daß ihm allerdings der unmittelbare Vergleich mit dem Sozialismus möglich war. Für ihn waren die demokratischen Nationen durch einen Despotismus neuer Art gefährdet. Gegenüber den historischen Vorläufern wäre dieser jedoch „ausgedehnter und milder, und die Entwürdigung des Menschen vollzöge er, ohne sie zu quälen" (de Tocqueville [1840] 1976, 813)[3]. Seine Beschreibung des staatlich betreuten Menschen, der sich in den

3 de Tocqueville bedachte jedoch nicht, daß er es im Grunde dem alles verwaltenden und reglementierenden Staat zutraute, als Organisator des Wirtschaftsprozesses erfolgreich zu sein. Aber selbst viele westliche Nationalökonomen benötigten nach der Fundamentalkritik am Sozialismus

Freiheitsverlust fügt und zugleich der Vereinsamung anheimgegeben ist, entspricht in verblüffender Weise z. B. den Warnungen Schelskys vor der „Vervollkommnung der sozialen Gerechtigkeit" unter Preisgabe der Freiheit der Person (Schelsky 1978, 13ff.).

Mit dem Ruf nach sozialer Gerechtigkeit und Sicherheit wird dem Staat eine bestimmte Rolle zugedacht, die der eines guten Hausvaters vergleichbar ist. An ihm ist es, die individuellen Einkommen ausgleichend zu verändern und bestehende Einkommenserzielungschancen zu sichern. Austeilende Gerechtigkeit nach Verdienst und Bedarf sowie Schutz erreichter sozio-ökonomischer Positionen sind zentrale Wertvorstellungen, welche dieses Rollenverständnis prägen. Daraus abgeleitete Erwartungen lassen ein Trugbild entstehen, weil mit ihnen von der Kleingruppe geprägte Moral- und Gestaltungsvorstellungen auf Großgesellschaften übertragen werden. Das hat von Hayek (z. B. 1963 und 1976) eindringlich dargelegt.

Das Trugbild beruht sowohl auf falschen Vorstellungen über das Marktgeschehen als auch über die politische Willensbildung. Das Marktgeschehen wird eher aus der Perspektive der aristotelischen Oikonomia, der geschlossenen Hauswirtschaft, betrachtet. Der permanente und offene Prozeß der Selbstkoordination und Selbstkontrolle wird zwar gelebt. Die ungeplante und unplanbare Ordnung, welche durch die „unsichtbare Hand" hervorgebracht wird, bleibt jedoch unverstanden. Das aristotelische Verständnis des Marktgeschehens hat eine Überschätzung der Möglichkeiten ergebnisorientierter Steuerung des sich selbst organisierenden Marktsystems zur Folge. Damit ist eine Unterschätzung ungewollter Nebenwirkungen von Steuerungsversuchen verbunden, die ihrerseits Anlässe zu Klagen über soziale Ungerechtigkeiten geben können. Die Vorstellung über die politische Willensbildung entspricht eher einer Wunschvorstellung. Die gewünschte Rolle des Staates ist nach vielen Befragungsergebnissen eindeutig: Er gilt vorrangig als Organ zur Realisierung von gesellschaftlichen Zielen, vor allem den materiellen Zielen der sozialen Gerechtigkeit und der Sicherheit.

b. Wettbewerbliche Erklärungen

Die Wunschvorstellung reflektiert eine normative Theorie der Demokratie, die Schumpeter ([1942] 1950, 397) als „klassische Lehre der Demokratie" kritisierte. In dieser Vertretertheorie der Demokratie (Herder-Dorneich, Groser 1977, 60ff.) wird unterstellt,

- daß das demokratische Verfahren auch eine wünschenswerte Motivation der politischen Entscheidungsträger gewährleistet, d. h., sie verstehen sich und handeln nur als Stellvertreter der Wähler;

durch Mises und danach durch Hayek noch Jahrzehnte, um sich von der Vorstellung zu befreien, diese organisatorische Aufgabe sei zumindest hypothetisch lösbar.

– daß die politischen Entscheidungsträger ihre „vikarische Funktion“ (Kirsch 1983, 106) auch wahrnehmen können, d. h., sie vermögen den Wählerwillen zu erkennen und zum „Gemeinwohl“ umzusetzen.

Auch für Schumpeter war Demokratie ein Verfahren zur Bereitstellung politischer Güter: „Aber, um zu verstehen, wie die demokratische Politik diesem sozialen Ziele dient, müssen wir vom Konkurrenzkampf um Macht und Amt ausgehen und uns klarwerden, daß die soziale Funktion, so wie die Dinge nun einmal liegen, nur nebenher erfüllt wird – im gleichen Sinne, wie die Produktion eine Nebenerscheinung beim Erzielen von Profiten ist“ (Schumpeter, [1942] 1950, 448). Schumpeter gab damit zwar das Stichwort für zahlreiche Versuche, die Konkurrenztheorie der Demokratie marktanalog zu modellieren. Er selbst betrachtete jedoch das politische Geschehen mit großer Skepsis und lieferte viele Hinweise dafür, daß eine einfache Analogiebildung unangemessen ist.

Die neoklassische Marktanalogie politischen Wettbewerbs, welche die ökonomische Theorie der Politik immer noch prägt, setzt sich über die Skepsis von Schumpeter ebenso hinweg wie über die von Downs (1957, Teil III) aufgezeigten Wissensmängel bei politischen Unternehmern und Wählern.[4] In einigen Fällen geschieht diese Analogiebildung in einer extremen, gleichgewichtstheoretischen Form.[5]

Eine Korrektur der tradierten Konkurrenztheorie der Demokratie erfordert zwei Schritte. In einem ersten Schritt sind die grundlegenden Schwächen des neoklassischen ökonomischen Wettbewerbsmodells anzugehen. Das verlangt eine Hinwendung zur Marktprozeßtheorie und ein Aufgreifen des von Hayek betonten konstitutionellen Wissensmangels. Sodann muß geprüft werden, ob und an welchen Stellen die Analogie zu dem veränderten Modell ökonomischen Wettbewerbs unzutreffend und daher modifikationsbedürftig ist. Erste Versuche in dieser Richtung gibt es.[6] Viel bleibt jedoch noch zu tun.

Solange eine überzeugende Theorie des politischen Wettbewerbs nicht vorliegt, muß man sich mit Ansätzen bescheiden, die zumindest Teilaspekte zu erklären vermögen. Bei der Erklärung der Systemverkrustung hat sich inzwischen ein relativ einfaches Grundmuster vielfach bewährt. Institutionelle Voraussetzung für diese Erklärung ist, daß es sich um Demokratien handelt, in denen einer Ausweitung der staatlichen Aktivitäten keine wirksamen Grenzen gesetzt sind. Die Expansion wird sogar gefördert, wenn dem Staat, wie im Falle Deutschlands, mit dem Prinzip der Sozialstaatlichkeit eine Verfassungsnorm mit „Ermächtigungscharakter“ vorgegeben wird.

---

4 Allerdings wird bei Downs, wie später im Rahmen der Informationsökonomik, Wissen in unangemessener Weise als (Investitions-)Gut analysiert, dessen Menge optimierbar ist. Auch Downs muß der überzeugende Befund von Shackle (1972, 272f.) entgegengehalten werden: „The worth of new knowledge cannot begin to be assessed until we have it. But then it is too late to decide how much to spend on breaching the walls to encourage its arrival.“

5 Vgl. insbes. die sog. „Chicago Political Economy“: Becker (1983), Peltzman (1990), Wittman (1984; 1990) oder auch Breton (1974; 1993).

6 Vgl. hierzu die facettenreiche Kritik von Wohlgemuth (1995)

Nach ihr ist er „zu sozial gestaltender Tätigkeit beauftragt" (Benda 1984, 510), ohne daß der Inhalt dieses Auftrags definiert wird.[7] Unter der aufgezeigten institutionellen Voraussetzung lautet die Erklärung, daß die Ergebnisse des politischen Wettbewerbs durch den Stimmenfang der politischen Akteure und die Privilegien – oder Rentensuche (z. B. Buchanan, Tollison, Tullock 1980) der Interessenvertretungen oder „Verteilungskoalitionen" (Olson 1982, 44) geprägt wird.[8]

Die politisch gehandelten Renten entstehen durch Schutz vor ökonomischem Wettbewerb oder durch Kompensationen für Wettbewerbswirkungen. Es sind im wesentlichen Maßnahmen, welche Anreize schmälern, Wettbewerbshandlungen überhaupt vorzunehmen. Dazu gehören Handelsbeschränkungen und Erhaltungssubventionen ebenso wie Eingriffe in die Vertragsfreiheit zugunsten besonders schutzbedürftig erklärter Parteien. Als Systemfolge ergibt sich eine Verringerung der Anpassungs- und Entwicklungsanreize, die von Wettbewerbsprozessen ausgehen können. Politischer Wettbewerb führt nach diesem Erklärungsmuster tendenziell zu einer Verringerung des Anreizpotentials ökonomischen Wettbewerbs.

Institutionell werden Renten mit Hilfe von Regeln geschaffen, die auf bestimmte Gruppen und Fälle abstellen.[9] Mit dieser Diskriminierung verringert sich der Geltungsbereich der universalisierbaren Regeln des Privatrechts, die für das Markt- und Wettbewerbsgeschehen konstitutiv sind. Teilweise wird Privatrecht auch durch öffentliches Recht verdrängt. Beides ist charakteristisch für eine ergebnisorientierte Steuerung. Die hierbei verfolgten Verteilungsziele haben stationären Charakter. Wenn die Steuerung erfolgreich sein soll, muß deshalb versucht werden, das grundsätzlich offene (evolutorische) System mit Hilfe von Regeländerungen ergebnisorientiert zu schließen. Daraus resultierende Anpassungs- und Entwicklungsprobleme signalisieren eine politisch bewirkte institutionelle Sklerose.

Dieser Prozeß geht mit einer ethischen Umorientierung des Privat- und des Wirtschaftsprivatrechts durch Gesetzgebung und Rechtsprechung einher (Reuter 1994, 352 ff.). Die tradierten Regeln des Privatrechts dienen der Gewährleistung der Freiheit. Handlungsfreiheit ist mit Selbstverantwortung verbunden. Selbstverantwortung bedeutet auch selbständige Wahrnehmung der eigenen Interessen bei Markthandlungen. Zur Wahrnehmung der eigenen Interessen gehört die Entscheidung darüber, ob und in welchem Ausmaß Transaktionskosten aufgewendet werden, um Substitutions-

---

7 Allerdings dürfte der sozialstaatliche Auftrag wegen seiner Bedeutungsvielfalt kaum zwingend eingrenzbar sein. Hinzu kommt, daß der permanente Wandel der materiellen gesellschaftlichen Bedingungen es erlaubt, ständig neue Gestaltungsaufträge zu rechtfertigen. Darüber hinaus werden bisherige Gestaltungsversuche zu sozialen Besitzständen, die selbst dann verteidigt werden, wenn die Begründung hinfällig wird oder an Bedeutung verliert. Hierfür gibt es überzeugende polit-ökonomische Gründe (vgl. hierzu z.B. meine Ausführungen an anderer Stelle [Streit 1994, 119]).

8 Einen breit angelegten interdisziplinären Überblick gibt z.B. Weede (1990)

9 Die Begünstigung von Gruppen berechtigt um so mehr zum Analogieschluß auf Verträge zu Lasten Dritter, je mehr es den beteiligten Parteien gelingt, die Vorteile der Privilegien auf die jeweilige Gruppe zu konzentrieren und die Nachteile anderen aufzubürden.

möglichkeiten aufzuspüren. Je stärker die Bereitschaft hierzu auf beiden Marktseiten ist, desto intensiver dürfte auch die wettbewerbliche Kontrolle der Marktbeziehungen sein.[10] Insofern beruht Wettbewerb auf dem selbstverantwortlichen Gebrauch der Handlungsfreiheit. Soweit dieser Gebrauch subjektiv möglich ist und die Handlungsfreiheit nicht widerrechtlich von anderen beschränkt wird, beziehen privatrechtliche Verträge ihre Richtigkeitsgewähr grundsätzlich aus der Handlungsfreiheit. Die ethische Umorientierung erfolgt vor allem mit Hilfe einer Verstärkung des Schutzes der durch den Gesetzgeber als schwächer beurteilten Vertragspartei bzw. durch die Inpflichtnahme der als stärker beurteilten Partei. Für die Rechtsprechung hat die ethische Umorientierung eine Inhaltskontrolle von Rechtsgeschäften zur Folge. Aufgrund des gleichen Schutzauftrags wird sie veranlaßt, die Richtigkeitsgewähr in Frage zu stellen. Die Merkwürdigkeiten, zu denen eine richterliche Inhaltskontrolle z. B. im sozialstaatlich geprägten Arbeits- und Mietrecht Deutschlands führt, müßten Rechtspolitiker in den Parlamenten eigentlich nachdenklich stimmen. Das gilt auch für die Beobachtung, daß der Schutz der als schwächer erklärten Vertragspartei dieser häufig mehr schadet als nutzt, indem extremer Schutz einer Marktseite restriktive Reaktionen auf der anderen Marktseite auslöst, wodurch die Probleme verschärft oder erst geschaffen werden, deren Vermeidung angestrebt wurde. Aber: Sozialstaatliche Gesetzgebung hat weniger mit ökonomischer Einsicht zu tun als mit politischer Notwendigkeit, so, wie die politischen Akteure als Wettbewerber sie sehen.

3. Zum Systemwettbewerb

a. Spontane Korrekturkräfte

Das dargelegte Erklärungsmuster für die Systemverkrustung kann kein Ansatz zu einer Theorie der Geschichte des Wohlfahrtsstaates sein. Andernfalls hieße es, die alten Entwicklungsgesetze des historischen Materialismus durch neue ersetzen. Wird Geschichte als offene Entwicklung gesehen, bleibt nur die Spekulation sowie die Suche nach weiteren Einflußfaktoren. In der Tat lassen sich spontane Korrekturkräfte identifizieren, welche die wohlfahrtsstaatlichen institutionellen Arrangements in Frage stellen.

Binnenwirtschaftlich ist an die Schattenwirtschaft zu denken. Sie reicht von Aktivitäten für graue und schwarze Märkte über marktnahe Haushaltsproduktion bis zur privaten Wohltätigkeit.[11] Unabhängig von der rechtlichen Beurteilung im einzelnen beinhaltet sie nicht nur eine Abwanderung aus der offiziellen Wirtschaft und Versuche, sich der wohlfahrtsstaatlichen Abgabenlast zu entziehen oder sie zu vermeiden. Sie signalisiert beispielsweise auch, daß die Arbeitsmärkte funktionsfähiger sein könnten, wenn die Arbeitsmarktkartelle und der sie absichernde Staat dies nur zuließen.

10 Zur Beziehung zwischen Transaktionskosten und Wettbewerb vgl. Streit, Wegner (1989).
11 Vgl. z.B. Cassel (1986), Streit (1984a)

Die Abwanderung aus der offiziellen Wirtschaft hat de facto eine Verkleinerung des Geltungsbereichs des Systems staatlich gesetzter oder formeller Regeln (Institutionen) zur Folge, an denen sich Markthandlungen orientieren. Im Falle marktnaher Haushaltsproduktion geschieht dies dadurch, daß Markthandlungen durch Eigenproduktion ersetzt werden. In den anderen Fällen ist davon auszugehen, daß von den formellen Regeln abweichende, informelle Regeln genutzt werden, wenn diese Teile der Schattenwirtschaft – wie zu beobachten – nicht nur flüchtige Phänomene sind. Infolgedessen läßt sich argumentieren, daß Teile der Schattenwirtschaft zugleich eine Konkurrenz zwischen formellen und informellen Institutionen signalisieren.

Wenn die Schattenwirtschaft korrigierend auf die Systemverkrustung wirken soll, muß ein Transmissionsweg bestehen, auf dem die Konkurrenz zwischen den formellen und informellen Institutionen dazu führen kann, daß die formellen Institutionen korrigiert werden. Auch der Blick über die Grenzen Deutschlands lehrt, daß es primär die negativen Folgen für die Budgets des Staates und der Versorgungssysteme sind, die als Korrekturkräfte wirken. Die Schattenwirtschaft kann also durch budgetäre Entzugseffekte Korrekturen wohlfahrtsstaatlicher Institutionen auslösen.

Das Phänomen der Schattenwirtschaft und die möglichen politischen Reaktionen darauf lassen sich als systeminterner Prozeß institutioneller Konkurrenz ansehen. Hinzu kommt die Möglichkeit systemexternen institutionellen Wettbewerbsdrucks. Dieser Systemwettbewerb ist nunmehr zu diskutieren.

b. Ökonomische Kernaussagen

Die Ausgangshypothese zum Systemwettbewerb findet sich – wie könnte es anders sein – bereits bei Adam Smith.[12] Er erörtert erwartbare Reaktionen bei internationalen Unterschieden in der Kapital- und Kapitalertragsbesteuerung.:

> „..., land is a subject which cannot be removed; whereas stock easily may... The proprietor of stock is properly a citizen of the world, and is not necessarily attached to any particular country. He would be apt to abandon the country in which he was exposed to a vexatious inquisition, in order to be assessed to a burdensome tax, and would remove his stock to some other country where he could, either carry on his business, or enjoy his fortune more at ease. By removing his stock, he would put an end to all the industry which it had maintained in the country which he left. Stock cultivates land; stock employs labour. A tax which tended to drive away stock from any particular country, would so far tend to dry up every source of revenue, both to the sovereign and to the society. Not only the profits of stock, but the rent of land, and the wages of labour, would necessarily be more or less diminished by its removal."

Inzwischen ist diese Aussage generalisierend weiterentwickelt worden. In der am meisten diskutierten Form wird sie erstens auf alle räumlich mobilen Faktoren ausgedehnt; Anwendung findet sie sowohl auf die internationale Mobilität als auch auf die-

12 Smith [1776] 1974 Bd. 2, 502 – vgl. hierzu auch S. Sinn (1992, 178), der auf diese Smithsche Reflektion aufmerksam machte.

jenige innerhalb einer Föderation. Zweitens ist die Aussage nicht mehr auf Besteuerungsunterschiede beschränkt; als Auslöser für Faktorwanderungen werden generell institutionelle Unterschiede zwischen Nationen bzw. Bundesstaaten in die Analyse einbezogen. Drittens wird die Variation von institutionellen Arrangements als Wettbewerbsparameter von Regierungen i. w. S. angesehen; danach dienen Veränderungen staatlich gesetzter Institutionen als Mittel, um mobile Faktoren mit dem Ziel zu attrahieren, die Produktivität von immobilen Faktoren zu erhöhen (letzteres ganz i. S. d. Smithschen Argumentation). Viertens gilt der Systemwettbewerb außerhalb neoklassischer Analysen nicht nur als Kontroll-, sondern auch als Entdeckungsverfahren für institutionelle Arrangements; es wird vermutet, daß der Wettbewerb zwischen den institutionellen Anbietern (Regierungen i. w. S.) zu mehr „Bürgersouveränität" (Vanberg, Kerber 1994, 212) führt. Im Rahmen unserer Analyse würde dem ein Zurückdrängen des Einflusses von Verteilungskoalitionen, aber auch eine Öffnung für institutionelle Neuerungen entsprechen. Diese optimistische Hypothese läßt sich in der Terminologie Hirschmans (1970) zusammenfassen, wobei vereinfachend davon ausgegangen wird, daß im ökonomischen Wettbewerb das Prinzip „exit" (Abwanderung) und im politischen Wettbewerb „voice" (Widerspruch) dominiert: „voice" allein begünstigt die Rentensuche durch Verteilungskoalitionen. Deshalb ist es wünschenswert, daß „exit" in Form von Systemwettbewerb der sonst vorherrschenden Systemverkrustung entgegenwirkt.[13] Die negative Beurteilung der Systemverkrustung könnte sich auf die Einbußen an individueller Handlungsfreiheit stützen und auf die materiellen Folgen, welche dem politisch bedingten Prozeß der Systemverkrustung – wie dargelegt – zugeschrieben werden können.

c. *Strukturelemente des Systemwettbewerbs*

Für den Systemwettbewerb dürfte charakteristisch sein, daß die Beziehung zwischen politischem und ökonomischem Wettbewerb derjenigen entgegengesetzt ist, welche für die Systemverkrustung gilt. Systemverkrustung ist die Folge davon, daß die Handlungsspielräume und Handlungsanreize für ökonomische Wettbewerber im Verlauf des politischen Wettbewerbs beschränkt werden. Hingegen wirkt Systemwettbewerb beschränkend auf politische Wettbewerber innerhalb eines Systems, wenn sie die Folgen der Wahl privater Wettbewerber zwischen Systemen berücksichtigen müssen, welche mit der internationalen Allokation mobiler Ressourcen verbunden sind. In dem Maße, wie sich die politischen Wettbewerber dem Systemwettbewerb nicht entziehen können, entsteht zugleich eine internationale (interföderale) Interdependenz der Ordnungen.

---

13 Dem dürfte auch die Argumentation von Osterfeld (1989, 166f.) nahekommen: „Exit enables everyone, majorities as well as minorities, to pursue their preferences ... voice or democracy can enable only a particular majority to obtain its preferences, and this can be accomplished only by coercing the minorities into actions contrary to their preferences."

Der Systemwettbewerb ist theoretisch wie empirisch zur Zeit noch wesentlich weniger ausgeleuchtet als die Systemverkrustung. Im folgenden soll zumindest eine grobe Struktur erklärungsbedürftiger Elemente des Systemwettbewerbs aufgezeigt werden (vgl. Schaubild im Anhang). Dabei steht der internationale Systemwettbewerb und damit der Wettbewerb zwischen institutionellen Anbietern im Vordergrund, die mit weitgehenden Souveränitätsrechten ausgestattet sind.

Analytische Schwierigkeiten beginnen bereits mit den ökonomischen Teilprozessen. Das gilt beispielsweise für den Smithschen Fall, d. h. die Beeinflussung von internationalen Kapitalbewegungen durch Unterschiede im nationalen Steuerrecht. Beispielsweise hat ein potentieller Direktinvestor nicht nur die Besteuerungsunterschiede in ihrer Wirkung auf seine subjektiv erwarteten Nettoerträge einzuschätzen. Vielmehr müssen von ihm zunächst einmal Kosten- und Ertragserwartungen gebildet werden. Diese Erwartungen dürften auch davon geprägt sein, welches Bündel von protektiven und produktiven staatlichen Diensten an den konkurrierenden Standorten in Anspruch genommen werden kann, welche gesellschaftsrechtlichen Unternehmensformen mit welchen Konsequenzen wählbar sind, welche Folgen sich aus der jeweiligen Arbeitsmarktverfassung ableiten lassen usw. Schließlich kann die Einstellung gegenüber Wechselkursrisiken und politischen Risiken (z. B. Konvertibilitätsbeschränkungen, Beteiligungsauflagen) nicht vernachlässigt werden. Bei einer Risikoaversion wäre die Mobilität nicht nur begrenzt. Sie dürfte auch nach Ländern und Ländergruppen variieren. Für beides gibt es überzeugende empirische Belege.[14] Begrenzte Mobilität bedeutet aber auch begrenzten potentiellen, politisch relevanten Abwanderungsdruck im Sinne des Systemwettbewerbs.

Selbst wenn in einem konkreten Fall die Abwanderung von Kapital unstrittig und mit den von Smith zu Recht angedeuteten Folgen für die Leistungsfähigkeit des betrachteten Systems verbunden wäre[15], bestünden weitere analytische Schwierigkeiten. Sie ergeben sich an der Schnittstelle zwischen ökonomischen und politischen Prozessen. Zusammenfassen lassen sie sich in folgenden Fragen: Wie werden (negative) Veränderungen in der ökonomischen Leistungsfähigkeit des Systems von den politischen Akteuren, den Interessengruppen sowie der Wählerschaft wahrgenommen? Welcher politische Handlungsbedarf wird durch Widerspruch signalisiert? Welche Reaktionen der Akteure sind im innerstaatlichen politischen Wettbewerb zu erwarten? Die gegenwärtige Diskussion um den Wirtschaftsstandort Deutschland und den „Um-

14 Vgl. zur internationalen Kapitalmobilität z.B. die Analyse von Feldstein (1994) sowie die dort angegebene Literatur. Im Hinblick auf die Wissensproblematik bzw. auf die Einschätzung des eigenen Wissens durch die ökonomischen Akteure sei ein Aspekt hervorgehoben, der auch in anderen Studien zu Direktinvestitionen betont wird: Es finden sich Hinweise, daß Investoren ihre Vertrautheit mit den Bedingungen im In- und Ausland unterschiedlich einschätzen und infolgedessen Investitionen im heimischen Markt präferieren.

15 Wie schwierig es bereits empirisch ist, die Abwanderung von Investitionskapital zweifelsfrei zu ermitteln, verdeutlichen z.B. Klodt u. a. (1994, 15ff.). Noch schwieriger wird es, daraus Schlüsse auf die Standortqualität insgesamt (ebenda, 18ff.) oder gar auf einzelne Qualitätsindikatoren zu ziehen.

bau des Sozialstaates“ dürfte hinreichend verdeutlichen, wie schwer sich die Beteiligten bei Diagnose und Therapie tun. Das gilt besonders für die Entscheidung der politischen Akteure. Aus der Sicht der tradierten ökonomischen Theorie der Politik haben sie eine naheliegende, abstrakte Antwort zu konkretisieren (ähnlich S. Sinn 1992, 180): Soweit sie die Regierung stellen, müssen sie gerade soviel Unterstützung hervorrufen, um wiedergewählt zu werden. Dazu müssen sie sicherstellen, daß die positiven Wählerreaktionen auf die Vergabe und Erhaltung von Verteilungsprivilegien (Renten) von den negativen Reaktionen nicht überkompensiert werden, welche sich als Folge von Prosperitätsverlusten für Wähler einstellen, wenn Investoren (Kapital) abwandern oder eine Zuwanderung ausbleibt. Die Konkretisierung der Antwort wirft eine Unzahl von Wissensfragen auf. Wären diese beantwortbar, würde der politische Unternehmer in ähnlicher Weise zum einfallslosen Ökonomisierer, wie dies in der neoklassischen Theorie der Firma der Fall ist.

Die zuvor aufgeworfenen Fragen und die empirischen Befunde dürften auch geeignet sein, die gelegentlich geäußerte Behauptung zu entkräften, ein Steuerwettbewerb verhindere jegliche Umverteilung.[16] Dagegen spricht nicht nur, daß die Eigentümer mobiler Faktoren eine Nettorechnung aufmachen, worauf bereits Tiebout (1956, 418f.) in seinem vielzitierten Aufsatz hinwies. Hinzu kommt – wie dargelegt – daß diese Nettorechnung mit Wissensproblemen belastet ist und darüber hinaus für internationale Transaktionen typische Risiken beinhaltet. Unter diesen Umständen kann lediglich vermutet werden, daß Systemwettbewerb Umverteilungsversuche durch institutionelle Anbieter für diese politisch riskanter macht und deshalb in unbestimmtem Maße disziplinierend wirkt.

Bei der Diskussion des internationalen Handels im Kontext des Systemwettbewerbs wird das Privatrecht (vgl. Schaubild) selten thematisiert. Das ist insofern erstaunlich, als internationale Transaktionen notwendig eine Wahl zwischen Privatrechtssystemen beinhalten. Ferner wird mit ihnen Bezug auf komplementäre informelle Regeln (Handelsbräuche, Geschäftsbedingungen) genommen. Konsequenz solcher Wahlhandlungen ist ebenfalls die „Abwanderung“ von Vertragsparteien, nunmehr im Hinblick auf das inländische System formeller und informeller Regeln. Die Abwanderung kann beispielsweise durch Unterschiede in den Transaktionskosten ausgelöst werden, welche mit der Nutzung der Regeln verbunden sind, ganz zu schweigen von Anreizen, wohlfahrtsstaatlichen Manipulationen der Vertragsfreiheit bei inter-nationalen Transaktionen auszuweichen. Ob und welche Wirkungen von einer derartigen Abwanderung auf das Anpassungs- und Leistungsvermögen des betrachteten Systems ausgehen und wie davon die systeminterne politische Willensbildung beeinflußt werden könnte, ist bislang ungeklärt.

Wesentlich mehr Beachtung wird dem Einfluß staatlicher Regulierungen mit erklärten Schutzzielen (vor allem Gesundheit, Sicherheit, Umwelt und Verbraucherin-

---

16 Die Argumentation findet sich in der wohlfahrtsökonomisch-neoklassisch orientierten Finanzwissenschaft (z.B. Oates 1972, 6ff.; Musgrave, Musgrave 1992, 15f.; H.-W. Sinn 1990)

teressen) auf die internationalen Handelsströme geschenkt. Soweit diese Regulierungen zwingendes Recht sind, müssen sie gegenüber inländischen wie ausländischen Produkten (Gütern und Diensten) durchgesetzt werden. Für Produkte, die von einer Regulierung abweichen, stellt diese notwendig eine Marktzugangsbeschränkung dar. Im Falle ausländischer Produkte ist eine Abwanderung von Inländern durch den Import aus einem abweichenden Regulierungsregime nicht erlaubt. Aus der Sicht der ökonomischen Theorie der Regulierung kann jedoch die Gefahrenabwehr als Argument für Art und Umfang einer Regulierung nicht unkritisch hingenommen werden. Denn inzwischen gibt es genügend Belege dafür, daß regulierungsbedingte Marktzugangsbeschränkungen, wie andere staatliche Wettbewerbsbeschränkungen auch, Objekte der Rentensuche durch Verteilungskoalitionen sind.[17]

Unter diesen Umständen bestehen zwei Probleme: Die dem Schutzzweck am besten entsprechende Regulierung bleibt notwendig unbekannt. Bekannt ist lediglich das Interesse an Wettbewerbsbeschränkungen durch Regulierung. Infolgedessen kann grundsätzlich gefragt werden, ob nicht auch Regulierungen dem Wettbewerb als Entdeckungs- und Kontrollverfahren ausgesetzt werden sollten. Damit es zum Zuge kommen könnte, müßte für Regulierungen international nicht mehr das Bestimmungslandprinzip gelten, sondern das Ursprungslandprinzip. Produkte aus unterschiedlichen Regulierungsregimen würden auf dem Inlandsmarkt wie Produkte zugelassen, die den heimischen Regulierungen entsprechen. Dort würden infolgedessen unterschiedlich regulierte Produkte miteinander konkurrieren.[18]

Die erwartbaren Folgen eines solchen Wettbewerbs scheinen aus einer neoklassischen Sicht ebenso eindeutig wie im Smithschen Fall der Kapitalbesteuerung. Dort kommt es zu einem internationalen Ausgleich der Nettoertragsraten als Folge induzierter Kapitalbewegungen. Das impliziert, daß sich der mobile Faktor Kapital einer höheren Besteuerung zu Lasten der immobilen Faktoren entziehen kann. Im Falle einer Regulierung, die heimische Produkte besonders belastet, wird gefolgert, daß diese durch ausländische Produkte mit geringerer regulierungsbedingter Belastung verdrängt werden. Im Grenzfall wird durch diese Verdrängungsgefahr und auf Druck der nunmehr nachteilig betroffenen Interessengruppen ein Wettbewerb zwischen den Regulierungsregimen ausgelöst, der zur Aufhebung verbindlicher Regulierungen führt.

---

17 Vgl. z.B. zu einer Evaluierung des Schutzes von Verbraucherinteressen auch aus dieser Perspektive Streit (1984b) und die dort angegebene Literatur.

18 In diesem Kontext wird i. d. R. die Entscheidung „cassis de Dijon“ des Europäischen Gerichtshofes zitiert. Zweifellos hatte sie einen hohen Aufmerksamkeitseffekt. Allerdings darf die einschränkende und auslegungsbedürftige Bedingung nicht übersehen werden, wonach weiterhin „zwingenden Erfordernissen“ Rechnung zu tragen ist, „insbesondere dem Erfordernis einer wirksamen steuerlichen Kontrolle, des Schutzes der öffentlichen Gesundheit, der Lauterkeit des Handelsverkehrs und des Verbraucherschutzes.“ Demgegenüber gab die vorangegangene Entscheidung „Dassonville“ zumindest grundsätzlich mehr Raum für Regulierungswettbewerb. Nach dieser Entscheidung galt Art. 30 EWG-Vertrag (Verbot mengenmäßiger Einfuhrbeschränkungen) noch für „jede Handelsregulierung der Mitgliedsstaaten, die geeignet ist, den innergemeinschaftlichen Handel mittelbar oder unmittelbar, tatsächlich oder potentiell zu beschränken“ (EuGH-Urteil vom 11. 7. 1974, Rs. 8/74 Dassonville, Slg. 1974).

Analytisch leidet diese Argumentation an ähnlichen Übervereinfachungen wie diejenige zur Kapitalbesteuerung. Das Problem wird auf einen Fall einfacher (institutioneller) Arbitrage reduziert, bei der nur noch die bekannt vorausgesetzte, regulierungsbedingte Kosten- bzw. Preisdifferenz den Ausschlag gibt. Damit die Differenz so wirkt, müßte sie auch von den nach dem Regulierungszweck Geschützten nur als solche wahrgenommen werden. Das bedeutet, daß sie diese Differenz auch nach ihrem eigenen Kosten-Nutzen-Kalkül zum Anlaß für eine „Abwanderung" (Arbitrage) machen. Damit wird z. B. die Möglichkeit einer präferenzkonformen Koexistenz von verschiedenen Standards im gleichen Land ausgeschlossen.

Die kritisierte Argumentation wird unwiderlegbar, wenn die jeweils betrachtete Regulierungsinstanz als wohlwissend und wohlmeinend gedacht wird. Das gilt auch für eine normative Regulierungstheorie, welche von den gleichen Wissensvoraussetzungen ausgeht. In beiden Fällen müßten nämlich die Regulierungsmöglichkeiten und ihre Kosten-Nutzen-Verhältnisse erschöpfend bekannt sein. Unter diesen Umständen wäre Wettbewerb – wie von Hayek immer wieder betont hat – ein verschwenderisches Verfahren, da nichts zu entdecken ist. Auch zur Kontrolle der politischen Anbieter von Regulierung würde Wettbewerb nicht benötigt, da diese wohlmeinend konzipiert sind. Andernfalls müßte in Betracht gezogen werden, daß – wie dargelegt – Regulierung als staatliche Wettbewerbsbeschränkung erwiesenermaßen ein politischer Wettbewerbsparameter ist.

Was ergibt sich insgesamt für den Regulierungswettbewerb[19] und – allgemein – für den Systemwettbewerb? Die Plausibilität mancher Regulierungsargumente wird ebensowenig bestritten wie die anderer institutioneller Angebote. Auch die Möglichkeit von Wettbewerbswirkungen, die aus dieser Sicht unerwünscht sind, muß zugelassen werden. Sonst wäre der zuvor gemachte Einwand einer Anmaßung von Wissen inkonsistent. Jedoch ergibt sich notwendig aus dem konstitutionellen Wissensmangel (Hayek, [1967] 1969, 171) aller Akteure und des wissenschaftlichen Beobachters, daß viele mögliche Wettbewerbsfolgen nicht bekannt sein können, bevor sie jemand entdeckt hat. Infolgedessen kann Wettbewerb nicht überzeugend mit dem Hinweis auf denkbare, unerwünschte Ergebnisse von vornherein diskreditiert werden. Allem Anschein nach bereitet es aus einer perfekt rationalen Sicht immer noch große Schwierigkeiten, sich mit dem logisch zwingenden Hayekschen Befund anzufreunden: „Wo wir aber die Tatsachen, die wir mit Hilfe des Wettbewerbs entdecken wollen, nicht schon vorher kennen, können wir auch nicht feststellen, wie wirksam er zur Entdekkung aller relevanten Umstände führt, die hätten entdeckt werden können." (Hayek [1968] 1969, 250)

19 Zuvor wurde Regulierungswettbewerb nur für den Fall diskutiert, daß durch Anwendung des Ursprungslandprinzips vom internationalen Handel Wettbewerbswirkungen ausgehen können. Bei Anwendung des Bestimmungslandprinzips könnten sich neben dem Protektionseffekt einer Regulierung durchaus auch Wettbewerbswirkungen ergeben in dem Maße, wie unterschiedliche Regulierungsregime die Standortentscheidungen für international mobile Faktoren beeinflussen.

Zusammenfassend sind bei einer Würdigung des Systemwettbewerbs folgende Eigenschaften hervorhebenswert:

- Systemwettbewerb wird durch die tatsächliche, aber auch die potentielle Substitution institutioneller Arrangements ausgelöst und wirkt deshalb kontrollierend auf deren politische Anbieter.
- Systemwettbewerb ist zugleich ein Verfahren, das es ermöglicht, institutionelle Neuerungen zu entdecken und zu prüfen.
- Sytemwettbewerb kann nicht mit Argumenten abgelehnt werden, die sich sowohl hinsichtlich des ökonomischen als auch des politischen Wettbewerbs auf eine unangemessene Modellierung stützen.
- Systemwettbewerb rechtfertigt einen moderaten Optimismus hinsichtlich seiner verkrustungshemmenden Wirkung, da die Verzahnung von ökonomischem und politischem Wettbewerb durch Wahrnehmungs- und Anreizprobleme belastet ist.

d. *Regeln für den Systemwettbewerb*

Der Optimismus hinsichtlich der verkrustungshemmenden, freiheitssichernden Wirkungen des Systemwettbewerbs ist auch deswegen moderat, weil der Wettbewerb durch die institutionellen Anbieter beschränkt werden kann. Teilweise erlauben Verhaltensweisen der Anbieter eine einfache Analogie zu ökonomischen Wettbewerbsbeschränkungen. Die Europäische Union liefert dafür anschauliche Beispiele. Die mit dem Argument des Gemeinsamen Binnenmarktes begonnene Harmonisierung ist bis auf einige Ausnahmen[20] als Kartellbildung zwischen institutionellen Anbietern interpretierbar. Wie bei einem privatwirtschaftlichen Kartell wird Abwanderung als Wettbewerbshandlung durch Absprachen zwischen den (institutionellen) Anbietern unwirksam gemacht.[21] Außenseiterwettbewerb ist allerdings auch hier möglich.

Demgegenüber sind die übrigen Beschränkungen des Systemwettbewerbs nicht ohne weiteres analogiefähig. Abwanderung wird in diesen Fällen durch Akte der Souveränität, also mit staatlichen Zwangsrechten, beschränkt oder ganz ausgeschlossen. Für sie gibt es im ökonomischen Wettbewerb keine Parallelen, wenn von Straftatbeständen abgesehen wird. Das ganze Spektrum tarifärer und nicht-tarifärer Protektion gehört ebenso hierzu wie Konvertibilitäts- und Migrationsbeschränkungen. Vor allem im Falle der Protektion wird sehr deutlich, daß sie zur Verteidigung, aber auch zur Schaffung von Renten für Verteilungskoalitionen eingesetzt wird, selbst auf die Gefahr hin, internationale Konflikte hervorzurufen.[22]

---

20 Hierzu dürften Verhandlungslösungen gehören, in denen Standards für die Nutzung internationaler Allmendegüter (z.B. Atmosphäre) fixiert werden. Auch die Regulierungsvereinbarungen mit dem Blick auf grenzüberschreitende technologische externe Effekte zwischen den Anrainerstaaten lassen sich so interpretieren, wenn sich eine Internalisierung – etwa durch eine rechtlich durchsetzbare Haftung über die nationalen Grenzen hinaus (z.B. Prosi 1991, 133) – nicht realisieren läßt.

21 Zur Kartellierungsproblematik mit Bezug auf die Europäische Union vgl. Streit (1994, 120ff.).

22 Vgl. hierzu und zu daran anknüpfenden ordnungsökonomischen Überlegungen Streit, Voigt (1993).

Gerade die Protektion mit ihrer beachtlichen Neuerungsrate, die immer wieder aufflackernden Handelskonflikte, aber auch die Bemühungen um eine Fortentwicklung der Welthandelsordnung verdeutlichen,

- daß es einen Bedarf an Regeln für den Systemwettbewerb gibt,
- daß die Durchsetzung der Regeln ohne eine souveränitätsschmälernde Instanz schwierig ist,
- daß die mit den Regeln implizierte verteilungspolitische Selbstbindung immer wieder durch Trittbrettfahren – nicht zuletzt mit neuen Formen der Protektion – gelockert wird,
- daß auch Versuche einer weltweiten Kartellierung mit populistischen Argumenten, wie Umwelt- und Sozialdumping, unternommen werden,
- daß Beschränkungen des Systemwettbewerbs Akte kollektiver Selbstschädigung sind, die nur mit großer Verzögerung als solche zur Kenntnis genommen werden (z. B. die Langzeitschäden der Strukturkonservierung durch Protektion in der EU),
- daß sich die Weltwirtschaft zumindest zum Teil an den Wettbewerbsbeschränkungen vorbei entwickelt und der ökonomische Wettbewerb weltwirtschaftlich gesehen an Protektionsresistenz zu gewinnen scheint (z. B. durch Internationalisierung der Produktion).[23]

Die Grundregeln zum Schutz des Systemwettbewerbs sind denkbar einfach. In nahezu idealtypischer Form finden sie sich in den römischen Verträgen und im Vertrag von Maastricht. Erforderlich sind die Gewährleistung der vier Grundfreiheiten, abgesichert durch ein Verbot staatlicher und privater Wettbewerbsbeschränkungen. Die Entwicklung in der europäischen Integration dokumentiert zugleich das Spannungsverhältnis zwischen der Hinnahme von Folgen des Systemwettbewerbs und Kartellierungsversuchen durch Harmonisierung sowie die handelspolitischen Friktionen mit Drittländern, die sich daraus ergeben können.[24]

4. Schlußbemerkungen

In dem skizzierten Erklärungsmuster für den Wandel marktwirtschaftlicher Systeme unter Berücksichtigung der vorherrschenden Institutionalisierung von Demokratie wurden zwei Teilerklärungen verbunden. Dabei zeigte es sich, daß der wohlfahrtsstaatlich begründbare Trend zur Systemverkrustung durch den Systemwettbewerb immer wieder gebrochen werden kann. Ein Gleichgewicht der gegenläufigen Kräfte stellt sich jedoch nicht ein. Institutionelle Neuerungen verhindern dies. Neuerungen

23 Vgl. hierzu z.B. Voigt (1992, 210ff.).
24 Vgl. hierzu und zu grundlegenden Ausführungen zum Systemwettbewerb in diesem Kontext Mussler, Wohlgemuth (1995).

werden nicht nur durch den Systemwettbewerb von außen hereingetragen. Auch die einzelstaatlichen politischen Antworten auf solche Herausforderungen können innovativ sein. Das gilt aber auch für Versuche einer Begünstigung von Verteilungskoalitionen. Für die Reaktionsgeschwindigkeit auf Herausforderungen des Systemwettbewerbs dürften internationale Unterschiede in den institutionellen politischen Entscheidungsstrukturen relevant sein. Darüber hinaus ist zu vermuten, daß Unterschiede in der relativen Bedeutung von Wertvorstellungen, die marktwirtschaftliche und mit ihnen konfligierende Institutionen stützen, eine zentrale Rolle spielen; denn von ihnen dürfte die Akzeptanz und Dauerhaftigkeit von Reformen im Sinne von „Mehr Markt" als Antwort auf Herausforderungen des Systemwettbewerbs abhängen.

Diese Vermutungen sollten verdeutlichen, daß die angebotenen Teilerklärungen nicht nur in ihrer Verknüpfung, sondern auch für sich genommen noch weiter zu substantiieren sind. Für die Ordnungsökonomik ergibt sich daraus grundlegend dreierlei:

1. Gerade bei Wettbewerbsphänomenen hat sich der konventionelle Analyserahmen als unzulänglich erwiesen. Eine methodische und inhaltliche Neuorientierung ist unumgänglich. Für sie gibt es durchaus einige, meist übersehene Wegweiser, die bis in die nationalökonomische Klassik zurückreichen.
2. Zu der Neuorientierung gehört vor allem, daß Institutionen, ihre Informations- und Anreizqualitäten sowie die ihre Durchsetzung begünstigenden Wertvorstellungen einbezogen werden. Letzteres bedeutet keine Abkehr vom Prinzip der Werturteilsfreiheit, wohl aber von der konventionellen Annahme einer Wertneutralität der Institutionen. Das Wissens- und Institutionenproblem erfordert die bereits begonnene Überprüfung des vorherrschenden Rationalitätskonzepts.
3. Schließlich ist die Euckensche Interdependenz der Ordnungen – insbesondere der ökonomischen und politischen Ordnung – analytisch auszuloten. Der politische Wettbewerb kann nicht mit einfachen Analogien – selbst bei einem neuen Verständnis von ökonomischem Wettbewerb – abgebildet werden. Das bedeutet auch, daß die Frage nach einer politischen Ökonomik neu zu stellen ist.

Das Problem des Systemwandels und die damit aufgeworfenen analytischen Fragen hat Douglass C. North (1990, 112) prägnant wie folgt formuliert:

> „The polity and the economy are inextricably interrelated in any understanding of the performance of an economy and therefore we must develop a true political economy discipline."

Literaturverzeichnis

Benda, E. (1984): Der soziale Rechtsstaat; in ders. u. a. (Hrsg.): Handbuch des Verfassungsrechts der Bundesrepublik Deutschland, Studienausgabe, Teil 1, Berlin und New York, 477-553.

Becker, G. S. (1983): A Theory of Competition among Pressure Groups for Political Influence; in: The Quarterly Journal of Economics 98 (3), 371-400.

Brennan, G., J. M. Buchanan (1980): The Power to Tax: Analytical Foundations of a Fiscal Constitution, Cambridge Mass.

Breton, A. (1974): The Economic Theory of Representative Government, Chicago.

Breton, A. (1993): Toward a presumption of efficiency in politics; Public Choice 77, 55-65.

Buchanan, J. M., R. D. Tollison, G. Tullock, Hrsg. (1980): Toward a Theory of the Rent-Seeking Society; College Station.

Cassel, D. (1986): Funktionen der Schattenwirtschaft im Koordinationsmechanismus von Markt- und Planwirtschaften; ORDO 37, 73-103.

Downs, A. (1957): An Economic Theory of Democracy, New York

Eucken, W. (1952): Grundsätze der Wirtschaftspolitik, 6. durchges. Aufl., Tübingen 1990.

Feldstein, M. (1994): Tax Policy and International Capital Flows; Weltwirtschaftliches Archiv 130, 675-697.

Hayek, F. A. (1944): Der Weg zur Knechtschaft (übersetzt von Eva Röpke nach der englischen Erstveröffentlichung), Erlenbach-Zürich 1952.

Hayek, F. A. (1956): The Road to Serfdom after Twelfe Years, in: ders.: Studies in Philosophy, Politics and Economics, London and Henley 1967, 216-228.

Hayek, F. A. (1963): Arten der Ordnung, ORDO 14, 3-20.

Hayek, F. A. (1967a): Rechtsordnung und Handelsordnung; in ders.: Freiburger Studien, Tübingen 1969, 161-198.

Hayek, F. A. (1968): Wettbewerb als Entdeckungsverfahren; in ders.: Freiburger Studien, Tübingen 1969, 249-266.

Hayek, F. A. (1976): Law, Legislation and Liberty – Band 2: The Mirage of Social Justice; Chicago, London.

Herder-Dorneich, Ph., M. Groser (1977): Ökonomische Theorie des politischen Wettbewerbs, Göttingen.

Hirschman, A. O. (1970): Exit, Voice, and Loyalty – Responses to Decline in Firms, Organizations and States; Princeton.

Kirsch, G. (1983): Neue Politische Ökonomie; 2. neubearb. Auflage, Düsseldorf

Klodt H., J. Stehn et al. (1994): Standort Deutschland: Strukturelle Herausforderungen im neuen Europa; Tübingen.

Krüsselberg, H.-G. (1989): Zur Interdependenz von Wirtschaftsordnung und Gesellschaftsordnung: Euckens Plädoyer für ein umfassendes Denken in Ordnungen; in: ORDO, 40, 223-242.

Musgrave, R. E., P. B. Musgrave (1992): Die öffentlichen Finanzen in Theorie und Praxis, Bd. 3, 4. überarb. Auflage; Tübingen.

Mussler W., M. Wohlgemuth (1995): Institutionen im Wettbewerb – Ordnungstheoretische Anmerkungen zum Systemwettbewerb in Europa; in: P. Oberender, M. E. Streit (Hrsg.): Europas Arbeitsmärkte im Integrationsprozeß, Baden-Baden.

North, D. C. (1990): Institutions, Institutional Change and Economic Performance; Cambridge, Mass. u. a.

Oates, W. E. (1972): Fiscal Federalism; New York.
Olson, M. (1982): The Rise and Decline of Nations – Economic Growth, Stagflation and Social Rigidities; New Haven, London.
Osterfeld, D. (1989): Radical Federalism: Responsiveness, Conflict and Efficiency: in: G. Brennan, L. E. Lomasky: Politics and Process – New Essays in Democratic Thought; Cambridge, New York u. a., 149-173.
Peltzman, S. (1990): How Efficient is the Voting Market?; in: The Journal of Law and Economics 33 (1), 27-63.
Prosi, G. (1991): Europäische Integration durch Wettbewerb? – Eine politisch-ökonomische Analyse; in: G. Radnitzky, H. Bouillion: Ordnungstheorie und Ordnungspolitik, Berlin u. a., 119-135.
Reuter, D. (1994): Freiheitsethik und Privatrecht; in: W. Möschel, M. E. Streit, U. Witt (Hrsg.): Marktwirtschaft und Rechtsordnung; Baden-Baden, 349-372.
Schelsky, H. (1978): Der selbständige und der betreute Mensch – Politische Schriften und Kommentare; Frankfurt/Main u. a.
Schumpeter, J. A. (1942): Kapitalismus, Sozialismus und Demokratie; Bern 1950.
Shackle, G. L .S. (1972): Epistemics & Economics – A Critique of Economic Doctrines, Cambridge.
Sinn, H.-W. (1990): The Limits to Competition between Economic Regimes; Empirica-Austrian Economic Papers 17, 3-14.
Sinn, S. (1992): The Taming of Leviathan – Competition Among Governments; Constitutional Political Economy 3 (2), 172-194.
Smith, A. (1776): An Inquiry into the Nature and Causes of the Wealth of Nations, London u. a., 2 Bde, 1974.
Streit, M. E. (1984a): The Shadow Economy – A Challenge to the Welfare State?; ORDO 33, 109-119.
Streit, M. E. (1984b): Reassessing Consumer Safety Regulation; in: H. Giersch (Hrsg.): New Opportunities for Entrepreneurship, Tübingen, 190-215.
Streit, M. E. (1992): Die Interdependenz der Ordnungen – Eine Botschaft und ihre aktuelle Bedeutung; in: Walter Eucken Institut (Hrsg.): Ordnung in Freiheit, 5-29.
Streit, M. E. (1994): Westeuropas Wirtschaftsverfassungen unter dem Druck des Systemwettbewerbs; List Forum 20, 111-124.
Streit, M. E., G. Wegner (1989): Wissensmangel, Wissenserwerb und Wettbewerbsfolgen – Transaktionskosten aus evolutorischer Sicht; ORDO 40, 183-220.
Streit, M. E., S. Voigt (1993): The Economics of Conflict Resolution in International Trade; in: D. Friedmann, E.-J. Mestmäcker (Hrsg.): Conflict Resolution in International Trade, Baden-Baden, 39-77.
Tiebout, C. M. (1956): A Pure Theory of Local Expenditures; Journal of Political Economy 64, 416-424.
Tocqueville, A. de (1840): Über die Demokratie in Amerika, München 1976.
Vanberg, V., W. Kerber (1994): Institutional Competition Among Jurisdictions: An Evolutionary Approach; Constitutional Political Economy 5, 193-219.
Vihanto, M. (1992): Competition between Local Governments as a Discovery Procedure; Journal of Institutional and Theoretical Economics 148, 411-436.
Voigt, S. (1992): Die Welthandelsordnung zwischen Konflikt und Stabilität – Konfliktpotentiale und Lösungsmechanismen, Freiburg.
Weber, M. (1992/1972): Wirtschaft und Gesellschaft, 5. Auflage, Tübingen 1972.

Weede, E. (1990): Wirtschaft, Staat und Gesellschaft – Zur Soziologie der kapitalistischen Marktwirtschaft und der Demokratie; Tübingen.

Wissenschaftlicher Beirat beim Bundesministerium für Wirtschaft (1990): Außenwirtschaftspolitische Herausforderungen der Europäischen Gemeinschaft an der Schwelle zum Binnenmarkt, Studienreihe des Bundesministeriums für Wirtschaft Nr. 69.

Wittman, D. (1984): Multi-Candidate Equilibria; in: Public Choice 43 (3), 287-291.

Wittman, D. (1989): Why Democracies Produce Efficient Results; Journal of Political Economy 97 (6), 1395-1424.

Wohlgemuth, M. (1995): Economic and Political Competition in Neoclassical and Evolutionary Perspective; Constitutional Political Economy 6 (1).

Zur Theorie des Systemwettbewerbs*

Von *Manfred E. Streit* und *Daniel Kiwit*

1. Einleitung

Systemwettbewerb ist ein Prozeß, in dem ökonomischer und politischer Wettbewerb auf komplexe Weise zusammenwirken. Ökonomischer Wettbewerb wird üblicherweise als Wahlhandlungsprozeß im Rahmen gegebener Regeln (Institutionen) modelliert, während es beim politischen Wettbewerb um die kollektive Willensbildung und die kollektive Wahl von Regeln geht. Die Modellierung des Systemwettbewerbs erfordert demgegenüber, daß auch die Möglichkeit einer privaten Institutionenwahl im ökonomischen Wettbewerb zugelassen wird. Das potentielle Ausmaß des Systemwettbewerbs wird maßgeblich von Regeln beeinflußt, mit denen die Möglichkeiten privater Akteure definiert werden, über die nationalen Grenzen hinaus im Rahmen ökonomischen Wettbewerbs Gebrauch von ihrer Handlungsfreiheit zu machen. Der Gebrauch dieser Handlungsfreiheit kann beschränkend auf Akteure im politischen Wettbewerb wirken. Im Kern geht es bei der Frage des Systemwettbewerbs um die institutionelle Attraktivität nationalstaatlicher Standorte für international mobile Faktoren und die Beeinflußbarkeit der Attraktivität durch die politischen Akteure. Weil Institutionen in Form von Steuer- und Leistungsgesetzen, Regulierungen und Standards die Aktionsparameter der politischen Akteure im Systemwettbewerb darstellen, wird häufig auch vom institutionellen Wettbewerb gesprochen.[1] Im folgenden sollen die Begriffe „Systemwettbewerb“ und „institutioneller Wettbewerb“ synonym verwendet werden.

Weil Systemwettbewerb vor allem – wenn auch nicht ausschließlich – durch die Möglichkeit grenzüberschreitender Wahlhandlungen ausgelöst wird, sind Globalisierung und Systemwettbewerb als eng miteinander verknüpfte Phänomene anzusehen.

Unabhängig davon, ob man in der Globalisierung ein neues Phänomen oder nur eine Intensivierung der weltwirtschaftlichen Integration sehen möchte, dürften einige Faktoren unstrittig sein, die Teil der Globalisierung als Prozeß sind:

1. der Qualitätssprung in der weltweiten Kommunikation als Folge neuer Informations- und Kommunikationstechnologien,
2. die verstärkte Öffnung einer Reihe neuer Industrie- und Entwicklungsländer für grenzüberschreitende Transaktionen und Faktorwanderungen,

---

* Dieser Artikel ist eine gekürzte und leicht überarbeitete Fassung eines von den beiden Autoren für die Monopolkommission angefertigten Gutachtens zum Thema Systemwettbewerb. Dieses Gutachten ist in das Sondergutachten 27 der Monopolkommission (1998) zum Systemwettbewerb eingegangen.

1 Siehe z.B. North (1995) sowie Wohlgemuth (1995b).

3. die weltweit fortgeschrittene Liberalisierung der Kapitalmärkte,
4. die weitere trendmäßige Abnahme der Transportkosten,
5. die zunehmende Separabilität und Handelbarkeit von Dienstleistungen sowie
6. die tiefgreifenden Veränderungen in den Organisationsmöglichkeiten von Unternehmen.

Die strukturellen Anpassungsschwierigkeiten in einigen alten Industrieländern an die veränderten weitwirtschaftlichen Bedingungen dürften dafür verantwortlich sein, daß die Diskussion um die möglichen Folgen von Globalisierung und Systemwettbewerb mit besonderer Emotionalität geführt wird. In der breiten Öffentlichkeit steht vor allem die Sorge um den eigenen Arbeitsplatz und um den Abbau sozialer Regulierungen im Vordergrund. Der Prozeß der Globalisierung wird vorwiegend als „Globalisierungsfalle“, als „Angriff auf Demokratie und Wohlstand“ (Martin/Schuhmann 1997) wahrgenommen. Von wissenschaftlicher Seite werden diese Befürchtungen teilweise genährt. Ausgehend von der neoklassischen Wohlfahrtstheorie werden als mögliche Folgen eines verstärkten Systemwettbewerbs Deregulierungs- und Unterbietungswettläufe vor allem in der Sozial-, Umwelt- und Steuergesetzgebung prognostiziert, an deren Ende im Extremfall die Nullregulierung bzw. die Nichtbesteuerung mobiler Faktoren stehe.[2] Die Souveränität des Nationalstaates weiche in diesen Politikbereichen dem Diktat eines globalisierten Wettbewerbs. In der Harmonisierung der Sozial-, Umwelt- und Steuergesetzgebung auf supranationaler oder sogar internationaler Ebene wird ein Ausweg aus der angeblichen Machtlosigkeit einer territorial gebundenen Politik erkannt.

Es ist in der wissenschaftlichen Literatur unumstritten, daß Systemwettbewerb die Handlungsoptionen der politischen Akteure einschränken kann. Kontrovers diskutiert werden jedoch die Fragen, in welchem Maße dies geschieht und wie die Einschränkungen im Einzelfall zu bewerten sind. Spätestens wenn die friktionslose Welt der herkömmlichen neoklassischen Theorie verlassen wird, ergeben sich begründbare Zweifel an der These, es werde ohne Harmonisierungslösung zu einem unaufhaltsamen Herunterkonkurrieren der Standards kommen. Wird ein marktprozeßtheoretisches Verständnis von Wettbewerb zugrunde gelegt, in dem zahlreiche endogene Grenzen die Stärke des Wettbewerbs relativieren, erscheint der Politiker nämlich nicht mehr als ohnmächtiger „Institutionenanpasser der dem Mengenanpasser der herkömmlichen neoklassischen Preistheorie nachgebildet werden kann. Während damit die Frage der potentiellen Kraft des Systemwettbewerbs angesprochen ist, ergeben sich – wie bereits erwähnt – auch unterschiedliche Positionen in der Frage, wie die möglichen Einschränkungen staatlicher Macht durch Systemwettbewerb zu beurteilen sind. Hier verläuft die Trennlinie zwischen stärker finanzwissenschaftlich argumentierenden Autoren (z.B. H.

W. Sinn, 1990a, 1990b) und solchen Autoren, die der „Public Choice“-Theorie zuneigen (z.B. Brennan/Buchanan 1980). Während für erstere außer Frage steht, daß der

2 Siehe z.B. Dehousse (1992, 395ff) sowie Sinn (1994).

Staat wichtige Aufgaben bei der Korrektur von Markt- und Wettbewerbsversagen erfüllt, deren Wahrnehmung nicht wiederum sinnvoll einem marktlichen, wettbewerblichen Prozeß unterworfen werden könne (H.-W. Sinn, 1997a: 26), betrachten letztere nicht nur die wohlfahrtsökonomische Theorie des Wettbewerbs- und Marktversagens mit Skepsis, sondern sehen in der staatlichen Regulierung immer auch die potentielle Gefahr eines Machtmißbrauchs und einer Bevormundung der Bürger. Entsprechend unterschiedlich fallen die generellen Bewertungen – trotz gewisser Übereinstimmung in Einzelfällen – aus. Die einen sehen im verstärkten Systemwettbe-werb eine potentielle Gefährdung wichtiger Staatsziele, die anderen erkennen dagegen eine potentielle Verteidigung individueller Freiheiten gegenüber staatlicher Willkür.

2. Analytische Grundstruktur des Systemwettbewerbs

Der Prozeß des Systemwettbewerbs wirft theoretisch wie empirisch zahlreiche ungeklärte Fragen auf. Ökonomischer und politischer Wettbewerb sind bereits als isolierte Teilprozesse schwierig zu modellieren. Der Umstand, daß sie beim Systemwettbewerb zusammenwirken, kompliziert die Analyse noch einmal zusätzlich. Im folgenden soll zumindest eine grobe Struktur erklärungsbedürftiger Elemente des Systemwettbewerbs aufgezeigt werden (siehe Schaubild 1).

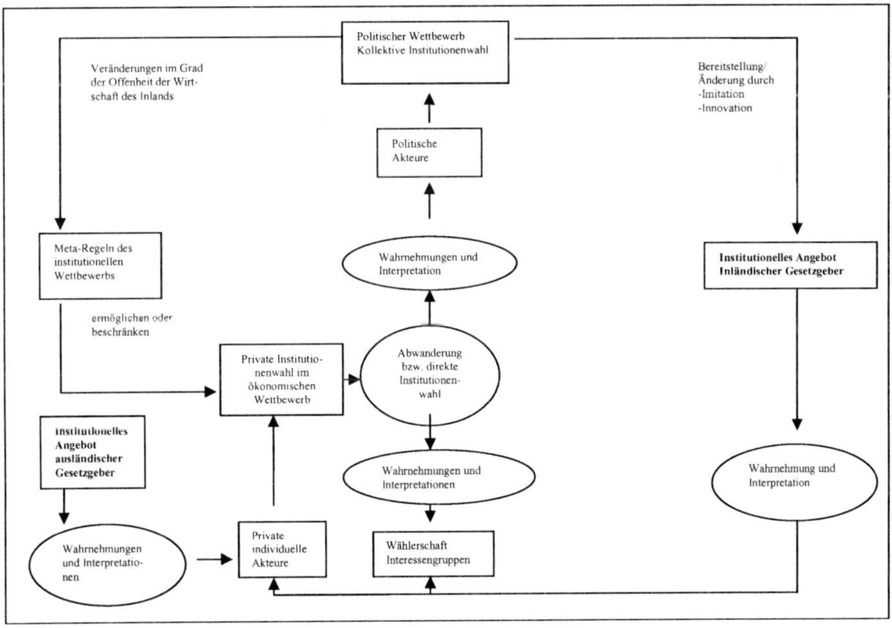

Schaubild 1: Grundstruktur des Systemwettbewerbs

Damit ein institutioneller Wettbewerb zwischen nationalstaatlichen Systemen überhaupt ausgelöst werden kann, müssen zunächst einmal unterschiedliche Institutionen bestehen. Bei bestehenden Unterschieden in den „angebotenen" Institutionen lassen sich dann die folgenden „nachfrageseitigen" Optionen unterscheiden: (1) Abwanderung als Handlungsoption privater individueller Akteure im ökonomischen Wettbewerb, (2) direkte Institutionenwahl ohne Abwanderung als weitere, selten berücksichtigte Handlungsoption privater individueller Akteure im ökonomischen Wettbewerb sowie (3) Meinungsäußerung als Handlungsoption der Wählerschaft und der Interessengruppen im politischen Wettbewerb. Alle drei Optionen im ökonomischen wie politischen Wettbewerb führen zusammengenommen mit den Reaktionen der politischen Anbieter zum Prozeß des Systemwettbewerbs. Die erste und dritte Option entsprechen den von Hirschman (1970/81, 246ff) genannten Möglichkeiten von „exit" sowie von „voice"[3]. Im folgenden sollen die drei Optionen kurz vorgestellt werden.

Abwanderung bezieht sich auf die Möglichkeit privater Individuen, mithilfe der Neuallokation mobiler Ressourcen explizit oder implizit länderübergreifend zwischen unterschiedlichen Politikangeboten zu wählen. Bei den verfügbaren Ressourcen handelt es sich in erster Linie um Kapital, das sich noch einmal in „Investitionskapital" (Direktinvestitionen oder Finanzanlagen) und „Konsumkapital" auftrennen läßt (Siebert 1997, 178ff).[4] Die Grundidee einer Wahl von Institutionen durch Abwanderung lautet nun wie folgt: Kostenrelevante Unterschiede in den Institutionen unterschiedlicher Standorte lösen Wanderungsbewegungen der mobilen Faktoren über die Landesgrenzen hinweg aus.[5] Dies kann als implizite oder explizite Wahl der Institutionen des Nationalstaates interpretiert werden, der die mobilen Faktoren anzieht.

Die *analytischen Probleme*, die sich mit der Option der Abwanderung verbinden, liegen vor allem darin begründet, daß eine abgewogene Entscheidung der Abwanderung den Aufwand von Transaktionskosten erfordert, um die unterschiedlichen institutionellen Angebote wahrnehmen und miteinander vergleichen zu können. Als Hauptproblem erweist sich dabei, daß eine Abwanderung mobiler Faktoren aus dem Heimatland nicht im Hinblick auf einzelne Politikleistungen selektiv erfolgt, sondern immer eine Entscheidung für ein *gesamtes Paket politischer Maßnahmen* darstellt. Bei der isolierten Diskussion der Folgen des Systemwettbewerbs für einzelne Politikbereiche gerät dieser Sachverhalt leicht in Vergessenheit, was dann häufig dazu führt,

---

3 In der deutschen Literatur hat es sich eingebürgert, den von Hirschman verwendeten Begriff „voice" mit dem Wort „Widerspruch" zu übersetzen. Dem soll hier nicht gefolgt werden, weil damit fälschlicherweise suggeriert würde, bei „voice" gehe es immer nur darum, *gegen* eine bestimmte Institution zu opponieren. „Voice" bietet aber sowohl Möglichkeiten des Widerspruchs als auch der Zustimmung. Deswegen soll im folgenden von kollektiven Prozessen der Wahrnehmung und der Willensbildung oder kürzer von „Meinungsäußerung" gesprochen werden.

4 Arbeit wird in der Literatur zum institutionellen Wettbewerb allerdings meist als immobiler Faktor angesehen, eine Annahme, mit der die Realität hinreichend erfaßt zu werden scheint. So ist selbst innerhalb der Europäischen Union, in der Arbeitskräfte frei wandern können, die Zahl grenzüberschreitender Arbeitskräftewanderungen äußerst gering.

5 Die am häufigsten diskutierten Auslöser von Wanderungsbewegungen mobilen Kapitals sind kostenrelevante Unterschiede in der Steuer-, Sozial- oder Umweltgesetzgebung.

daß extreme Wirkungen des Systemwettbewerbs abgeleitet werden. Zusätzliche analytische Probleme ergeben sich aus der Tatsache, daß die Abwanderung eine Mobilität von Faktoren voraussetzt, die jedoch durch zahlreiche Hemmnisse und Beschränkungen geringer sein kann, als in vielen Modellen des Systemwettbewerbs unterstellt.

Bei der zweiten Option handelt es sich um die Möglichkeit von Individuen, ohne Ortsverlagerung und ohne Beeinflussung kollektiver Willensbildung die Institutionen anderer Nationalstaaten *direkt* zu wählen. Individuen können hier – sofern das internationale Privatrecht[6] ihres Landes dies zuläßt – z.B. bei Verträgen mit Geschäftspartnern ein ausländisches Vertragsrecht als anwendbar aushandeln oder ohne Standortverlagerung ein Gesellschaftsrecht frei wählen, dem ihr Unternehmen unterliegen soll.

Die *analytischen Probleme* der direkten Institutionenwahl ergeben sich ebenfalls weitgehend aus Schwierigkeiten bei der Wahrnehmung. In dem Maße, in dem die verschiedenen Privatrechte komplizierte Regelwerke darstellen, mit deren Wirkung die individuellen Akteure nur unzureichend vertraut sind, sind auch hier hohe Transaktionskosten für eine angemessene Wahl aufzuwenden. Hinzu kommt, daß die politischen Akteure die verstärkte Wahl eines ausländischen Privatrechts erstens wahrnehmen und zweitens interpretieren müssen. Weil die Wahl eines ausländischen Vertragsrechts durch zwei Vertragsparteien aber in vielen Fällen kein von dritter Seite öffentlich wahrnehmbarer Akt der Rechtswahl ist, ergeben sich bereits auf der ersten Stufe Probleme. Selbst wenn der Akt wahrgenommen wird, ergeben sich Schwierigkeiten bei der Interpretation, denn die verstärkte Wahl ausländischen Vertragsrechts muß nicht zwingend ein Anzeichen der Unterlegenheit heimischen Rechts sein. Schließlich bleibt auch noch zu berücksichtigen, daß die politischen Akteure selbst dann kaum einen Anreiz zur Änderung des heimischen Vertragsrechts haben durften, wenn sie die verstärkte Wahl des ausländischen Rechts wahrnehmen und im Sinne einer Unterlegenheit des inländischen Rechts interpretieren.

Prozesse kollektiver Willensbildung sind zwar insbesondere für demokratische Systeme kennzeichnend, lassen sich aber – wenngleich in anderer Form – auch in autokratischen Systemen beobachten. Das hängt mit der großen Bandbreite an Möglichkeiten zusammen, die sich hinter dem Begriff der „Meinungsäußerung“ verbergen. Die Einflußversuche auf die politische Willensbildung können von gewaltloser Partizipation in Wahlen, Abstimmungen und Umfragen bis hin zur gewaltsamen Auseinandersetzung reichen. In Prozessen kollektiver Willensbildung können auch Erfahrungen verarbeitet werden, die aus der Beobachtung anderer Systeme gewonnen werden.[7]

6 Internationales Privatrecht ist jeweils nationales Recht. Es handelt sich um die Gesamtheit der Rechtssätze, die bestimmen, welchen Staates Privatrecht anzuwenden ist.

7 Siebert (1997, 180) bezeichnet dies als „Demonstrationseffekt“, der auch ohne Abwanderung wirkt. Hier wird der Demonstrationseffekt als potentieller Lieferant der in kollektiven Willensbildungsprozessen zu verarbeitenden Informationen angesehen. Für den Demonstrationseffekt sind keine Abwanderungsprozesse erforderlich, sondern nur der Austausch von Information zwischen verschiedenen Nationalstaaten.

Im Unterschied zur Möglichkeit der Abwanderung hat die Teilnahme an Prozessen kollektiver Willensbildung aus der Sicht des einzelnen Individuums einen entscheidenden Nachteil: Sie eröffnet nämlich in aller Regel nur dann eine Einflußmöglichkeit, wenn eine kritische Masse von Individuen in inhaltlich gleicher Weise Einfluß zu nehmen versucht. Im Unterschied dazu erlaubt die Abwanderung einem Individuum, eine Auswahl zwischen verschiedenen Institutionen zu treffen, auch wenn sich kein weiteres Individuum hieran beteiligt (siehe Wohlgemuth 1995a, 86).

Die *analytischen Probleme*, die sich mit diesem potentiellen Transmissionsmechanismus institutionellen Wettbewerbs verbinden, liegen vor allem in der Komplexität des Prozesses kollektiver politischer Meinungsbildung begründet. Politische Akteure müssen die Meinungsäußerung der Wählerschaft und der Interessengruppen nicht nur wahrnehmen, sondern auch interpretieren. Werden hierbei keine wohlmeinenden und allwissenden politischen Akteure unterstellt, sondern Menschen, die beschränkt rational ihre eigenen Ziele verfolgen, so kann die kollektive Institutionenwahl nicht mehr als einfacher Anpassungsprozeß an das ausländische Institutionenangebot modelliert wer den. Dafür sind nämlich die widerstreitenden und politisch wirksamen Interessen zu vielfältig. Es hängt daher auch von der Machtkonstellation der verschiedenen Interessen im jeweiligen Einzelfall ab, welche Ergebnisse als Folge des Zusammenspiels ökonomischen und politischen Wettbewerbs zu erwarten sind.[8]

Im folgenden soll der Prozeß des Systemwettbewerbs zunächst aus neoklassischer Perspektive dargestellt werden, um anschließend die Ausführungen um ein marktprozeßtheoretisches Verständnis zu ergänzen. Die gerade genannten analytischen Probleme lassen sich auf diese Weise in den folgenden drei Stufen behandeln. So dient ein neoklassisches Grundmodell des Steuerwettbewerbs dazu, die Basismechanismen eines solchen Wettbewerbs zunächst unter der Annahme benevolenten staatlichen Handelns (finanzwissenschaftliche Perspektive) und perfekter Mobilität des Faktors Kapital zu analysieren. Danach wird in einem zweiten Schritt auf modifizierte neoklassische Modelle hingewiesen, in denen die Auswirkungen von Mobilitäts- und Ballungskosten sowie von nicht ausschließlich benevolentem politischen Handeln („Public Choice" – Perspektive) untersucht werden. Die modifizierten neoklassischen Modelle erlauben es bereits, den Systemwettbewerb zu einem gewissen Grad als Kontrollverfahren politischer Akteure zu interpretieren. In einem dritten Schritt dient ein marktprozeßtheoretisches Verständnis des Systemwettbewerbs dazu, die analytischen Fragen zu behandeln, die sich v.a. aus den Wahrnehmungs- und Interpretationsproblemen der Akteure im Systemwettbewerb ergeben. Wettbewerb hat in einem solchen Verständnis nicht nur die Funktion eines Kontroll- sondern auch die eines Entdeckungsverfahrens.

8 Scharpf (1998) gelangt nach einer Diskussion der theoretisch zu erwartenden Wirkungen des institutionellen Wettbewerbs in den Bereichen der Produktregulierung, der Umwelt-, Sozial- und Steuerpolitik zu der Schlußfolgerung, daß einheitliche empirische Befunde nicht zu erwarten seien, v.a. deshalb, weil sich in den einzelnen Nationalstaaten das Machtgefüge unterschiedlicher Interessen jeweils anders darstelle.

3. Ein einfaches neoklassisches Modell des Steuerwettbewerbs

Es gibt eine Vielzahl neoklassischer Modellierungen des Systemwettbewerbs, bei denen jeweils die Auswirkungen auf sehr unterschiedliche Politikbereiche theoretisch untersucht werden. Es kann hier auch nicht annähernd der Anspruch erhoben werden, einen umfassenden Überblick über diese Literatur zu geben. Es erscheint vielmehr sinnvoll, zunächst mit einem einfachen neoklassischen Modell des Steuerwettbewerbs[9] zu beginnen und im nachfolgenden Abschnitt die Abstraktionsprobleme anzusprechen, die bereits aus neoklassischer Perspektive Modifikationen des einfachen Modells geboten erscheinen lassen.

Die neoklassische Theorie des Steuerwettbewerbs hat ihren Ursprung in einem sehr einfachen Modell internationaler Kapitalmobilität, das von unterschiedlichen Autoren entwickelt wurde und dessen Argumentationsmuster auch heute noch „die Basis für praktisch die gesamte Literatur zum Steuerwettbewerb (ist)“ (Sinn 1997a, 13).[10] In diesem Grundmodell wird eine *Vielzahl von identischen kleinen Ländern* betrachtet, in denen mit Einsatz von Kapital, Arbeit und anderen Produktionsfaktoren ein aggregiertes Gut hergestellt wird.[11] Die hierbei unterstellte einheitliche Produktionsfunktion ist linear-homogen. Die Marktform ist die der *vollständigen Konkurrenz*, woraus u.a. folgt, daß die Akteure über die für sie relevanten Umstande vollkommen informiert sind. Der Kapitalbestand ist fix. Arbeit wird unelastisch angeboten. Im langfristigen Gruppengleichgewicht produzieren alle Unternehmen im Betriebsoptimum, bei dem die Grenzkosten und Durchschnittskosten dem Preis des produzierten Gutes entsprechen. Arbeit und Kapital werden nach ihren Grenzproduktivitäten entlohnt bzw. verzinst.

Die einzelnen Staaten erheben bei *zunächst geschlossenen Volkswirtschaften* Steuern auf das inländische Kapital und die Arbeit, um *reine öffentliche Güter* bereitzustellen, für die das Nichtausschluß- und das Nichtrivalitätsprinzip ohne Kapazitätsbeschränkung gilt. Dabei verfolgen die *benevolenten politischen Akteure* das Ziel, die Einkommen der heimischen Bürger zu maximieren.[12] Wettbewerbsparameter der Politiker ist hierbei die Höhe der Quellensteuer auf Kapital.[13]

---

9 Der Steuerwettbewerb steht hier im Vordergrund, weil Steuern die wichtigste Quelle zur Finanzierung öffentlicher Güter und sonstiger Staatsaufgaben darstellen.

10 Entwickelt wurde dieses Modell ursprünglich von Hobson (1914), Jasay (1960), McDougall (1960), Kemp (1962a; 1962b; 1964) und Richman (1963). Siehe zu einer Darstellung des Modells Ruffin (1984, 249ff).

11 Die Annahme, es handele sich um viele kleine Nationen, dient dazu, mögliche Beeinflussungen der Nettoertragsrate des Kapitals durch Nachbarländer auszuschließen.

12 Siehe Lorz (1997, 3): „Der weit überwiegende Teil der theoretischen Literatur zum internationalen Standortwettbewerb untersucht die Steuer- und Ausgabenpolitik unter der Annahme, daß die politischen Entscheidungsträger versuchen, die Wohlfahrt eines repräsentativen Haushalts in ihrem Land zu maximieren.“

13 Vielfach wird die Konkurrenz zwischen Nationalstaaten um mobiles Kapital so modelliert, daß die politischen Akteure über zwei Wettbewerbsparameter verfügen – die Besteuerung auf der einen Seite und das Angebot öffentlicher Güter auf der anderen Seite. Die Bürger entscheiden sich

Öffnen sich die Volkswirtschaften, so äußert sich der Systemwettbewerb darin, daß Staaten um den Produktionsfaktor Kapital konkurrieren, der im Modell der einzige *international mobile* Produktionsfaktor ist. Senkt ein Staat im Alleingang seine Steuern auf Kapital, so führt dies zu einer Zuwanderung von Kapital aus dem Ausland, weil sich die Kapitalrendite nach Steuern im betrachteten Land für die Investoren erhöht. Der Kapitalzufluß führt dazu, daß die Grenzproduktivität von Kapital sinkt und die der immobilen Faktoren steigt. Weil Kapital und Arbeit auf perfekten Märkten weiterhin nach ihren Grenzproduktivitäten entlohnt werden, sinkt entsprechend der Zins während der Lohn steigt. Dies hält so lange an, bis im neuen Gleichgewicht wieder eine international einheitliche Nettorendite für Kapital gilt. Die Kapitaleigner können also mit anderen Worten *keinen langfristigen Vorteil* aus der Steuersenkung durch eine einzelne Nation ziehen. Von dieser profitieren vielmehr die Eigner der immobilen Faktoren, deren Bruttoeinkommen auch nach erfolgter Anpassung höher sind als zuvor. Ob auch der Staat in Form von höheren Steuereinnahmen profitiert, hängt davon ab, ob der Mengeneffekt (zusätzliches Kapital) oder der Preiseffekt (geringerer Steuersatz) dominiert. Insgesamt läßt sich aber zeigen, daß die Steuersenkung für die betrachtete Nation mit einem Wohlfahrtsgewinn verbunden ist, *wenn andere Nationen ihre Steuern nicht ebenfalls senken* (siehe Sinn, 1997a, 12). Dies gilt für Steuersenkungen bis hin zur *Nichtbesteuerung des Faktors Kapital*.[14] Zusammenfassend läßt sich als Ergebnis des einfachen Grundmodells ableiten, daß es für jeden benevolenten Politiker aus nationaler Sicht rational ist, zur Finanzierung der Staatsaufgaben nur die Eigner immobiler Faktoren heranzuziehen.[15] Es kommt dabei nicht zu einer Unterproduktion öffentlicher Güter, weil der immobile Faktor Arbeit nun die gesamte Steuerlast trägt, die für ein ausgeglichenes Budget bei Fortführung der Staatsaufgaben notwendig ist.[16]

---

dann für die, die ihren Präferenzen am besten entspricht. Ursprünglich wurde dieses Modell von Tiebout (1956) für Wanderungen des Faktors Arbeit entwickelt. Im hier vorgestellten einfachen Grundmodell handelt es sich dagegen nur um einen Steuerwettbewerb bei gleichbleibender Höhe der staatlichen Leistungen. Steuerwettbewerb führt hier nicht zu einer Unterproduktion öffentlicher Güter, sondern nur zu einer anderen Verteilung der Steuerlast zur Finanzierung dieser Güter.

14 Aus neoklassischer Perspektive ist eine Besteuerung des Faktors Kapital in Höhe der Grenzkosten der Bereitstellung des öffentlichen Gutes effizient. Weil im Modell reine öffentliche Güter betrachtet wurden, bei denen die Nichtrivalität im Konsum keine Kapazitätsgrenze aufweist, sind die Grenzkosten der Bereitstellung einer zusätzlichen Einheit gleich Null. Die Nichtbesteuerung ist daher effizient. Soll bei Bereitstellung daher ein Budgetdefizit vermieden werden, muß der immobile Faktor in Höhe der gesamten Bereitstellungs- und Nutzungskosten besteuert werden.

15 Siehe z.B. Gordon (1986), Musgrave (1991), Razin/Sadka (1991) und Sinn (1997a, 12; 1997b, 9).

16 Es kann allerdings dann zu einer Unterproduktion öffentlicher Güter kommen, wenn die Annahme eines vollkommen unelastischen Arbeitsangebots aufgegeben wird. Wenn Eigner des Faktors Arbeit auf die Zusatzbesteuerung nämlich mit einem geringeren Arbeitsangebot reagieren, lassen sich die öffentlichen Güter bei ausgeglichenem Budget nicht mehr in optimaler Menge bereitstellen. Siehe zu neoklassischen Modellen des Steuerwettbewerbs, in denen es abweichend vom oben vorgestellten Modell zu einer Unterproduktion öffentlicher Güter kommt Oates (1972), Zodrow/Mieszkowski (1986) und Bucovetsky/Wilson (1991).

Was aus nationaler Sicht vorteilhaft erscheint, kann sich aber aus einer internationalen Perspektive als nachteilig erweisen. Der Versuch aller Staaten, sich durch Steuersenkungen auf mobiles Kapital im Alleingang zu Lasten anderer Länder besser zu stellen, führt nämlich dazu, daß sich die Eigner immobiler Faktoren im Endeffekt schlechter stellen. Verglichen mit der Situation, in der alle Staaten die mobilen Faktoren nicht besteuern, wäre es für die immobilen Faktoren von Vorteil, wenn alle Staaten den Faktor Kapital mit einer *einheitlichen* positiven Steuer belasten würden. Weil der Gesamtkapitalbestand als fix unterstellt wird, sind nach Abschluß des Steuersenkungswettlaufes bei gleichen Nationaleinkommen die Bruttoeinkommen der immobilen Faktoren wieder auf das ursprüngliche Niveau gesunken. Weil die Eigner dieser Faktoren nun aber die gesamte Steuerlast tragen, liegen die Nettoeinkommen niedriger als vor Beginn der Steuersenkungen. Verlierer sind die Eigner immobiler Faktoren. Gewinner sind die Kapitaleigner, die zwar die gleiche Rendite vor Steuern wie zuvor erzielen, aufgrund der Steuerbefreiung aber eine höhere Nettorendite erwirtschaften. Im einfachen Grundmodell hat der Steuerwettbewerb bei unendlich schneller Anpassungsgeschwindigkeit daher letztendlich *nur distributive Wirkungen zu Lasten des Faktors Arbeit.* Nur unter der Bedingung, daß alle anderen Länder nicht auf die eigene Politik reagieren, bietet die Steuersenkungspolitik eine Aussicht auf einen nationalen Wohlfahrtszuwachs auf Kosten anderer Länder.[17]

Die Attraktivität des einfachen Grundmodells des Steuerwettbewerbs liegt v.a. auch darin begründet, daß es sich mit relativ leichten Anpassungen auf viele verschiedene Sachverhalte übertragen läßt. Das gilt zum einen für verschiedene Faktoren, die den Systemwettbewerb auslösen, wie auch für verschiedene Politikbereiche, in denen die Auswirkungen des Systemwettbewerbs spürbar werden. Was die Faktoren anbelangt, so wurden oben v.a. Kapital und Arbeit unterschieden:

- Wird von politisch bedingten Hindernissen des Systemwettbewerbs abstrahiert, so läßt sich das Grundmodell auf das Anlagekapital allgemein anwenden, also nicht nur auf das *Realkapital*, das in Form von Direktinvestitionen der Quellenbesteuerung unterliegt, sondern auch auf das *Finanzkapital*, dessen Erträge in der Realität nach dem Wohnsitzlandprinzip besteuert werden. Das Wohnsitzlandprinzip stellt nämlich bereits eine politische Beschränkung des Steuerwettbewerbs dar, die von dem idealtypischen Modell des Steuerwettbewerbs zu heuristischen Zwecken getrennt werden sollte.[18] Auch Konsumausgaben können im Modell der Auslöser

17 Spieltheoretisch formuliert handelt es sich bei der Situation also um ein Gefangenendilemma, bei dem die resultierende Nichtbesteuerung ein Bertrand-Nash-Gleichgewicht darstellt. Kein Spieler hat hier einen Anreiz, bei gegebener Strategie des Gegners von seiner eigenen Strategie abzuweichen. Siehe zu einer solchen Interpretation z.B. Hohaus (1996,52) und Scharpf (1998).

18 Selbst wenn das Wohnsitzlandprinzip gilt, ist eine Besteuerung des Faktors Kapital im obigen Modell allerdings problematisch. Wird nämlich die Möglichkeit der Steuerhinterziehung als Option der Kapitaleigner berücksichtigt, dann sind die Effekte einer Kapitalbesteuerung nach dem Wohnsitzlandprinzip im theoretischen Extremfall mit den Wirkungen vergleichbar, die gerade für die Quellensteuer abgeleitet wurden.

eines Systemwettbewerbs sein (siehe Siebert 1997, 179f). Fragen die inländischen Konsumenten verstärkt Güter aus dem Ausland nach, weil diese – bei gleicher Qualität – unter kostengünstigeren Bedingungen hergestellt wurden (niedrigere Besteuerung, geringerer Regulierungsgrad etc.), so läßt sich ebenfalls ein Systemwettbewerb mit dem oben beschriebenen Ergebnis prognostizieren.

– Wenn abweichend von den getroffenen Annahmen nicht Kapital, sondern Arbeit als perfekt mobiler Faktor angenommen wird, so erhält man ein Modell, in dem die Bürger eine „Abstimmung mit den Füßen" vornehmen. Ist Kapital hierbei vollkommen immobil und wird weiterhin eine Bereitstellung reiner öffentlicher Güter betrachtet, so ist das Modell vollkommen symmetrisch auf den Faktor Arbeit übertragbar.[19] Arbeit ist in einem solchen Modell allerdings nur deswegen stets ein begehrter Faktor, weil perfekt funktionierende Arbeitsmärkte unterstellt werden. Bei Aufgabe dieser Annahme muß mit dem Problem der Arbeitslosigkeit gerechnet werden und dem Umstand, daß den Staaten jetzt nicht mehr notwendig daran gelegen sein muß, Arbeitskräfte aus anderen Ländern abzuwerben.[20] Besteuern die Staaten die Arbeitsplatzinhaber, um den Arbeitslosen Unterstützungszahlungen zu gewähren, so haben die Arbeitslosen einen Anreiz, in die Länder abzuwandern, in denen höhere Unterstützungsleistungen gezahlt werden. Gleichzeitig haben die Besteuerten einen Anreiz in die Länder abzuwandern, in denen die Besteuerung niedrig ist. Beide Prozesse zusammengenommen führen dazu, daß sich nationale Alleingänge bei der Gewährung von Unterstützungsleistungen an Bedürftige auf Dauer nicht finanzieren lassen. In diesem Zusammenhang wird sogar vom möglichen Ende europäischer Wohlfahrtsstaaten gesprochen, wenn die unbehinderte Konkurrenz von Steuersystemen zugelassen werde.[21]
– Wenn schließlich beide Produktionsfaktoren vollkommen mobil sind, kommt es nicht zu einer Gleichgewichtslösung im Systemwettbewerb zwischen den Nationalstaaten.[22]

---

19 Siehe Tiebout (1956). Beim Modell von Tiebout muß allerdings berücksichtigt werden, daß die Bürger hier eine Nettorechnung anstellen, bei der sie die einzelnen Staaten nicht nur hinsichtlich der Besteuerung vergleichen, sondern auch hinsichtlich der bereitgestellten öffentlichen Güter. Sie entscheiden sich in diesem Kalkül für das Land, in dem die Nutzen-Kosten-Relation am günstigsten für sie ist. Bei dem einfachen Modell des Steuerwettbewerbs ist dagegen ein alleiniger Vergleich der Besteuerung hinreichend, weil die Menge und Qualität der reinen öffentlichen Güter in allen Ländern aufgrund der Symmetrieannahme gleich ist und durch den Steuerwettbewerb unverändert bleibt. Reine öffentliche Güter werden hier ja – wie geschildert – durch eine Besteuerung des immobilen Faktors finanziert. Bei Tiebout ist abweichend durch die Berücksichtigung von Ballungskosten eine positive Besteuerung des mobilen Faktors (hier Arbeit) effizient.

20 Das Interesse der Staaten an der Attraktion weiterer Arbeitskräfte erlischt hier natürlich nicht vollständig. Nur solche Zuwanderer, die Nettokosten verursachen, sind aus einer ökonomischen Perspektive unattraktiv. Dies sind v.a. die Arbeitskräfte, die im Inland keine Beschäftigung finden und dort eine Berechtigung zum Bezug von Unterstützungszahlungen haben.

21 Siehe Sinn (1990b, 501): „On the one hand (...) it will be difficult for a single country to extract the required funds from the rich. On the other hand, net benefits being given to the poor in one jurisdiction will attract poor people from everywhere and so make this policy unsustainable."

22 Siehe Sinn (1997b, Proposition 4): „When all factors are mobile and the Selection Principle

Während damit unterschiedliche Faktoren angesprochen wurden, die einen Systemwettbewerb auslösen können, soll nun kurz auf unterschiedliche Politikbereiche eingegangen werden, in denen die Modellaussagen Prognosen erlauben:

- Die Nichtbesteuerung des mobilen Faktors Kapital hat zunächst einmal Auswirkungen auf die Möglichkeit von Nationalstaaten, eine *Sozialpolitik* zu betreiben, bei welcher der Faktor Kapital netto belastet wird. Bereits geschildert wurden die Schwierigkeiten einer umverteilenden Sozialpolitik, wenn Arbeitskräfte wandern, um sich einer Nettobesteuerung zu entziehen bzw. um in den Genuß einer Nettoleistung zu gelangen.
- Die Modellaussagen lassen sich weiterhin symmetrisch auf die Politik einer *Subventionsgewährung* für den mobilen Faktor Kapital übertragen. Entsprechend kommt es hier bei nationalen Alleingängen zu einem Subventionswettlauf, um jeweils Kapital aus dem Ausland anzulocken.
- Schließlich läßt sich das einfache Modell auch zur Analyse des *Regulierungswettbewerbs* verwenden. Bei Geltung des Ursprungslandprinzips[23] lassen sich kostensteigende Prozeß- und Produktregulierungen im nationalen Alleingang nicht durchsetzen. Hier kommt es zu einer Abwanderung des mobilen Kapitals in die weniger stark regulierten Länder und/oder zu einer verstärkten Nachfrage solcher Produkte, die in den weniger stark regulierten Ländern kostengünstiger hergestellt wurden. In beiden Fällen ist ein Deregulierungswettlauf ableitbar, der analog zum oben beschriebenen Extremfall der Nichtbesteuerung in die Nichtregulierung mündet. Was Produktregulierungen anbelangt, so basiert das Argument auf einer unterstellten Informationsasymmetrie zwischen Produzenten und Verbrauchern, die nicht zwischen guten und schlechten Qualitäten unterscheiden können und ihre Kaufkraft insofern in die billigeren Produkte schlechterer Qualität lenken würden.[24]

---

holds a competitive equilibrium among governments which provide public infrastructure for one of the mobile factors of production does not exist."

23 Das Ursprungslandprinzip ist in Analogie zur Quellenbesteuerung als Voraussetzung eines Systemwettbewerbs über die Transmissionsmechanismen der Faktor- oder Güterwanderung zu betrachten.

24 Der klassische Artikel zu diesem Problem stammt von Akerlof (1970). Dort werden u.a. für den Automobilmarkt, den Versicherungsmarkt und den Kreditmarkt in unterentwickelten Ländern die Auswirkungen von Informationsasymmetrien auf die Qualität der gehandelten Güter und Dienstleistungen theoretisch analysiert. Akerlof nennt aber bereits einige der Möglichkeiten, mit denen einer ruinösen Konkurrenz hin zu den schlechten Qualitäten begegnet werden kann. Im einzelnen nennt er die folgenden Möglichkeiten (ebenda: 499f): (1) *Garantien* der Hersteller von Gebrauchs- und Erfahrungsgütern, mit denen das Risiko vom Konsumenten auf den Produzenten übergeht, (2) die Entwicklung von *Markenprodukten*, bei denen Konsumenten mit einer gewissen Sicherheit davon ausgehen können, Qualität zu kaufen und schließlich (3) *Prüfungszertifikate*, mit denen die Qualität von Produkten und die Befähigung der Anbieter von einer unabhängigen Instanz bescheinigt wird. Auffällig ist, daß Akerlof die Harmonisierung der angebotenen Produkte durch eine zentrale Instanz *nicht* als mögliche Lösung ins Auge faßt.

Die wirtschaftspolitische Schlußfolgerung, die aus dem einfachen Grundmodell gezogen werden kann, ist kurz gefaßt die folgende: Weil nationale Alleingänge in der Steuer-, der Sozial, der Subventions- und Regulierungspolitik zu unerwünschten Wirkungen führen, sind solche Versuche wirksam zu unterbinden, indem die Staaten ihre Steuer-, Sozial- und Regulierungspolitiken auf einem positiven Niveau harmonisieren und bindende Regeln vereinbaren, nach denen eine Subventionierung des mobilen Faktors unterbleibt.

4. Abstraktionsprobleme und neoklassische Modifikationen des einfachen Modells

Natürlich muß in Modellen immer mehr oder weniger von der Realität abstrahiert werden. Selbst extreme Annahmen werden von vielen Autoren unter Hinweis auf das Selektionsargument von Friedman (1953) und Alchian (1977) als heuristisch nützlich verteidigt.[25] Dennoch darf ein solcher Hinweis nicht als Freibrief für jede beliebige Abstraktion mißverstanden werden. Die Zulässigkeit von Abstraktionen entzieht sich nämlich keineswegs vollständig der Beurteilung. Sie läßt sich daran festmachen, welche normativen und positiven Ansprüche die Autoren mit ihrem Modell erheben. Selbst wenn nur der normative Anspruch erhoben wird, mit dem Modell ein Ideal zu zeichnen, „an dem sich die Wirklichkeit messen läßt" (Hohaus, 1996, 49), bergen Extremannahmen Gefahren, auf die vor allem Demsetz (1969) hingewiesen hat. Beim Vergleich mit Utopien schneidet die Realität notwendig schlecht ab. Das ist für sich gesehen noch nicht beunruhigend. Werden aber aus diesem Vergleich wirtschaftspolitische Schlußfolgerungen abgeleitet, läuft der Ökonom Gefahr, Ratschläge zu geben, die mehr Schaden als Nutzen stiften. Von den oben beschriebenen Annahmen sind in dieser Hinsicht gleich mehrere als problematisch einzustufen. Dies betrifft zunächst die Annahmen, die über die Produktmärkte und staatliches Handeln getroffen werden. Die Annahme vollkommener Konkurrenz auf den Produktmärkten führt bei einem Vergleich mit realen Märkten häufig zu der Diagnose des Marktversagens. Ein solches läßt sich aber schlüssig nur aus einem Vergleich *realer* Koordinationsverfahren wirtschaftlicher Handlungen ableiten.[26] Die finanzwissenschaftliche Perspektive des

25 Die Als-ob-Hypothese von Friedman zur Stützung des herkömmlichen Modells rationaler Wahlhandlung mag ihre Berechtigung haben, wenn es sich bei dem betrachteten Phänomen um Wahlhandlungen von Firmen innerhalb gegebener Regeln handelt, die ein wettbewerbliches Umfeld definieren. Geht es aber – wie bei der Frage des institutionellen Wettbewerbs – um eine Wahl von Regeln selbst, dann ist die Als-ob-Hypothese unangemessen. Siehe hierzu auch North (1992, 30).

26 Siehe Demsetz (1969, 2): „Whether the free enterprise solution can be improved upon by the substitution of the government or other nonprofit institutions (...) cannot be ascertained solely by examining the free enterprise solution. The political or nonprofit forces that are substituted for free enterprise must be analyzed and the outcome of the workings of these forces must be compared to the market solution before any such conclusions can be drawn." Fälle des Marktversagens oder Staatsversagens sind bei einer solchen komparativen Analyse daher immer nur Fälle *relativen* Markt bzw. Staatsversagens.

Staates als benevolenter Akteur, der ausschließlich danach strebt, den Wohlstand seiner Bürger zu mehren, verzerrt einen solchen Vergleich zugunsten staatlicher Eingriffe in den Marktprozeß. Wenn der Staat in einer geschlossenen Volkswirtschaft das Kriterium der Subsidiarität strikt beachtet und nur solche Aufgaben effizient ergreift, bei denen private Märkte tatsächlich relativ versagen, dann spricht in der Tat nichts mehr dafür, politische Akteure in diesen Bereichen einem Systemwettbewerb auszusetzen.[27] In der besten aller Welten ist der Wohlstand mit anderen Worten durch Systemwettbewerb nicht mehr steigerungsfähig. Interessant ist in diesem Zusammenhang, wie die finanz-wissenschaftliche Perspektive des Staatshandelns von H.-W. Sinn (1997b) gerechtfertigt wird. Er versucht die Annahme benevolenten und effizienten staatlichen Handelns nicht nur als heuristische Hypothese, sondern auch als weitgehende Beschreibung *tatsächlichen* Staatshandelns zu verteidigen. Ähnlich wie Friedman (1953) in seinem Argument zur Stützung der herkömmlichen neoklassischen Rationalannahme für das Handeln von Unternehmen nimmt er dabei Bezug auf eine Selektionshypothese:

> „Even the most stubborn critic of the state must admit that governments normally do not just replicate private activity, but offer services that fill the gaps left by private market operators. Even though the optimal selection of government activities may not yet have been found, a fundamental selection bias towards activities that have proved to be unsuitable for private markets should not be overlooked. The name "Selection Principle" seems to be an appropriate one for this phenomenon."

Die Wirkungsweise dieses „Selektionsprinzips" bleibt von Sinn freilich unerklärt. Das wirft die Frage auf, welchen Selektionskräften staatliches Handeln grundsätzlich unterworfen ist. Mit dem Systemwettbewerb und dem heimischen politischen Wettbewerb sind zwei wettbewerbliche Kräfte genannt, die eine Auslese zwischen verschiedenen Formen staatlichen Handelns grundsätzlich bewirken können. Die Selektionskraft des *Systemwettbewerbs* scheidet als Stützung der Argumentation von Sinn aber weitgehend aus. Er begründet nämlich seine Ablehnung des Systemwettbewerbs für bestimmte Politikbereiche – wie in der Einleitung bereits erwähnt – damit, daß es nicht sinnvoll sei, den Staat dem Systemwettbewerb dort zu unterwerfen, wo staatliches Handeln der Korrektur von Marktversagen diene. Argumentiert er nun gleichzeitig, daß aufgrund des Selektionsprinzips nahezu die gesamte staatliche Tätigkeit darauf gerichtet sei, Marktversagensfalle zu korrigieren, so folgt daraus letzten Endes eine entsprechend weitgehende Ablehnung des Systemwettbewerbs.[28] Es bleibt als

---

27 Vgl. auch Wohlgemuth (1999).

28 Siehe Sinn (1997b, Hervorhebungen nicht im Original): „*Since governments have stepped in where marktes have failed*. it can hardly be expected that a reintroduction of a market through the backdoor of systems competition will work. It is likely to bring about the same kind of *market failure that justified government intervention* in the first place. Of course there are, in reality, many examples of government activities that could be, and should be, handled privately. (...) However, these are the exceptions that prove the rule." Interessant ist bei dieser Gedankenführung nicht nur die Einschätzung staatlicher Tätigkeit als weitgehend der Lückenfüllung privater Marktversagensfälle dienend (erste Hervorhebung), sondern auch die Selbstverständlichkeit, mit

Selektionsprinzip daher der *heimische politische Wettbewerb*. In diesem bestehen aber selbst in einem demokratischen System zahlreiche Verzerrungen, die ihre Ursache v.a. in der unterschiedlichen Organisationsfähigkeit verschiedener Interessen haben (siehe Olson 1968/85). Politischer Wettbewerb birgt daher auch in demokratischen Systemen die Gefahr einer Verkrustung der Institutionen. Man muß dabei nicht gleich zu der Figur eines nur auf Machtmißbrauch sinnenden Politikers greifen, um zu bezweifeln, daß die Selektionskraft eines politischen Wettbewerbs in demokratischen Staaten dahingehend wirkt, daß der Staat fast ausschließlich systemkonforme Staatsaufgaben wahrnimmt. Selbst der benevolente politische Akteur unterliegt in der Demokratie der Restriktion der Wiederwahl. In dem Maße, in dem solche Restriktionen das politische Handeln bestimmen, geht die Diskussion um die möglichen Motive der Politiker daher am eigentlichen Problem vorbei. Ob Systemwettbewerb allerdings geeignet ist, die Defizite politischen Wettbewerbs zu kompensieren, bleibt fraglich, nicht nur weil die Kraft des Systemwettbewerbs aufgrund verschiedener exogener wie endogener Grenzen geringer ist, als das einfache neoklassische Grundmodell vermuten läßt, sondern auch deshalb, weil der Einfluß von Interessengruppen im Systemwettbewerb nicht notwendig schwinden muß.

Bei den gerade genannten Abstraktionen handelt es sich um solche, mit denen staatliches Handeln bei Abwesenheit von Systemwettbewerb unzulässig idealisiert wird, um normative Gestaltungsempfehlungen abzuleiten. Abstraktionsprobleme ergeben sich aber auch bei den Annahmen, die der *positiven* Analyse des Systemwettbewerbs zugrunde liegen. Durch die Annahme einer perfekten Kapitalmobilität wird die Kraft des Systemwettbewerbs überzeichnet. So haben Feldstein/Horioka (1980) in einer empirischen Untersuchung festgestellt, daß inländische Investitionen und inländische Ersparnisse in den industrialisierten Ländern eine hohe Korrelation aufweisen.[29] Bei perfekter Kapitalmobilität wäre mit einer so hohen Korrelation nicht zu rechnen, weil die inländischen Ersparnisse jeweils dort investiert würden, wo die höchste Nettorendite zu erwarten ist. Obwohl die Hypothese der beiden Autoren zur starken Segmentierung der internationalen Kapitalmärkte immer wieder Gegenstand

---

der von einem vorgeblichen Marktversagensfall ohne weiteres darauf geschlossen wird, daß ein staatlicher Eingriff gerechtfertigt sei (zweite Hervorhebung). Die Position von Sinn zum Systemwettbewerb ist jedoch nicht ganz eindeutig, weil er in früheren Artikeln vorsichtiger argumentiert. Siehe z.B. Sinn (1990a, 13): „My considerations should not lead to the conclusion that systems competition should be abolished by closing the borders. This would indeed be throwing the baby out with the bathwater.(...) There is no doubt that systems competition has beneficial effects. Without competition there would not be any pressure towards harmonization. But correctives have to be applied to this competition where it leads to misallocation." Auch hier wird allerdings nicht recht deutlich, warum die einzigen Vorteile eines Systemwettbewerbs gerade darin liegen sollen, den Druck zur *Harmonisierung* zu verstärken. Letzten Endes läßt sich dies nur nachvollziehen, wenn von Wissensproblemen, unterschiedlichen Präferenzen und der Möglichkeit institutioneller Innovationen durch politische Akteure abstrahiert wird.

29 Siehe auch Feldstein (1983).

der Diskussion[30] war und für die jüngere Vergangenheit eine geringere Korrelation festgestellt wurde,[31] gelangt Feldstein auch 1994 noch zu der Schlußfolgerung:

> „The tendency of capital to move across borders to seek the investments with the highest rates of return in the world is quite limited in practice“ (Feldstein 1994)

Insbesondere der Umstand, daß Direktinvestitionen nicht nur unter Vergleich der Quellensteuern auf Kapital vorgenommen werden, steht der extremen Hypothese einer Nichtbesteuerung des Faktors Kapital entgegen. Weiterhin läßt sich auch die Angemessenheit der Annahme reiner öffentlicher Güter in Frage stellen. Nur weil bei reinen öffentlichen Gütern die Inanspruchnahme einer zusätzlichen Einheit durch die Kapitaleigner mit Grenzkosten von Null einhergeht, ist die Nichtbesteuerung des mobilen Faktors Kapital im Modell eine effiziente Lösung. Fast alle öffentlichen Güter haben aber eine Kapazitätsbeschränkung dergestalt, daß ab einer bestimmten Inanspruchnahme *positive* Grenzkosten (sog. Ballungskosten) der Nutzung auftreten. Entsprechend wäre eine Besteuerung des Faktors Kapital in Höhe der Grenzballungskosten effizient.

Die genannten Abstraktionsprobleme haben dazu geführt, daß das einfache Grundmodell von neoklassischen Autoren z.T. erheblich modifiziert wurde. So gibt es Modelle, in denen die Annahme benevolenten Staatshandelns aufgegeben wird, ohne gleich in das gegenteilige Extrem eines reinen Leviathan-Modells zu verfallen.[32] Weil die Politiken hier nicht mehr *nur* der Wohlstandsmehrung eines repräsentativen Haushalts gelten, ist entsprechend Raum für potentiell positive Wirkungen bestimmter Formen des Systemwettbewerbs. Dabei zeigt sich ein eindeutiges Bild: Je stärker die Annahme benevolenten Staatshandelns zugunsten der Annahme eigeninteressierten Handelns der politischen Akteure modifiziert wird, desto deutlicher treten Vorteile einer wettbewerblichen Lösung gegenüber einer Harmonisierungslösung hervor. Wettbewerb zwischen Jurisdiktionen wirkt hier zu einem gewissen Grade als Kontrollverfahren der politischen Akteure.

Es gibt Modelle, in denen der Einfluß von Ballungs- und Mobilitätskosten berücksichtigt wird.[33] Ballungskosten führen dazu, daß die Staaten als Wettbewerber angesehen werden, die Clubgüter bereitstellen[34] und die Inanspruchnahme dieser Güter durch die Kapitaleigner besteuern („benefit taxation“). Bei der Abwanderungsentscheidung machen Kapitaleigner daher eine Nettorechnung auf, ein Umstand, auf den

30 Siehe z.B. Ghosh (1995), der das Hauptproblem der empirischen Studie von Feldstein/Horioka darin erkennt, daß eine positive Korrelation zwischen inländischen Ersparnissen und inländischen Investitionen eine perfekte Kapitalmobilität nicht ausschließt. Siehe hierzu auch Cardia (1991), der Korrelationen in der von Feldstein/Horioka beobachteten Größenordnung als Folge simulierter Produktivitätsschocks einer Wirtschaft erhält.

31 Siehe Siebert (1997, Kap. 5).

32 Siehe z.B. Edwards/Keen (1996), und Lorz (1997).

33 Hohaus (1996, 65ff) untersucht den Einfluß von Mobilitäts- und Ballungskosten, Sinn (1997b) unterstellt Ballungskosten.

34 Siehe zur Clubtheorie grundlegend Buchanan (1965). Siehe zur Anwendung der Clubtheorie auf den Systemwettbewerb Sinn (1992) und kritisch Sinn (1997b, Abschnitt 2.2.).

bereits Tiebout (1956) analog für den Fall mobiler Arbeit hingewiesen hat.[35] Wenn den jeweils gezahlten Steuern oder Gebühren[36] entsprechende Gegenleistungen gegenüberstehen die in der Nutzung rivalisierend sind, lohnt sich die Abwanderung aus Kostenmotiven nur noch dann, wenn im Ausland die entsprechenden Leistungen noch günstiger angeboten werden können oder wenn im Ausland bei gegebener Belastung mehr Leistungen erbracht werden und/oder wenn der Kapitaleigner eine Präferenz für ein niedrigeres oder höheres Leistungsniveau bei einer entsprechend niedrigeren oder höheren Belastung hat.[37] Einige Autoren haben allerdings darauf hingewiesen, daß selbst eine Besteuerung der Kapitaleigner in Höhe der Grenzballungskosten zu Problemen führe, weil bei einer effizienten Besteuerung in Höhe der Grenzkosten Budgetdefizite entstünden, die wiederum durch eine Besteuerung des immobilen Faktors gedeckt werden müßten.[38] Eine Besteuerung nach den Durchschnittsballungskosten ist im Modell bei einem nationalen Alleingang nicht möglich, weil hier immer noch ein An reiz bestünde, die Steuern auf die Höhe der Grenzballungskosten zu senken, um bis dahin noch einen positiven Deckungsbeitrag für die versunkenen Kosten der Bereitstellung zu erzielen.[39]

Dieser Argumentation steht aber zum einen entgegen, daß Mobilitätskosten, die im Modell nicht berücksichtigt wurden, dem Problem eines staatlichen Defizits entgegenwirken können.[40] Mobilitätskosten des Kapitals schwächen generell die Wirkungen des Systemwettbewerbs ab. Zudem ist es fraglich, ob es langfristig zu einer Strategie der Grenzkostenbesteuerung kommt.[41] Nur wenn die Ausgaben für die Bereit-

---

35 Siehe Tiebout (1956, 419, Hervorhebung nicht im Original): "Consumer-voters are assumed to have fall knowledge of differences among revenue and expenditure patterns and to react to these differences." Siehe auch Hirschman (1981, 263f).

36 Bei einigen staatlich bereitgestellten Gütern ist eine Besteuerung überhaupt nicht notwendig. Hier können für die Nutzung direkt Gebühren erhoben werden (siehe Siebert 1997. 189). Dies gilt allerdings weitgehend für *private* Güter, die vom Staat bereitgestellt werden (z.B. Müllentsorgung) oder für solche Güter, die von Privaten nicht angeboten werden, weil sie unter Nutzung des staatlichen Gewaltmonopols produziert werden.

37 Siehe zu diesen drei Möglichkeiten auch Nicolaides (1994, 42). Im oben vorgestellten Modell können diese drei Möglichkeiten nur sehr verzerrt erfaßt werden. So beruht dort z.B. die günstigere Bereitstellung einer bestimmten Infrastruktur im Ausland *immer* auf einem Steuerunterbietungswettbewerb, der *strategisch* und *nicht durch echte Kostensenkungen der staatlichen Bereitstellung öffentlicher Güter* begründet ist. Letzten Endes ist diese einseitige Betonung strategischer Motive natürlich eine Folge der Annahme, alle Jurisdiktionen verfügten über die identische Bereitstellungstechnologie.

38 Siehe Hohaus (1996,65ff) für den Fall eines Wettbewerbs um perfekt mobile Arbeit und Sinn (1997b) für den Fall eines Wettbewerbs um perfekt mobiles Kapital.

39 Die Grenzkostenbesteuerung bei Vorliegen versunkener Kosten ist analog zum Fall der Grenzkostenpreisbildung bei Überkapazitäten privater Unternehmen.

40 Im Modell von Hohaus (1996) tritt ein Budgetdefizit nur dann auf, „wenn die Mobilitätskosten des marginalen Wanderers (...) multipliziert mit einheimischen Steuerbasis (...) kleiner sind als die Durchschnittskosten der Bereitstellung des öffentlichen Gutes" (ebenda, 74).

41 Siebert (1997. 189, Fn. 10) äußert sich zur Gefahr strategischen Verhaltens der Staates folgendermaßen: „In jedem Land treten (...) Opportunitätskosten für dieses strategische Verhalten auf. Nach meiner Einschätzung kann man zuversichtlich sein, daß Staaten sich bemühen werden, die-

stellung der öffentlichen Güter von den Regierungen als versunkene Kosten betrachtet werden, kommt es im Modell zu einer strategischen Grenzkostenbesteuerung. Diese führt zudem nur dann zu einer ruinösen Konkurrenz der Staaten, wenn diese nicht einfach auf den immobilen Faktor zur Besteuerung zurückgreifen können, um das Defizit zu decken.[42] Werden die Ausgaben für die Bereitstellung öffentlicher Güter dagegen nicht als versunkene Kosten angesehen, so ist eine Strategie der Grenzkostenbesteuerung nicht zwingend. Versuchen alle Staaten auf Dauer ihre Durchschnittskosten der Bereitstellung öffentlicher Güter für den Faktor Kapital zu decken und bestehen keine Einschränkungen hinsichtlich der verfügbaren Besteuerungsinstrumente, so werden die politischen Akteure die Kapitaleigner exakt in Höhe der von ihnen verursachten Kosten besteuern. Richtig bleibt trotz der Modifikationen allerdings auch, daß im Modell eine Besteuerung des Faktors Kapital auch bei Ballungs- und Mobilitätskosten nur in Höhe der durchschnittlichen Ballungskosten zuzüglich eines Immobilitätszuschlages möglich ist. Für eine Nettobelastung des Faktors Kapital zugunsten distributiver Staatsaufgaben ist daher auch hier kaum Freiheitsspielraum vorhanden.[43]

Werden die angesprochenen Modifikationen berücksichtigt, ergibt sich zusammenfassend ein anderes Bild des Systemwettbewerbs, in dem Extremaussagen der oben dargestellten Form keinen Platz mehr haben. Bei nicht ausschließlich benevolenten politischen Akteuren[44] und bei Vorliegen von Mobilitäts- und Ballungskosten ergibt sich ein differenzierteres Bild, in dem neben bestimmten Problemen auch mögliche Effizienzsteigerungen eines Wettbewerbs zwischen Jurisdiktionen in den Politikbereichen erkennbar werden, in denen eine „benefit taxation" möglich ist.[45]

---

se Opportunitätskosten zu berücksichtigen und die Vorteile und Kosten der Infrastruktur zum Ausgleich zu bringen."

42 Dies ist immer dann der Fall, wenn die zusätzliche Besteuerung des Faktors Arbeit allokative Verzerrungen hervorruft („excess burden"), die im obigen Modell durch die Annahme eines vollkommen unelastischen Arbeitsangebots ausgeklammert blieben.

43 Siehe ähnlich Sinn (1997a, 12, Fn. 6), allerdings unter Verweis auf eine Grenzkostenbesteuerung ohne Immobilitätszuschlag.

44 Um es noch einmal deutlich zu formulieren: Probleme, die sich mit Hilfe von Systemwettbewerb u.U. besser lösen lassen, werden wegdefiniert, wenn benevolentes und effizientes staatliches Handeln unterstellt wird. Analog gäbe es auch keinen Bedarf für einen Wettbewerb auf privaten Gütermärkten, stellten die Produzenten ohnehin immer das beste Angebot bereit.

45 Eine ähnliche Vorstellung scheint den Ausführungen von Dye (1990, 59ff) zugrunde zu liegen, der dem Systemwettbewerb die Kraft zuspricht, sog. „allokative Staatsfunktionen" zu stärken. Dabei nennt er als solche Funktionen u.a. Funktionen im Bereich der Erziehung, der Gesundheit, des Straßenwesens, der Polizei, der Feuerwehr, der öffentlichen Versorgung sowie der öffentlichen Erholung. Diese kurze Aufzählung macht bereits deutlich, daß die genannten allokativen Funktionen nicht durchweg solche sind, bei denen die ökonomische Theorie üblicherweise zu dem Ergebnis gelangen würde, daß hier eine staatliche Bereitstellung gegenüber einer privaten aus allokativen Gründen vorzuziehen sei. Das Attribut „allokativ" zielt daher bei Dye auch eher auf die Tatsache, daß bei den genannten Funktionen eine „benefit taxation" möglich ist.

In der folgenden Tabelle werden unterschiedliche Staatstätigkeiten und mögliche Auslöser eines Steuerwettbewerbs gegenübergestellt, um zu erkennen, in welchen Bereichen ein *extrem gedachter Steuerwettbewerb* die Effizienz bereits aus einer modifizierten neoklassischen Perspektive erhöhen kann und in welchen Bereichen Probleme bestehen. Dabei wird zunächst noch von Mobilitätskosten abstrahiert, indem die Möglichkeit einer „benefit taxation" für unterschiedliche Staatsleistungen unter den Annahmen geprüft wird, es gebe perfekt mobiles Kapital, perfekt mobile Arbeit, einzeln wählbare Institutionen und keinerlei Beschränkungen hinsichtlich der Wahrnehmung institutioneller Angebote. Politische Beschränkungen des Steuerwettbewerbs werden ausgeklammert. Besteuert wird annahmegemäß so, daß für jede Staatsleistung eine eigene Steuer erhoben wird.

Staatsaufgaben Auslöser	Gewährleistung innerer/äußerer Sicherheit	Bereitstellung materieller Infrastruktur	Sozialpolitik mit Umverteilungswirkung	Umweltpolitik
Menschen	benefit taxation möglich	benefit taxation möglich	Problemfall 1	Problemfall 4
Realkapital (Direktinvestitionen)	benefit taxation möglich	benefit taxation möglich	Problemfall 2	Problemfall 5
Finanzkapital	benefit taxation möglich	benefit taxation möglich	Problemfall 3	Problemfall 6

Die durch Schattierung hervorgehobenen Felder kennzeichnen Fälle, in denen eine „benefit taxation" möglich ist.[46] Diese sollen nun kurz vorgestellt werden. Weil bei der Abwanderungsentscheidung des Faktors Arbeit ein Wohnsitzwechsel stattfindet, können die öffentlichen Leistungen des Herkunftslandes (bei Vernachlässigung möglicher grenzüberschreitender positiver externer Effekte) nicht mehr genutzt werden. Für seine Leistungen in den Bereichen innere wie äußere Sicherheit und materielle Infrastruktur kann der Staat daher eine „Bürgersteuer" erheben. Dabei werden wie im Modell von Tiebout nur solche Bürger abwandern, die sich im Ausland bei alternativen Steuer-Leistungs-Kombinationen besser stellen können. Nachdem alle ihre Abwanderungsentscheidungen getroffen haben, entspricht das Leistungsangebot in allen

46 Es mag auf den ersten Blick überraschend erscheinen, daß eine „benefit taxation" bei öffentlichen Gütern wie innerer und äußerer Sicherheit möglich sein soll, weil die Steuer bei einer „benefit taxation" einen Gebühren- oder Preischarakter hat, der sie v.a. als Besteuerungsinstrument bei der öffentlichen Bereitstellung privater Güter geeignet erscheinen läßt. Durch die Betrachtung eines Wettbewerbs zwischen Jurisdiktionen verändert sich aber die Perspektive. Viele der Güter. die auf der Ebene einer Nation als öffentliche Güter einzustufen sind, bei denen keine Ausschlußmöglichkeit vom Konsum besteht, werden auf der Ebene zwischenstaatlichen Wettbewerbs zu ,.Clubgütern", bei denen ein Ausschluß möglich ist. Dies gilt freilich uneingeschränkt nur unter der Annahme, daß mit den inländischen Leistungen keine positiven externen Effekte für das Ausland verbunden sind.

Staaten im theoretischen Idealfall den Präferenzen der jeweiligen Bürger des Landes.[47] Aus den gleichen Gründen unproblematisch erscheint auch eine Besteuerung von Real- und Finanzkapital für die gerade angesprochenen Leistungen. Innere und äußere Sicherheit und eine materielle Infrastruktur erhöhen nämlich bei effizienter Bereitstellung die Rendite des eingesetzten Kapitals vor Steuern. In den sechs schattierten Feldern lassen sich daher zusammenfassend als Folge eines extrem starken institutionellen Wettbewerbs Effizienzsteigerungen der staatlichen Bereitstellung von Leistungen ableiten, *wenn nicht bereits zu Beginn perfektes Staatshandeln unterstellt wird.*

Unter der Annahme eines extrem starken Steuerwettbewerbs werden freilich auch Probleme sichtbar, die oben z.T. schon diskutiert wurden. Die Probleme treten bei der Sozial- und Umweltpolitik auf. Bei der umverteilenden Sozialpolitik scheint eine „benefit taxation" auf den ersten Blick unmöglich, weil für viele Besteuerte nach Abzug der selbst empfangenen staatlichen Transfers und Subventionen eine erhebliche Nettobelastung besteht. Es wäre jedoch vorschnell, deswegen die Möglichkeit einer Besteuerung perfekt mobiler Faktoren vollkommen auszuschließen. In dem Maße, in dem umverteilende soziale Leistungen des Staates z.B. dazu dienen, den sozialen Frieden zu sichern, sichtbarer Armut vorzubeugen oder das allgemeine Bildungsniveau zu heben, stehen den Belastungen auch gewisse Nutzen bei denen gegenüber, welche die Steuerlast tragen. Dies gilt für die Eigner des Faktors Arbeit ebenso wie für die Eigner von Realkapital und Finanzkapital (Probleme 1-3 in der Tabelle). Bei der Frage der Wanderung von Menschen wurde allerdings oben schon auf das möglicherweise auftretende Phänomen von Armutswanderungen hingewiesen. Wenn nicht nur die Menschen auswandern, die starken Nettobelastungen unterliegen, sondern zusätzlich diejenigen einwandern, die Begünstigte hoher sozialer Leistungen des Staates wären, dann verschärft sich das Finanzierungsproblem (siehe Sinn 1990a, 9ff). Um diesem Effekt entgegenzuwirken, könnten Zuwanderer aus anderen Nationalstaaten von einer Inanspruchnahme der sozialen Leistungen entweder ausgeschlossen bleiben, oder sich in den „Club" einkaufen müssen (siehe Sinn 1992, 192f). Mit einer solchen Lösung würde nicht die Mobilität der Faktoren eingeschränkt, sondern nur die Möglichkeit der kostenlosen Inanspruchnahme solcher Leistungen ausgeschlossen, auf welche die Eigner der Faktoren keinen Anspruch erworben haben.

47 Tiebout (1956, 419ff) weist allerdings selbst darauf hin, daß sein Modell auf extremen Annahmen beruht. Im einzelnen nennt er die folgenden sieben Annahmen: (1) Der Faktor Arbeit ist perfekt mobil, (2) die Bürger sind über alle angebotenen Steuer-Leistungs-Pakete vollkommen informiert, (3) es gibt eine große Anzahl von Jurisdiktionen, (4) es bestehen keinerlei Restriktionen hinsichtlich der Beschäftigungsmöglichkeiten, (5) die staatlichen Leistungen verursachen keine länderübergreifenden externen Effekte positiver oder negativer Natur, (6) das Angebot immobiler Faktoren ist fix, so daß für jedes Land eine optimale Bevölkerungsgröße abgeleitet werden kann, bei der die staatlichen Leistungen im Minimum der Durchschnittskosten produziert werden, (7) Länder, in denen noch keine optimale Bevölkerungsgröße erreicht ist, versuchen, den Faktor Arbeit anzuziehen, jene, bei denen eine solche Größe bereits überschritten ist, versuchen, den Faktor Arbeit aus dem Land zu treiben.

Verglichen mit der Besteuerung für sozialpolitische Zwecke wirft eine Besteuerung der Eigner mobiler Faktoren für *umweltpolirische Staatsziele* differenziertere Probleme auf (Probleme 4-6 in der Tabelle). Das liegt daran, daß viele Umweltprobleme länderübergreifender (z.B. Verschmutzung von Flüssen) oder sogar globaler Natur sind (z.B. $C0_2$ Nationale Alleingänge bei der Bekämpfung *globaler Umweltprobleme* führen daher stets zu positiven externen Effekten im Ausland. Damit handelt es sich bei solchen staatlichen Leistungen nicht mehr um „Clubgüter", von deren Nutzung die Eigner abwandernder Faktoren ausgeschlossen werden können. Eine „benefit taxation" für staatliche Leistungen zur Bekämpfung globaler Umweltnutzungsfolgen[48] ist daher nur auf internationaler Ebene, also bei koordinierter Besteuerung möglich.[49] Bei dem anderen Extremfall *rein lokaler* Umweltnutzungsfolgen (z.B. Lärm und Lagerung von Giftmüll) sind die Probleme dagegen anders gelagert. Unter den neoklassischen Bedingungen perfekt funktionierender Märkte werden die Politiker bei geschlossenen Volkswirtschaften die Umweltnutzung durch Eigner mobiler Faktoren genau in der Höhe besteuern, bei der es zu einem Ausgleich von Grenzkosten und Grenzerträgen einer zusätzlichen Einschränkung der Umweltnutzung kommt (Nordhaus 1995, 272).[50] Die Steuersätze können daher in unterschiedlichen Ländern unterschiedlich hoch sein. Bei Öffnung der Volkswirtschaften haben gerade Industrien, die verschmutzungsintensiv produzieren, einen Anreiz in solche Länder abzuwandern, in denen die Kosten der Umweltnutzung und damit die entsprechende Besteuerung niedriger liegen. Unter den gegebenen Annahmen steigert dies aber die Effizienz aus weltwirtschaftlicher Perspektive, weil die Umwelt nun verstärkt dort in Anspruch genommen wird, wo die Grenzkosten der Umweltnutzung relativ gering sind. Zu einer Erosion der Umweltstandards kommt es dabei unter den gegebenen Annahmen nicht,[51] weil es sich für die einzelnen Länder nicht lohnt, mobile Faktoren *durch eine Senkung der Umweltstandards* anzuziehen.[52] Gegenüber einem solchen Instrument sind näm-

48 Analog gilt, daß eine einseitige nationale Regulierung zugunsten des Umweltschutzes, die den Produzenten Kosten auferlegt, dann nicht aufrecht zu erhalten ist, wenn das Umweltproblem globaler Natur ist.

49 Siehe Sinn (1990a, 6f). Siehe auch Nordhaus (1995, 270, im Original kursiv): „(F)or global environmental problems, efficiency requires that countries harmonize their environmental policies."

50 Siehe auch Wilson (1996. 396ff).

51 So argumentiert z.B. Wilson (1996, 394) für den Bereich der Umweltregulierung: "(T)here can be no race to the bottom if there are no constraints on available tax instruments and the economy is distortion-free. (...) A critical condition for efficiency is that each firm pays a tax equal to the costs that its operations impose on the jurisdictions. These costs can consist of the costs incurred in providing public goods and sevices to the firms plus environmental costs. Given that governments are able to use taxes as "user fees" in this manner, considerations involving capital mobility do not enter into the benefit-cost rules governments use to choose environmental standards."

52 Um diese Aussage mit einer Analogie deutlich zu machen, kann auf das Beispiel der Landwirtschaft verwiesen werden. Personenbezogene Subventionen stellen hier gegenüber mengenbezogenen Subventionen die effizientere Lösung dar, weil letztere zu Fehlanreizen und Überproduktion führen.

lich andere Instrumente der Attraktion von Kapital aus einzelwirtschaftlicher Perspektive effizienter (z.B. Steuervergünstigungen, die keine Anreize zu einer verstärkten Inanspruchnahme der Umwelt bergen).[53] Problematisch erscheint ein Wettbewerb zwischen Jurisdiktionen unter Umweltgesichtspunkten bei *lokalen* Umweltnutzungsfolgen nur dann, wenn die Besteuerung für die Nutzung öffentlicher Umweltgüter (Luft, Grundwasser) in den einzelnen Ländern *nicht effizient* erfolgt. Ein Grund dafür kann z.B. sein, daß die Präferenzen zukünftiger Generationen in einem kurzfristigen Kalkül der Politiker mangelhaft berücksichtigt werden. Unter diesen Umständen kann ein Wettbewerb zwischen Jurisdiktionen dazu führen, daß Unternehmen in Ländern mit hohen Standards und einer angemessenen Berücksichtigung der Präferenzen zukünftiger Generationen einen Kostennachteil gegenüber solchen Unternehmen haben, die in Ländern angesiedelt sind, in denen diese Präferenzen keine Berücksichtigung finden. Interessant ist an diesem Fall, daß ein *Staatsversagen* bei der Behandlung lokaler externer Effekte dazu führt, daß der Wettbewerb zwischen Jurisdiktionen eine Übernutzung der Umwelt zu Lasten zukünftiger Generationen verschärfen kann.[54]

Zusammenfassend kommt es bei einer Berücksichtigung der Möglichkeit einer „benefit taxation" und perfekter Mobilität der Faktoren auf der einen Seite zu positiven Wirkungen eines Wettbewerbs zwischen Jurisdiktionen, auf der anderen Seite aber auch zu möglichen negativen Wirkungen. Positive wie negative Wirkungen werden jeweils abgeschwächt, wenn zusätzlich Mobilitätskosten berücksichtigt werden.

5. Prozeßtheoretische Sicht des Systemwettbewerbs

Obwohl bereits die modifizierte neoklassische Sicht erlaubte, Systemwettbewerb zu einem gewissen Grade als *Kontrollverfahren* politischer Akteure zu verstehen, blieb ein wichtiger Aspekt unbeachtet. Wettbewerb zwischen politischen Akteuren kann nämlich nicht nur als Kontroll- sondern auch als *Entdeckungsverfahren* wirken. Diese Wettbewerbsfunktion blieb in den neoklassischen Modellen deswegen ausgeklammert, weil dort mit den Informationsannahmen das als bekannt vorausgesetzt wurde, was der Wettbewerb zum Teil erst entdecken soll.[55] Die Vorstellung eines Wettbewerbs als Entdeckungsverfahren wurde von Hayek (1968/1969) entwickelt und dort in erster Linie als Entdeckungsverfahren auf privaten Produktmärkten verstanden. Es erscheint daher sinnvoll, zunächst die marktprozeßtheoretische Sicht des Wettbewerbs als Entdeckungsverfahren für Produktmärkte vorzustellen, um anschließend nach den

53 Mit Steuervergünstigungen können natürlich wieder andere Probleme verbunden sein. Für die Frage eines Herunterkonkurrierens von *Umweltstandards* ist dies jedoch nicht relevant.

54 Siehe zu dieser Einschätzung auch Nordhaus (1995) sowie Mussler/Wohlgemuth (1995).

55 Natürlich ließe sich daran denken, die Wahrnehmungs- und Interpretationsprobleme unter die Faktoren einzuordnen, die Mobilitätskosten verursachen. Ein solches Vorgehen wirft jedoch das Problem auf, daß Mobilitätskosten wie z.B. Transportkosten einem neoklassischen Optimierungskalkül grundsätzlich zugänglich sind. Für Kosten der Wahrnehmung und Interpretation, die Informationskosten darstellen, ist eine Optimierung dagegen unmöglich.

Analogiemöglichkeiten für den Systemwettbewerb zu fragen. Ein solches Vorgehen bietet sich bereits deswegen an, weil einem Unterschied zwischen dem Wettbewerb auf Produktmärkten und dem zwischen Jurisdiktionen eine zentrale Bedeutung bei der Argumentation zukommt. So begründen neoklassisch argumentierende Autoren – wie geschildert – ihre Ablehnung des Systemwettbewerbs in bestimmten Bereichen staatlicher Tätigkeit damit, daß diese Tätigkeiten ein Markt- oder Wettbewerbsversagen von Produktmärkten ausgleichen sollen. Dabei modellieren sie den Systemwettbewerb so, als sei das gesamte preistheoretische Instrumentarium und damit auch die aus der Preistheorie heraus entwickelte Wettbewerbstheorie ohne Schwierigkeiten auf einen Wettbewerb zwischen Jurisdiktionen übertragbar.

Das Schaubild 2 stellt die Grundstruktur wettbewerblicher Marktprozesse aus der Sicht der Marktprozeßtheorie dar.[56]

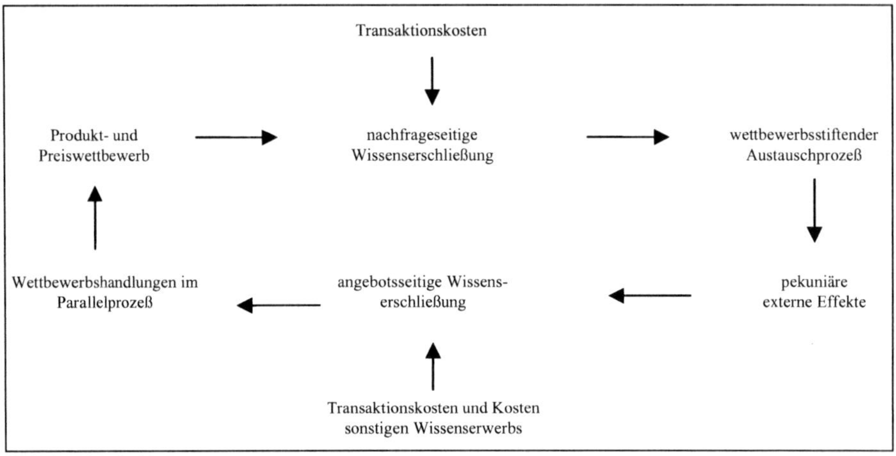

Schaubild 2: Grundstruktur ökonomischen Wettbewerbs aus der Sicht der Marktprozeßtheorie[57]

Zwei Teilprozesse des Wettbewerbs lassen sich unterscheiden – der Austausch- und der Parallelprozeß.[58] Mit dem Austauschprozeß werden die Beziehungen zwischen den beiden Marktseiten bezeichnet, also die Beziehungen zwischen Anbietern und Nachfragern. Dagegen spielt sich der Parallelprozeß jeweils nur auf einer der beiden Marktseiten ab.[59] Das Schaubild beschreibt den Verlauf der rückgekoppelten Teilprozesse: Im Parallelprozeß konkurrieren Anbieter um die Kaufkraft der Nachfrager.

56 Siehe zum marktprozeßtheoretischen Wettbewerbsverständnis Hayek (1937/52; 1968/69), Hoppmann (1988) sowie Streit (1992a).
57 Siehe Streit/Wegner (1989, 197)
58 Diese Unterscheidung wurde von Hoppmann (1967, 88ff) eingeführt.
59 Siehe zur Rechtfertigung der Marktabgrenzung durch eine verwendungsorientierte Definition enger Substitute in diesem speziellen Fall Streit (1991, 85).

Dieser Wettbewerb im Parallelprozeß äußert sich insbesondere als Produkt- und Preiswettbewerb. Soll es zu einem Wettbewerb im Austauschprozeß kommen, müssen die Nachfrager die wettbewerblichen Aktivitäten der Anbieter wahrnehmen und bewerten. Dies verursacht Transaktionskosten. Hohe Transaktionskosten, also Situationen, in denen unzulängliche Koordinationsinstrumente und/oder starke Unsicherheiten über zu erwartendes Verhalten potentieller Vertragspartner vorliegen, können dazu führen, daß die nachfrageseitige Wissenserschließung stark eingeschränkt wird. Die Intensität des Wettbewerbs ist daher auch eine Frage der Bereitschaft von Individuen, Transaktionskosten aufzuwenden. Die Wahl der Individuen zwischen den verschiedenen Produkten der Anbieter führt zu einer Selektion der für besser befundenen Leistungen. Pekuniäre externe Effekte bei den Anbietern sind die Folge. Anders formuliert handelt es sich um geldliche Einbußen der Anbieter, deren wettbewerbliche Handlungen weniger Anerkennung bei den Konsumenten gefunden haben und um Zugewinne der Anbieter, deren Leistung von den Konsumenten für gut befunden wurde. Der wettbewerbliche Austauschprozeß ist dergestalt ein Verfahren zur Entdeckung der Präferenzen von Konsumenten und wirtschaftlicher Arten, diese zu befriedigen.[60] Diese Entdeckung setzt allerdings auf der Seite der Anbieter voraus, daß die Signale im Austauschprozeß (Verlust oder Zugewinn von Nachfrage) unter Einsatz von Transaktionskosten interpretiert werden (z.B. durch eine sorgfältige Auswertung von Beschwerden oder durch Befragung von Konsumenten). Anschließend können die Eindrücke über die Ursache der pekuniären externen Effekte für die Entwicklung neuer wettbewerblicher Strategien nutzbar gemacht werden. Imitation der Mitbewerber oder eigene innovative Vorstöße im Parallelprozeß kommen hierfür in Betracht. Sie äußern sich in Produkt- und Preiswettbewerb, so daß der im Schaubild dargestellte Zyklus einmal durchschritten wurde. Zusammenfassend ergibt sich eine Grundstruktur von Wettbewerbsprozessen, die grob durch die Merkmale von Variation und Selektion beschrieben werden kann. Variationen im Parallelprozeß werden im Austauschprozeß durch den Einsatz von Kaufkraft selektiert.

Das Wettbewerbskonzept der herkömmlichen neoklassischen Theorie kann als hypothetischer Spezialfall der gerade vorgestellten Überlegungen interpretiert werden. Es beschreibt den Spezialfall, in dem die Transaktionskosten gleich Null sind. Anbieter und Nachfrager sind über alle für sie wesentlichen Umstände vollkommen informiert. Anbieter müssen keine Transaktionskosten aufwenden, um die pekuniären externen Effekte deuten zu können. Nachfrager müssen nicht nach für sie günstigen Angeboten suchen oder Aushandlungs- und Kontrollkosten von Verträgen aufwenden. Die einzige Information, die Mengenanpasser benötigen, um ihr Handeln wechselseitig effizient zu koordinieren, wird in Form der Preisinformation als bekannt vorausgesetzt. Diese Preisinformation stellt eine eindeutige Handlungsanweisung und kein interpretationsbedürftiges Signal dar. Das gleichgewichtige Marktergebnis folgt daher

60 Hayek (1968/69) hat hierfür das vielzitierte Schlagwort des Wettbewerbs als Entdeckungsverfahren geprägt (siehe auch Wohlgemuth (1999).

unmittelbar aus der Marktstruktur vollkommener Konkurrenz. Wettbewerbspolitik ist daher primär darauf gerichtet, die Bedingungen des Modells vollkommener Konkurrenz herbeizuführen.[61]

Aus den gerade genannten Unterschieden erklärt sich der Umstand, daß in der herkömmlichen neoklassischen Theorie die Gleichgewichtsproblematik im Vordergrund steht, während in der Marktprozeßtheorie die Gleichgewichtsfrage durch die allgemeinere Ordnungsfrage ersetzt wird.[62] Unter Bezugnahme auf das Wissensproblem hat Hayek die entscheidende Frage gestellt, welche Teilinformationen die einzelnen Individuen haben müssen, damit

> „die ineinandergreifenden Handlungen einer Anzahl von Personen, deren jede nur ein kleines Stück von Wissen besitzt, einen Zustand herbeiführen (...), der durch bewußte Lenkung nur von jemand herbeigeführt werden könnte, der das Wissen all jener Individuen zusammen besäße" (Hayek 1937/52, 71).

In dieser Ordnungsfrage wird deutlich, daß Hayek neben dem Problem der Arbeitsteilung ein *Problem der Wissensteilung* aufwirft, das in der allokationstheoretischen neoklassischen Betrachtung durch die Informationsannahmen ausgeblendet wird. Das Wissen über die Präferenzen der Individuen und über wirtschaftliche Arten diese Präferenzen zu befriedigen, ist aus der marktprozeßtheoretischen Perspektive nicht zentralisierbar und nicht vorab bekannt, sondern muß im wettbewerblichen Prozeß erst entdeckt werden. Im Wettbewerb als Entdeckungsverfahren erkennt Hayek daher die Antwort auf die Ordnungsfrage. Dabei betont er die Leistungsfähigkeit des wettbewerblichen Preismechanismus, versteht diesen aber abweichend von der neoklassischen Analyse nicht als einen Mechanismus, der eindeutige Handlungsanweisungen für machtlose Mengenanpasser generiert. Zudem betont er die Orientierungsfunktion abstrakter Regeln, ohne die er sich eine Lösung der Ordnungsfrage nicht vorstellen kann.

Die Abwendung von der speziellen Gleichgewichtsfrage hin zur Ordnungsfrage geht auch mit einer veränderten Sicht dessen einher, was eine Wettbewerbspolitik leisten muß. Damit möglichst viel nicht-zentralisierbares Wissen in produktiver Weise genutzt werden kann, muß den Individuen die Möglichkeit gegeben werden, ihr Handeln dezentral innerhalb abstrakter Regeln über Märkte koordinieren zu können. Ziel der Wettbewerbspolitik ist dabei nicht die Herbeiführung konkreter Marktergebnisse,

---

61 Dies wurde z.B. sichtbar bei der obigen Diskussion einer Besteuerung nach dem Grenzkostenprinzip.

62 Ordnung ist kein absoluter Begriff. Vielmehr handelt es sich bei einer Ordnung um eine Struktur, die in den verschiedensten Graden vorliegen kann. Das geringste Ausmaß an Ordnung besteht, wenn die Handlungen der Individuen in keiner Weise koordiniert sind. Das höchste Maß an Ordnung entspricht demgegenüber einem Zustand vollkommener Koordination der einzelnen Pläne. ein theoretischer Grenzfall, der dem totalen Gleichgewicht in der herkömmlichen neoklassischen Theorie entspricht. Der Ordnungsbegriff enthält also mit anderen Worten den Gleichgewichtsbegriff als Grenzzustand einer höchsten Ordnung. Insofern ist die Gleichgewichtsfrage der herkömmlichen neoklassischen Theorie als theoretischer Grenzfall der allgemeineren Ordnungsfrage zu verstehen. Siehe hierzu Hayek (1968/69, 256).

sondern der Schutz des Wettbewerbs vor Beschränkungen der Handlungsfreiheit zur Vornahme von Wettbewerbshandlungen. Der Verzicht auf die Herbeiführung konkreter Ergebnisse führt daher keineswegs zu einer „Laissez-faire“-Haltung gegenüber den marktlichen Kräften, sondern erfordert im Gegenteil einen starken Rechtsstaat, der bei der Durchsetzung abstrakter Regeln den Einflußversuchen von Interessengruppen widersteht.

Aus der Beschreibung wird sichtbar, daß Wettbewerb in zweierlei Weise mit dem Wissensproblem verknüpft ist:

- Wettbewerb ist ein Prozeß, in dem Wissen über die Präferenzen der Nachfrager und wirtschaftliche Arten, diese Präferenzen zu befriedigen, entdeckt wird (Wettbewerb als Entdeckungsverfahren).
- Wettbewerb ist ein Prozeß, in dem der Gebrauch der Handlungsrechte kontrolliert und sanktioniert wird (Wettbewerb als Kontrollverfahren).

Die wissensbezogenen Kernelemente eines marktprozeßtheoretisch gedachten Wettbewerbs auf Produktmärkten lassen sich aus Schaubild 2 bereits weitgehend entnehmen. Es handelt sich um die folgenden:

- Einbettung in ein institutionelles Umfeld, das die Form beeinflußt, in der Wettbewerb stattfinden kann.
- Konstitutioneller Wissensmangel und individueller Aufwand von Transaktionskosten.
- Signalwirkung von pekuniären externen Effekten als Folge der Ab- oder Zuwanderung von Kaufkraft.
- Wettbewerb als Entdeckungsverfahren.

Im folgenden sollen die Möglichkeiten und Grenzen einer Analogie zwischen einem Wettbewerb auf Produktmärkten und einem Wettbewerb zwischen Jurisdiktionen anhand der genannten Kernelemente des Wettbewerbs auf Produktmarkten untersucht werden.

1) Einbettung in ein institutionelles Umfeld

Abwanderung, Meinungsäußerung sowie die direkte Institutionenwahl ohne Ortsveränderung wurden als mögliche Auslöser eines Systemwettbewerbs bereits genannt. Dabei blieb allerdings noch ungeklärt, auf welchen *institutionellen Voraussetzungen* diese Mechanismen ihrerseits beruhen. So wie der Wettbewerb auf Produktmärkten benötigt auch der Systemwettbewerb Regeln, unter denen er sich entfalten kann. Die Abwanderung von Kapital setzt Regeln voraus, die freien Kapitalverkehr ermöglichen; die Abwanderung von Kaufkraft ist nur möglich, wenn freier Güter- und Dienstleistungsverkehr verwirklicht ist; die Abwanderung von Arbeit erfordert Regeln, die Niederlassungsfreiheit gewähren. Auch die Wirksamkeit von „Meinungsäußerung“ setzt bestimmte Regeln voraus. Damit sich die verschiedenen Interessen im politischen Wettbewerb gleichermaßen artikulieren können, bedarf es vieler Voraussetzungen, die hier nicht alle thematisiert werden können. Die folgende, nicht abschließende

Aufzählung läßt daher nur einen Eindruck von den vielfältigen institutionellen Bedingungen gewinnen, die für eine ausgewogene kollektive Meinungsbildung vorliegen muß: (1) Grundsätzlich gleicher Marktzugang aller Personen zu öffentlichen Ämtern, (2) Gewaltenteilung, (3) allgemeine, freie und geheime Wahlen der Personen, die öffentliche Ämter bekleiden sollen, (4) Pressefreiheit, (5) Demonstrationsrecht und schließlich (6) ähnliche Organisierbarkeit unterschiedlicher Interessen. Schließlich erfordert drittens auch der Mechanismus einer direkten Institutionenwahl ohne Abwanderung bestimmte institutionelle Voraussetzungen. Weil sich die direkte Institutionenwahl auf das anzuwendende *Privatrecht* bezieht, wären die metainstitutionellen Voraussetzungen – sofern erwünscht – im Internationalen Privatrecht jeden Landes zu schaffen. Das zentrale theoretische Problem bei der Verwirklichung einer Wettbewerbsordnung des Systemwettbewerbs besteht darin, daß gerade die Akteure, die durch den institutionellen Wettbewerb in ihrer Macht beschränkt würden, nämlich die politischen Akteure, die genannten Voraussetzungen eines wirksamen Systemwettbewerbs weitgehend selbst herstellen müssen. Damit ist ein erster entscheidender Unterschied zum Wettbewerb auf Produktmärkten genannt, denn dort vollzieht sich Wettbewerb innerhalb eines institutionellen Umfelds, das die Akteure, die beschränkt werden sollen, nämlich die privaten Unternehmer, nicht selbst schaffen.

2) Informationsprobleme auf der Nachfrageseite

Gewisse Probleme bereitet auch die Übertragung des zweiten und dritten Kernelements marktlicher Wettbewerbsprozesse – konstitutioneller Wissensmangel, individueller Aufwand von Transaktionskosten und Signalwirkung von pekuniären externen Effekten als Folge der Ab- oder Zuwanderung von Kaufkraft. Dies soll zunächst für den *politischen Wettbewerb* als Teilprozeß des Systemwettbewerbs gezeigt werden. Konstitutioneller Wissensmangel und damit die Notwendigkeit, Transaktionskosten aufzuwenden, sind zwar auch im politischen Wettbewerb relevant. Sie nehmen aber ganz andere Formen an als im Produktmarkt und sind in ihren Auswirkungen sehr unterschiedlich. Anders als der Nachfrager nach Individualgütern hat der Wähler keinen ökonomischen Anreiz, sich über das Angebot zu informieren oder überhaupt nur wählen zu gehen, weil seine Stimme unter realistischen Annahmen einen so marginalen Einfluß auf das Wahlergebnis hat, daß sich der Aufwand nicht lohnt.[63] Damit fehlt ein wichtiger Anreiz für den Wähler, im politischen Wettbewerb Transaktionskosten aufzuwenden. So dürfte wohl die Feststellung, daß sich die meisten Bürger vor dem Kauf eines Autos umfassender über das bestehende Angebot informieren als vor der Wahl einer Partei auf allgemeine Zustimmung stoßen. Der Kontrast zwischen den mangelnden individuellen Informations- und Wahlanreizen einerseits und der wirtschaftlichen Bedeutung der Wahl auf gesamtgesellschaftlicher Ebene andererseits, bietet den Nährboden, auf dem die Arbeit von Interessengruppen gedeiht. Sie signali-

63 In diesem Sinne spricht Hirschman (1988, 113) von „Wahlen als politische Unterforderung des Bürgers". Vgl. auch Wohlgemuth (1999).

sieren dem Politiker, daß sie Einfluß auf eine große Zahl von Wählern haben und damit über ein Machtpotential verfügen, das bei der Privilegienvergabe zu berücksichtigen ist, will der Politiker seine Wiederwahl nicht gefährden. Im Idealfall würde sich zwar ein Wettbewerb der Interessengruppen ergeben. Dem steht aber entgegen, daß nicht alle Interessen gleichermaßen gut organisierbar sind.

Das gerade Beschriebene bezog sich auf die Transaktionskosten, die aufgewendet werden müssen, um sich vor einer Wahl (Möglichkeit der kollektiven Meinungsbildung) über die angebotenen Programme zu informieren. Anders gelagert ist der Sachverhalt, wenn es um die *Abwanderung* mobiler Ressourcen oder die *direkte Institutionenwahl ohne Abwanderung* als Option privater Individuen im *ökonomischen Wettbewerb* geht. So haben der Eigner mobilen Kapitals oder der Vertragsschließende durchaus einen ökonomischen Anreiz, sich über das institutionelle Angebot in verschiedenen Nationalstaaten zu informieren, um danach entscheiden zu können, welches Steuergesetz und welche Sozialgesetzgebung z.B. den besseren institutionellen Hintergrund für Investitionen darstellen oder welches Privatrecht besonders zweckdienlich ist. Je komplizierter allerdings die ausländischen Gesetze und das Internationale Privatrecht sind, desto höher werden die Transaktionskosten, die ein Individuum aufwenden muß, um sich über seine Handlungsoptionen angemessen zu informieren. Im Falle von Direktinvestitionen z.B. fällt dem ökonomischen Akteur eine abgewogene Entscheidung über den Standort sehr schwer, weil er nicht nur komplizierte Steuergesetze, sondern auch zahlreiche andere Faktoren berücksichtigen muß, die in der betriebswirtschaftlichen Literatur zur Frage der Standortentscheidung eines Unternehmens ausführlich diskutiert werden. Ohne den Anspruch einer abschließenden Aufzählung seien nur die folgenden Faktoren angeführt, die von Simons/Westermann (1994, 34) als besonders häufig genannte Standortfaktoren bezeichnet werden:

> „Arbeitskosten und -zeiten, Produktivität, Unternehmensbesteuerung, Umwelt- und Energiekosten, Qualifikation und Motivation der Arbeitskräfte, Infrastruktur, sozialer Konsens, (...) politische Stabilität, (...) Regulierung und bürokratische Hemmnisse, geographische Lage, Größe des Binnenmarktes, Forschungslandschaft, ordnungspolitische Bedingungen oder staatliche Wirtschaftspolitik."

Insgesamt gesehen dürften institutionelle Faktoren verglichen mit absatzstrategischen Überlegungen sogar die geringere Rolle bei der Entscheidung über Direktinvestitionen spielen.[64] Das generelle Problem besteht darin, daß Individuen nie eine einzelne, isolierte Institution wählen, wenn sie eine Abwanderungsentscheidung treffen, sondern immer gleich ein ganzes *Paket von Institutionen und sonstigen Standortfaktoren*, wobei die Zusammensetzung des Pakets und die Interdependenzen der einzelnen Institutionen darin meist nicht vollständig geklärt sind. Zudem darf nicht übersehen werden, daß die *politische Wirksamkeit der Abwanderung* stark davon abhängt, ob es durch ihre ökonomischen Folgen oder auch nur durch ihre erwarteten ökonomischen

64 Siehe Hofmann/Monse (1992, 11): „Deutsche Direktinvestitionen werden im wesentlichen (...) getätigt, (...) um wichtige Auslandsmärkte abzusichern."

Folgen zu einer Sanktionierung der politischen Akteure im *politischen Wettbewerb* kommt. Genau darin besteht ja die Verknüpfung des Systemwettbewerbs aus den beiden Teilprozessen ökonomischen wie politischen Wettbewerbs. Für den politischen Wettbewerb wurde aber schon auf Fehlanreize und Verzerrungen bei den aufzuwendenden Transaktionskosten erkannt. Bei der *direkten Privatrechtswahl* können zwar die Institutionen etwas differenzierter ausgewählt werden, weil nicht gleich die *gesamte* Rechtsordnung und die sonstigen Standortfaktoren eines anderen Landes übernommen werden müssen. Die *politische Wirksamkeit* ist aber auch hier daran gebunden, daß die „Abwahl" des heimischen Privatrechts zu einer negativen Sanktionierung der heimischen Institutionenanbieter im politischen Wettbewerb führt.

3) Informationsprobleme auf der Seite der Anbieter

Auf der Seite der Anbieter wird die Analogie zum konstitutionellen Wissensmangel und zum Aufwand von Transaktionskosten ebenfalls dadurch erschwert, daß meist ganze Wahlprogramme angeboten werden und keine einzelnen Maßnahmen. Verliert eine Partei Wähler, ist es für den politischen Akteur oft sehr schwer, dieses Signal zu deuten. Natürlich hat auch der Unternehmer im Gütermarkt ähnliche Schwierigkeiten. Auch hier sind pekuniäre externe Effekte als interpretationsbedürftige Signale anzusehen, die unter Aufwand von Transaktionskosten gedeutet werden müssen. Dadurch, daß hier aber in aller Regel einzelne Produkte angeboten werden, ist eine Interpretation meist leichter. Verkauft sich ein Produkt nicht mehr so gut, dann kann die Suche nach Gründen zumindest etwas stärker eingeschränkt werden als bei einer Partei, deren komplettes Wahlprogramm nicht mehr so gut angenommen wird. Im politischen Wettbewerb sind mit anderen Worten die Signale weniger differenziert als im Wettbewerb auf dem Produktmarkt, weil in der Regel über eine ganze Produktpalette und nicht über das einzelne Produkt abgestimmt wird.[65]

Noch stärkere Informationsprobleme ergeben sich bei der *Abwanderung und der direkten Institutionenwahl ohne Abwanderung*. Eine einfache mögliche Kausalkette lautet wie folgt: (1) Bestimmte staatliche Institutionen führen zur Unzufriedenheit der Eigentümer mobiler Ressourcen. (2) Die mobilen Ressourcen wandern ab bzw. das Privatrecht eines anderen Landes wird direkt gewählt. (3) Die Abwanderung bzw. die direkte Institutionenwahl hat negative ökonomische Folgen. (4) Diese werden von den Bürgern zum Anlaß genommen, ihren Unwillen durch kollektive Willensbildungsprozesse – z.B. durch Wahlen oder Demonstrationen – in den politischen Wettbewerb einzubringen. Wenn der politische Akteur die Reaktionen seiner Wähler und Bürger antizipieren und hierauf aus seiner Sicht angemessen reagieren möchte, dann muß er Transaktionskosten aufwenden, um die Ursache dieser Reaktionen zu ergründen. Er muß eine Verbindung zwischen der Reaktion und der sie auslösenden ökonomischen Ursache und eine Verbindung zwischen der ökonomischen Situation und den

65 Referenden stellen hier die Ausnahme von der Regel dar. Um die Wettbewerbswirksamkeit kollektiver Willensbildungsprozesse zu erhöhen, könnte überlegt werden, für bestimmte politische Maßnahmen Referenden vorzuschlagen. Vgl. auch Adamovich/Wohlgemuth (1999).

angebotenen Institutionen herstellen, was schon deswegen schwer sein kann, weil z.B. Direktinvestitionen im Ausland – wie erwähnt – völlig andere Ursachen als erkannte institutionelle Schwächen des eigenen Systems haben können. Auch bei der Privatrechtswahl ist die Interpretation nicht ganz leicht. Im Bereich des Vertragsrechts stellt diese nämlich häufig nur das Ergebnis eines Kompromisses zwischen den beteiligten Vertragsparteien dar und ist nicht Ausdruck der Überlegenheit des gewählten Rechts. Häufig einigt man sich auf das Recht eines „neutralen" Drittstaates, weil die Wahl der jeweils eigenen Privatrechtsordnung gegenüber dem Geschäftspartner nicht durchgesetzt werden kann.[66] Aus der Perspektive politischer Akteure ist daher ein Bedeutungsverlust des heimischen Privatrechts nur schwer zu interpretieren. Hinzu kommt, daß für politische Akteure u.U. überhaupt kein Anreiz besteht, sich Gedanken über die Privatrechtswahl der Unternehmen zu machen. Anders als bei der Abwanderung mobiler Faktoren, bei der zumindest Steuerausfälle zu erwarten sind, liegt im Falle der Abwahl des heimischen Privatrechts meist kein derartiger – aus der Perspektive politischer Akteure negativer – Effekt vor. Eine Sanktionierung im politischen Wettbewerb ist daher als Folge des Bedeutungsverlusts heimischen Privatrechts entsprechend auch weniger wahrscheinlich (siehe Kieninger 1998).[67]

4) Systemwettbewerb als Entdeckungsverfahren

Wird berücksichtigt, daß die staatlichen Entscheidungsträger bei ihrem Angebot von Steuer-Leistungs-Paketen nur mangelhaft über die tatsächlichen Präferenzen der Individuen informiert sind, so erscheint ein Wettbewerb zwischen Jurisdiktionen als möglicher Weg, diese Präferenzen und wirtschaftliche Arten ihrer Erfüllung aufzudecken. Angebotene Steuer-Leistungs-Pakete stellen in diesem Sinne vorläufige „Hypothesen" dar, die im wettbewerblichen Austauschprozeß der Kontrolle durch die Nachfrager unterworfen werden. Ohne Wahlmöglichkeit der Individuen zwischen verschiedenen institutionellen Angeboten werden die Präferenzen nur mangelhaft oder verzerrt offengelegt. Das liegt daran, daß der heimische politische Wettbewerb demokratischer

66 Siehe Kieninger (1998), die für die Wahl des Vertragsrechts feststellt: „Eine bestimmte Rechtswahl ist oft nur ein Kompromiß und nicht durch sachliche Vorzüge der einen oder anderen Rechtsordnung begründet."

67 Dies hängt allerdings im Einzelfall davon ab, welche Wahlfreiheiten den Individuen eröffnet werden. Bezieht sich ihre freie Privatrechtswahl nicht nur auf das zu vereinbarende *Vertragsrecht*, sondern zusätzlich auch auf das *Gesellschaftsrecht*, dann können sich durchaus negative Konsequenzen für die politischen Akteure des Heimatlandes ergeben. Ein solcher Fall liegt z.B. in den USA, Großbritannien und den Niederlanden vor, wo die Unternehmer das Gesellschaftsrecht eines anderen Landes frei wählen können, ohne ihren Firmensitz in das entsprechende Land verlagern zu müssen (Kieninger. 1998). Weil das Gesellschaftsrecht des Bundesstaates Delaware offenbar besonders günstige Bedingungen für Unternehmen bietet, sind viele Unternehmen in den USA dazu übergegangen, dieses Recht zu wählen. Für die politischen Akteure im Staat Delaware ist diese „Zuwanderung" von Vorteil, weil sich eine Rechtsberatungsindustrie herausgebildet hat, die auf das Gesellschaftsrecht von Delaware spezialisiert ist. Weil eine solche Beratungsindustrie allerdings nicht *notwendig* in dem Staat angesiedelt sein muß, aus dem das entsprechende Recht stammt, sind mit dem Angebot eines attraktiven Gesellschaftsrechts nicht notwendig politische Gewinne verbunden.

Systeme durch zahlreiche Defizite gekennzeichnet ist, die einer angemessenen Repräsentation der Bürgerinteressen durch die Politik entgegenstehen. Mangelnde Informationsanreize bei Wahlen und unterschiedliche Organisationsfähigkeit von Interessen wurden als Einflußfaktoren bereits genannt. Hinzufügen lassen sich die folgenden Besonderheiten politischen Wettbewerbs, die eine Analogie zu ökonomischen Wettbewerbsprozessen er schweren (siehe Wohlgemuth 1995a, 83): Im politischen Wettbewerb gibt es erstens kein funktionales Äquivalent zu den einklagbaren Verträgen im ökonomischen Wettbewerb. Zweitens gibt es keinen Mechanismus, der den Preismechanismus im ökonomischen Wettbewerb angemessen ersetzt und schließlich mangelt es drittens an individueller Haftung der Politiker für die getroffenen Verfügungen. Der *politische Wettbewerb* kann daher im Gegensatz zum Systemwettbewerb nur sehr begrenzt als Entdeckungsverfahren angesehen werden.

Systemwettbewerb als Entdeckungsverfahren bietet gegenüber einer einheitlichen Harmonisierungslösung aus dieser Sicht v.a. die Vorteile, daß Fehler bzw. „falsche Hypothesen" sich nur dezentral auswirken und leichter korrigiert werden können. Ist es erst einmal zu einer einheitlichen Lösung auf zentraler politischer Ebene gekommen, können Pfadabhängigkeiten eine Korrektur z.T. erheblich erschweren.[68] Systemwettbewerb als Entdeckungsverfahren zielt zusammenfassend auf eine graduelle Korrektur der Defizite eines heimischen politischen Wettbewerbs, in dem es als Folge von Verzerrungen zur Verkrustung von Institutionen und zur einseitigen Begünstigung von Partikularinteressen kommt. Die Möglichkeit von Individuen durch Abwanderung zwischen verschiedenen Standorten und den dort angebotenen Politiken wählen zu können, kann politische Akteure in unbestimmtem Maße dahingehend disziplinieren, eine Politik anzubieten, die den vorab nicht bekannten Präferenzen der Bürger besser entspricht. Dabei bleibt ein solcher Wettbewerb nicht wie im neoklassischen Modell auf imitative Anpassungsreaktionen der politischen Akteure beschränkt. Auch Innovationen können als neue „Hypothesen" einen Wettbewerb als Entdeckungsverfahren bereichern. Genau diese potentielle Entdeckungs- und Kontrolleistung eines Systemwettbewerbs wird unzugänglich, wenn perfektes Staatshandeln im wohlverstandenen Interesse der Bürger einfach als gegeben unterstellt wird. Im folgenden Abschnitt wird allerdings anhand der potentiellen Grenzen eines Systemwettbewerbs auch deutlich werden, daß Systemwettbewerb nicht dazu tendiert, die Defizite eines politischen Wettbewerbs *vollkommen* auszugleichen.

68 Siehe zur Theorie der Pfadabhängigkeit institutionellen Wandels North (1992), Kiwit/Voigt (1995), Kiwit (1996), Leipold (1996) und Lohmann (1997).

6. Grenzen des Systemwettbewerbs

Aus der bisherigen Diskussion lassen sich potentielle Grenzen des Wettbewerbs zwischen Jurisdiktionen ableiten, die sowohl der These einer machtlosen nationalen Politik als auch der These einer perfekten Beseitigung institutioneller Verkrustungen entgegenstehen können. Sie sind im Schaubild 3 zusammenfassend dargestellt.

Mobilitätshemmnisse	„Benefit taxation“	Politische Beschränkungen	Kognitive Grenzen	Grenzen durch Interdependenzen
Sachlich Zeitlich Persönlich Räumlich	Kapazitätsbeschränkungen nichtrivalisierende Nutzung von Staatsleistungen	Beschränkungen durch politische Akteure	Probleme der Wahrnehmung und Interpretation	Wirksamkeit des Systemwettbewerbs über heimischen politischen Wettbewerb; dort aber erhebliche Probleme v. a. durch:
↓	↓		↓	
Substitutions-Kosten	Ballungskosten	• Beschränkungen der Wettbewerbsfreiheit durch Meta-Regeln	• der Wahrnehmung und Interpretation institutioneller Angebote	• Paketcharakter des Angebots • unterschiedliche Organisierbarkeit von Interessen
↓	↓			
Begrenzte Mobilität von Arbeit *und* Kapital	Besteuerung und Nettorechnung der Eigner mobiler Faktoren	• Beschränkungen der Wettbewerbsparameter durch Kartell (Harmonisierung)	• der Wahrnehmung und Interpretation kollektiver Meinungsäußerung	

Schaubild 3: Potentielle Grenzen des Systemwettbewerbs – eine Prüfliste möglicher Einflußfaktoren

Die im Schaubild zusammengefaßten Grenzen sind nur *potentielle* Grenzen, die je nach Ausprägung der genannten Einflußfaktoren (Mobilitätskosten, Transaktionskosten etc.) sehr unterschiedlich wirksam sein können. Mit Blick auf diese Einflußfaktoren lassen sich nun Hypothesen zur vermutlichen Kraft des Wettbewerbs zwischen Jurisdiktionen je nach Ausgestaltung der Systeme ableiten. Die geringste Kraft dürfte der Systemwettbewerb demnach haben, wenn die betrachtete inländische Nation eine Autokratie ist, über einen großen Binnenmarkt verfügt und weitgehend gegenüber dem Ausland abgeschottet ist. Die drei möglichen Transmissionsmechanismen (Abwanderung, direkte Institutionenwahl, Meinungsäußerung) wirken in diesem Fall nämlich nur stark begrenzt, wie nun kurz erläutert werden soll: *Abwanderung* von Investitionskapital kann z.B. unterbunden werden, indem die Konvertierbarkeit beseitigt wird. Abwanderung von „Konsumkapital“ von inländischen in ausländische Produkte kann unterbunden werden, indem die heimischen Märkte für ausländische Produkte geschlossen werden, was um so leichter fällt, je größer der Binnenmarkt ist. Abwanderung von Arbeit kann weitgehend unterbunden werden, indem im Extremfall die Grenzen des Landes so stark gesichert werden, daß eine unerlaubte Abwanderung nur unter Gefahr für Leib und Leben möglich ist. Mobilität von Faktoren ist allerdings nicht der einzige Transmissionsmechanismus eines Wettbewerbs zwischen Jurisdiktionen. Oben wurde darauf hingewiesen, daß u.U. der Informationsfluß zwischen Nationen ausreichend sein kann, um einen Wettbewerbsprozeß anzustoßen. Erkennen Individuen institutionenbedingte vorteilhafte Entwicklungen in anderen Ländern, kann bei ihnen der Wunsch reifen, diese Entwicklungen im eigenen Land anzunehmen. Dem steht jedoch in Autokratien häufig zweierlei entgegen: Erstens wird auch der Informationsfluß häufig zu unterbinden gesucht[69] und zweitens muß die wahrgenommene Information in einen *Prozeß der kollektiven Meinungsäußerung* verarbeitet und im politischen Wettbewerb handlungsrelevant werden. Weil in Autokratien aber politischer Wettbewerb häufig auf die Möglichkeit eines gewaltsamen Staatsstreiches beschränkt bleibt, ist auch der Transmissionsmechanismus der Meinungsäußerung stark verengt. Die Einschränkung der Möglichkeiten einer direkten Institutionenwahl durch eine entsprechende Gestaltung des Internationalen Privatrechts (sofern überhaupt vorhanden), ist in Autokratien ebenfalls leicht zu bewerkstelligen. Als möglicher Transmissionsmechanismus verbleibt eigentlich nur der einer *gewaltsamen Auseinandersetzung* zwischen Nationen, gegen den auch die politische Führung in autokratischen Systemen nicht gefeit ist. Die Auswirkungen eines solchen Mechanismus dürften allerdings in wirtschaftlicher Hinsicht zumindest kurzfristig verheerend sein. Zudem wirkt dieser Transmissionsmechanismus nicht ständig, sondern nur vereinzelt dort, wo sich Nationen zur kriegerischen Auseinandersetzung entschließen.[70] Zusammenfassend dürfte die Kraft des institutionellen Wettbewerbs in weitgehend geschlossenen Autokratien über lange Zeiträume sehr gering sein. Entsprechend lassen sich dort auch relativ dauerhaft Institutionen erhalten, die dem Kriterium der Wirtschaftlichkeit nicht entsprechen.[71]

Auf der anderen Seite dürfte die Kraft des Systemwettbewerbs zwischen staatlichen Institutionen dort am stärksten sein, wo es sich bei den betrachteten Nationen

69 In der DDR war es durchaus üblich, den Empfang „westlicher" Nachrichten – sei es per Brief, per Fernsehen oder per Radio – zu stören. Die meisten autokratischen Systeme bedienen sich – mehr oder weniger erfolgreich – ähnlicher Methoden und ergänzen diese durch eigene Propaganda.

70 Mildere Formen dieses Transmissionsmechanismus' bestehen z.B. im handelspolitischen Boykott eines Landes. Inwieweit solche politisch motivierten Maßnahmen allerdings den Institutionen zum Durchbruch verhelfen, die wirtschaftlichem Wachstum und allgemeinem Wohlstand förderlich sind, bleibt zweifelhaft.

71 Mehr als siebzig Jahre Sozialismus in der ehemaligen Sowjetunion, vierzig Jahre Sozialismus in der DDR, sowie langandauernde repressive und wirtschaftlich wenig erfolgreiche Systeme in den verschiedensten Autokratien dieser Welt, sollten den Ökonomen zur Überzeugung bringen, dass Systemwettbewerb kein kurz- ja nicht einmal ein mittelfristig wirksames Allheilmittel für politisches Versagen ist.

um exportorientierte Demokratien handelt, in denen Referenden zu wichtigen institutionellen Fragestellungen vorgeschrieben sind. Im Extremfall sind hier alle Formen der Abwanderung unbeschränkt erlaubt und die Möglichkeiten der Meinungsäußerung vielfältig und verfassungsrechtlich geschützt. Staatliche Beschränkungen des Marktzugangs für ausländische Anbieter fallen in exportorientierten Demokratien zudem häufig relativ gering aus, weil hier mögliche Retorsionsmaßnahmen des Auslands besonders schmerzhaft wären. Schließlich fällt auch ein mögliches Substitutionshemmnis hier dadurch weniger stark aus, daß nicht immer über gesamte Regelpakete abgestimmt wird, sondern in Form von Referenden auch über einzelne staatliche Politiken. Dennoch sind auch in exportorientierten Demokratien Arbeit und Kapital nicht unbeschränkt mobil, kognitive Grenzen bestehen weiterhin, Eigner mobiler Faktoren machen eine Nettorechnung auf, und Grenzen durch Verzerrungen im politischen Wettbewerb sind auch hier relevant.[72] Die Vermutung liegt daher nahe, daß es auch hier durch institutionellen Wettbewerb nicht zu einer Nullregulierung oder einem völligen Zusammenbruch des Sozialstaats kommt.

Was auf der anderen Seite die Möglichkeiten des Wettbewerbs zwischen staatlichen Institutionen anbelangt, Verkrustungstendenzen entgegenzuwirken oder aufzubrechen und universalisierbare, wirtschaftlich vorteilhafte staatliche Institutionen hervorzubringen, so sind ebenfalls gewisse Zweifel angebracht. Wettbewerb zwischen staatlichen Institutionen dürfte stärker Einfluß auf die *Art* der politisch bedingten Verkrustungen nehmen, diese aber nicht als solche vollständig beseitigen. Angesichts eines möglichen Wettbewerbs zwischen Jurisdiktionen dürften Politiker v.a. eine Belastung relativ immobiler Faktoren als attraktiv ansehen, weil diese nicht abwandern können. Wenn sich deren Eigner zudem nur schwer organisieren können, ist aus der Sicht eines politischen Akteurs auch vom Transmissionsmechanismus der Willensäußerung nicht viel zu befürchten. Relativ geringer belastet werden dürften dagegen Eigner mobiler Faktoren. Während der Wettbewerb zwischen staatlichen Institutionen daher zwar Diskriminierungen zu Lasten der Eigner mobiler Faktoren entgegenwirken kann, wird es aufgrund der geschilderten Grenzen und Besonderheiten des institutionellen Wettbewerbs zu einer stärkeren Diskriminierung der Eigner immobiler Faktoren kommen. Eine deutliche Tendenz zu universalisierbaren, d.h. zu nicht diskriminierenden, allgemeingültigen und offen formulierten staatlichen Institutionen, läßt sich daher nicht ausmachen.

72 Exemplarisch wird das Problem politischer Verzerrungen deutlich, wenn der Wettbewerb von Produktregulierungen innerhalb der Europäischen Union betrachtet wird. Grundsätzlich ließe sich vermuten, daß dieser besonders stark ausgeprägt sein müßte, denn rechtlich gesehen gilt – von gewissen Ausnahmen abgesehen – das Ursprungslandprinzip bei Produktregulierungen innerhalb der EU. In der Realität ist die EU aber von einer Verwirklichung der gegenseitigen Anerkennung von Produktregulierungen als einer notwendigen Voraussetzung für einen funktionsfähigen Regulierungswettbewerb weit entfernt (siehe Winkler 1999).

7. Regelbedarf für den Systemwettbewerb

Ein Systemwettbewerb als Entdeckungsverfahren erhält sich nicht von selbst. Wie der ökonomische Wettbewerb, so bedarf auch der Systemwettbewerb „einer entsprechend gestalteten Rechtsordnung, die die Privatautonomie schützt und die Möglichkeiten der Herrschaft einschränkt" (Albert 1986, 49). Welche Gestalt eine Ordnung des Systemwettbewerbs haben sollte, läßt sich umrißartig aus den bisherigen Ausführungen ableiten. Die Aufzählung macht allerdings auch deutlich, daß die Verwirklichung einer solchen Ordnung ein politisch außerordentlich anspruchsvolles Unterfangen darstellt.

- Erforderlich ist die Gewährleistung freier Faktor- und Güterwanderungen, damit die Individuen überhaupt die Möglichkeit einer grenzüberschreitenden Institutionenwahl haben.
- Die Freiheit der Individuen zur Vornahme grenzüberschreitender Wahlhandlungen muß durch ein Verbot staatlicher Wettbewerbsbeschränkungen abgesichert werden. Dies beinhaltet die Einigung auf Regeln, mit denen Protektions- und Subventionswettläufe oder gar kriegerische Auseinandersetzungen als Mittel des Systemwettbewerbs wirkungsvoll unterbunden werden. Auch eine staatliche Politik, die der Steuerhinterziehung Vorschub leistet, um Finanzkapital anzulocken, wäre zu unterbinden.[73]
- Ein Problem stellt die Behandlung privater Wettbewerbsbeschränkungen dar, die länderübergreifender Natur sind. Hier könnte das Auswirkungsprinzip („effects doctrine")[74] für horizontale und vertikale Beschränkungen (z.B. Exportkartell) den Mißbrauch beherrschender Marktstellungen und mögliche negative Folgen eines Systemwettbewerbs verhindern helfen,[75] ohne die Eigenständigkeit nationalen Wettbewerbsrechts für territorial begrenzte Fälle zu beeinträchtigen. Dies setzt

73 Zugestanden sei allerdings, daß die klare Identifikation dessen, was als staatliche Wettbewerbsbeschränkungen beim Wettbewerb zwischen Jurisdiktionen gelten soll, ein schweres Unterfangen ist. So nimmt jeder Staat nicht nur durch seine Wettbewerbspolitik. sondern auch durch sein spezifisches Steuer-Leistungs-Angebot Einfluß auf die Wettbewerbsfähigkeit der auf seinem Territorium angesiedelten Unternehmen (Kerber 1998). Ein Standortwettbewerb ist ohne solche Unterschiede überhaupt nicht denkbar.

74 Nach dieser Doktrin kann eine Nation „gegen eine Wettbewerbsbeschränkung, die sich im eigenen Land auswirkt, grundsätzlich auch dann vorgehen, wenn sie im Ausland verursacht ist" (Seitel 1996: 891). Siehe auch Hauser/Schoene (1994) zum Vorschlag, das Auswirkungsprinzip für bestimmte exportorientierte private Wettbewerbsbeschränkungen beizubehalten. Im deutschen Gesetz gegen Wettbewerbsbeschrankungen ist das Auswirkungsprinzip in § 98 Abs. 2 S. 1 GWB geregelt.

75 Als solche könnte bei Geltung des Territorialitätsprinzips die Abwanderung von Unternehmen in ein Land gelten, in dem laxere oder überhaupt keine Wettbewerbsregeln für private Unternehmen bestehen. Von dort aus könnten die Unternehmen dann den Heimatmarkt beliefern. Fraglich ist allerdings, welche empirische Relevanz einer solchen Abwanderung aus Gründen des Wettbewerbsrechts zukommen würde. Wie oben bereits mehrfach erwähnt, beziehen Unternehmen bei ihrer Entscheidung über Direktinvestitionen nämlich eine Vielzahl von Standortfaktoren in ihre Betrachtung ein.

allerdings voraus, daß die Staaten sich gegenseitig effektiv bei der Durchsetzung der Doktrin unterstützen.[76] Zudem sollte eine Nichtdiskriminierungsregel sicherstellen, daß grenzüberschreitende Fälle nicht anders als heimische Fälle behandelt werden (Seitel, 1996: 896). Problematisch ist das Auswirkungsprinzip demgegenüber als Mittel der Behandlung von Fusionen mit grenzüberschreitenden Auswirkungen. Das liegt zum einen daran, daß es zwischen den einzelnen Ländern wenig Einigkeit darüber gibt, wie Fusionsfälle wettbewerbspolitisch zu beurteilen sind. Eine Hilfe bei der Durchsetzung eines vom Ausland für verfehlt gehaltenen Rechts könnten inländische Behörden daher kaum erwarten. Zum anderen liegt eine weiteres Problem des Auswirkungsprinzips darin begründet, daß Unternehmen im Falle eines Fusionsvorhabens mit zahlreichen unterschiedlichen nationalen Genehmigungsverfahren konfrontiert wären (siehe Immenga 1995, 3). Hier wäre daher zu prüfen, ob eine internationale Angleichung der Fusionskontrolle auf einem Mindestniveau in Kombination mit dem Territorialitätsprinzip den besseren Weg darstellt.[77]

- Für grenzüberschreitende Umweltnutzungsfolgen sind international koordinierte Anstrengungen bei der Bekämpfung erforderlich.
- Schädliche Auswirkungen von Wanderungen, die durch unterschiedliche Niveaus von Sozialleistungen motiviert sind, könnten dadurch unterbunden werden, daß Zuwanderern ein Anspruch auf diese Leistungen nur in dem Maße gewährt wird, in dem sie einen solchen durch eigene Einzahlungen erworben haben.

Das Beispiel der Europäischen Union zeigt, unter welchen Bedingungen es zumindest teilweise zur Herausbildung einer solchen Wettbewerbsordnung des Systemwettbewerbs kommen kann. Es verweist aber auch auf die stets gegenwärtigen Gefahren, die von politischen Verzerrungen und insbesondere einer Harmonisierungslösung ausgehen. So wurde bereits mit dem Vertrag zur Gründung der Europäischen Wirtschaftsgemeinschaft eine ordnungspolitische Grundsatzentscheidung gefallt, sich einem Systemwettbewerb über die geschilderten Mechanismen politisch weitgehend unbeschränkter Faktor- und Güterwanderungen auszusetzen. Dabei erfuhren die vier Grundfreiheiten eine „Konstitutionalisierung“ (Mestmäcker 1994, 272ff) durch den Europäischen Gerichts hof dergestalt, daß die Verpflichtung der Gemeinschaft zur Herstellung der Grundfreiheiten in individuelle, einklagbare Rechte der EU-Bürger transformiert wurde. Durch den Vertrag wurden ferner rechtliche Grundlagen zum Schutz des Wettbewerbs vor privaten und mitgliedstaatlichen Beschränkungen geschaffen. Demgegenüber hat die Möglichkeit, daß auch Gemeinschaftshandeln zu

76 Das Problem der Durchsetzung wird in der Realität dadurch abgemildert, daß global operierende Unternehmen häufig Tochterunternehmen in den Ländern unterhalten, deren Märkte sie bedienen. In einem solchen Fall können die nationalen Behörden die Auswirkungsdoktrin unter Rückgriff auf die im Inland ansässigen Tochterunternehmen durchsetzen (Hauser/Schoene 1994, 211).

77 Siehe zu dem Vorschlag, eine Mindestharmonisierung mit einem Wettbewerb der Wettbewerbsordnungen zu verbinden, Fikentscher/Drexl (1995).

Wettbewerbsverzerrungen führen kann, vergleichsweise wenig Berücksichtigung gefunden. Die Gefahren, die vom Gemeinschaftshandeln in dieser Hinsicht ausgehen können, wurden durch den Vertrag von Maastricht deutlich erhöht (siehe Streit/Mussler 1994). Die schwerwiegendsten Mängel liegen (1) in der mangelnden demokratischen Kontrolle der Gemeinschaftspolitik sowie (2) in den wettbewerbsfeindlichen Initiativen, die der Vertrag von Maastricht auf Gemeinschaftsebene ermöglicht.[78]

8. Schlußbetrachtung

Die Untersuchung hat deutlich gemacht, daß sowohl übertriebene Befürchtungen als auch übertriebene Hoffnungen angesichts eines stärker werdenden institutionellen Wettbewerbs zurückzuweisen sind. Wettbewerb zwischen Jurisdiktionen, der sich in einem angemessenen Ordnungsrahmen abspielt, führt keineswegs zum Zusammenbruch des Sozialstaates oder zu einer Nichtbesteuerung mobiler Faktoren. Ebensowenig sind aber Hoffnungen begründet, Systemwettbewerb werde die Verkrustungserscheinungen im politischen Bereich wirksam beseitigen und insofern als perfekter Abstimmungsmechanismus über staatliche Steuer-Leistungs-Pakete funktionieren. Einer solchen Wirkung steht vor allem entgegen, daß der politische Wettbewerb den Teilprozeß des Systemwettbewerbs darstellt, in dem die wichtigen Impulse der Abwanderung wahrgenommen, interpretiert und kollektiv handlungswirksam werden müssen. Von dieser Interdependenz gehen starke Gefahren für den Erhalt des Systemwettbewerbs aus, weil politische Akteure sich dem Systemwettbewerb entweder durch Einschränkungen der Abwanderungsfreiheit oder durch eine Harmonisierungslösung auf überstaatlicher Ebene zumindest mittelfristig weitgehend entziehen können. Angesichts dieser Probleme läßt sich vermuten, daß Ökonomen ihr Augenmerk stärker auf den politischen Wettbewerb und dessen Defizite richten sollten, als auf die vage Hoffnung eines funktionierenden Wettbewerbs zwischen Jurisdiktionen. Nur wenn ein adäquater Ordnungsrahmen für den politischen Wettbewerb besteht, kann institutioneller Wettbewerb seine Wirkungen entfalten. Die Suche nach einem solchen Ordnungsrahmen, viel stärker aber noch die Frage nach dessen Umsetzbarkeit sollte daher bei der zukünftigen Forschung im Vordergrund stehen.

78 Vgl. hierzu ausführlich: Mussler (1999).

Literaturverzeichnis

Adamovich, I./M. Wohlgemuth (1999): „Exit“ und „voice“ im Systemwettbewerb: Das Zusammenwirken von Föderalismus und direkter Demokratie in der Schweiz, in: M. E. Streit/M. Wohlgemuth (Hrsg.), Systemwettbewerb als Herausforderung an Theorie und Politik, Baden-Baden.

Akerlof G.A. (1970): The Market for ‘Lemons‘: Quality Uncertainty and the Market Mechanism, The Quarterly Journal of Economics, 84, 488-500.

Albert, H. (1986): Freiheit und Ordnung: Zwei Abhandlungen zum Problem einer offenen Gesellschaft, Walter Eucken Institut, Vorträge und Aufsätze 109, Tübingen: J.C.B. Mohr (Paul Siebeck).

Alchian, A.A. (1977): Uncertainty, Evolution and Economic Theory, in: A. A. Alchian, Economic Forces at Work, Indianapolis, 15-35.

Brennan, G./J.M. Buchanan (1980): The Power to Tax: Analytical Foundations of a Fiscal Constitution, Cambridge u.a.

Buchanan, J.M. (1965): An Economic Theory of Clubs, Economica, 23, 1-14. *Bucovetsky S./ J.D. Wilson* (1991): Tax Competition with Two Tax Instruments, Regional Science and Urban Economics 21, 333-350.

Cardia, E. (1991): The Dynamics of Savings and Investment in Response to Monetary, Fiscal and Productivity Shocks, Journal of Monetary Economics 22.

Dehousse, R. (1992): Integration vs. Regulation? On the Dynamics of Regulation in the European Community, Journal of Common Market Studies 30, 383-402.

Demsetz, H. (1969): Information and Efficiency: Another Viewpoint, Journal of Law and Economics 12 (1), 1-22.

Dye, T. R. (1990): The Policy Consequences of Intergovernmental Competition, Cato Journal 10, 59-73.

Edwards, J./M. Keen (1996): Tax Competition and Leviathan, European Economic Review 40, 113-134.

Feldstein, M. (1983): Domestic Saving and International Capital Movements in the Long-Run and in the Short-Run, European Economic Review 21, 129-151.

Feldstein, M. (1994): Tax Policy and International Capital Flows, Weltwirtschaftliches Archiv 130 (4), 675-697.

Feldstein, M./C. Horioka (1980): Domestic Saving and International Capital Flows, The Economic Journal 90, 314-329.

Fikentscher, W./I. Drexl (1995): Der Draft International Antitrust Code: Zur institutionellen Struktur eines künftigen Weltkartellrechts, in: W. Fikentscher und U. Immenga (Hrsg.), Draft International Code, Baden-Baden, 35-52.

Friedman, M. (1953): The Methodology of Positive Economics, in: Milton Friedman, Essays in Positive Economics, Chicago, 3-43.

Ghosh, A.R. (1995): International Capital Mobility Amongst the Major Industrialised Countries: Too Little or Too Much?, The Economic Journal 105, 107-128.

Gordon, R.H. (1986): Taxation of Investment and Savings in a World Economy, American Economic Review 76, 1087-1102.

Hauser, H./R. E. Schoene (1994): Is there a Need for International Competition Rules?, Außenwirtschaft 49, 205-221.

Hayek, F.A. v. (1937/52): Wirtschaftstheorie und Wissen, in: F. A. von Hayek Individualismus und wirtschaftliche Ordnung, Erlenbach-Zürich, 49-77.

Hayek, F. A. v. (1968/1969): Der Wettbewerb als Entdeckungsverfahren, in: F. A. von Hayek, Freiburger Studien: Gesammelte Aufsätze von Friedrich August von Hayek, Tübingen, 249-265.

Hirschman, A. O. (1970): Exit, Voice and Loyalty: Responses to Decline in Firms Organizations, and States, Cambridge u.a.

Hirschman, A.O. (1981): Essays in Trespassing: Economics to Politics and Beyond, Cambridge.

Hirschman, A.O. (1988): Engagement und Enttäuschung: Über das Schwanken der Bürger zwischen Privatwohl und Gemeinwohl, Frankfurt.

Hobson, C.K. (1914): The Export of Capital, London.

Hofmann, C./S. Monse (1992): Wirtschaftsstandort Deutschland: Relativ gute Position, Bundesarbeitsblatt, Nr. 9, 10-15.

Hohaus, B. (1996): Steuerwettbewerb in Europa, Frankfurt u.a.

Hoppmann, E. (1967): Wettbewerb als Norm für die Wettbewerbspolitik, Ordo 18, 77-94.

Hoppmann, E. (1988): Wirtschaftsordnung und Wettbewerb, Baden-Baden. *Immenga, U.* (1995): Konzepte einer grenzüberschreitenden und international koordinierten Wettbewerbspolitik, Kieler Arbeitspapiere, Nr. 692.

Jasay, A. E. (1960): The Social Choice Between Home and Overseas Investments, The Economic Journal 70, 105-113.

Kemp, M.C. (1962a): Foreign Investment and the National Advantage, Economic Record 38, 56-61.

Kemp, M.C. (l962b): The Benefits and Costs of Private Investments from Abroad: A Comment, Economic Record 38, 108-110.

Kemp, M.C. (1964): The Pure Theory of International Trade, Englewood. Kerber, IV. (1998): Zum Problem einer Wettbewerbsordnung für den Systemwettbewerb, Jahrbuch für Neue Politische Ökonomie 17, Tübingen, 199-230.

Kieninger, E.-M. (1998): Grenzen des institutionellen Wettbewerbs im Privatrecht, Jahrbuch für Neue Politische Ökonomie 17, Tübingen, 338-352.

Kiwit, D. (1996): Path-Dependence in Technological and Institutional Change: Some Criticisms and Suggestions, Journal des Economistes et des Etudes Humaines 7 (1), 69-93.

Kiwit, D./S. Voigt (1995): Überlegungen zum institutionellen Wandel unter Berücksichtigung des Verhältnisses interner und externer Institutionen, Ordo 46, 117-147.

Leipold, H. (1996): Zur Pfadabhängigkeit der institutionellen Entwicklung: Erklärungsansätze des Wandels von Ordnungen, in: D. Cassel (Hrsg.), Entstehung und Wettbewerb von Systemen, Berlin, 93-115.

Lohmann, G. (1997): Wirtschaftliche Transformation als Ordnungsproblem, Baden- Baden.

Lorz, J.O. (1997): Standortwettbewerb bei internationaler Kapitalmobilität: Eine modelltheoretische Untersuchung, Tübingen.

Martin, H.-P./H. Schuhmann (1997): Die Globalisierungsfalle: Der Angriff auf Demokratie und Wohlstand, 11. Aufl., Reinbek.

MacDougall, G.D.A. (1960): The Benefits and Costs of Private Investments from Abroad: A Theoretical Approach, Economic Record 36, 13-35.

Mestmäcker, E.-J. (1994): Zur Wirtschaftsverfassung in der Union, in: R.H. Hasse (Hrsg.), Ordnung in Freiheit, Stuttgart, 263-292.

Musgrave, R. A. (1991): Economics of Fiscal Federalism, Nebraska Journal of Economics and Business 71, 3-13.

Mussler, W. (1999): Systemwettbewerb als Integrationsstrategie der Europäischen Union, in: M. E. Streit/M. Wohlgemuth (Hrsg.), Systemwettbewerb als Herausforderung an Theorie und Politik, Baden-Baden.

Mussler, W./M. Wohlgemuth (1995): Institutionen im Wettbewerb: Ordnungstheoretische Anmerkungen zum Systemwettbewerb in Europa, in: P. Oberender und M. E. Streit (Hrsg.), Europas Arbeitsmärkte im Integrationsprozeß, Baden-Baden, 9-45.

Nicolaides, P. (1992): Competition Among Rules, World Competition 16 (1), 113-121.

Nicolaides, P. (1994): Towards Multilateral Rules on Competition: The Problems in Mutual Recognition of National Rules, World Competition 17 (3), 5-48.

Nordhaus, W.D. (1995): Locational Competition and the Environment: Should Countries Harmonize Their Environmental Policies?, in: H. Siebert (Hrsg.), Locational Competition in the World Economy, Tübingen), 261-287.

North, D C. (1992): Institutionen, institutioneller Wandel und Wirtschaftsleistung, Tübingen: J.C.B. Mohr (Paul Siebeck).

North, D.C. (1995): Institutional Competition, in: H. Siebert (Hrsg.), Locational Competition in the World Economy, Tübingen, 27-37.

Oares, W.E. (1972): Fiscal Federalism, New York: Harcourt, Brace und Jovanovich.

Olson, M. (1968): Die Logik des kollektiven Handelns: Kollektivgüter und die Theorie der Gruppen, Tübingen.

Olson, M. (1985): Aufstieg und Niedergang von Nationen: Ökonomisches Wachstum, Stagflation und soziale Starrheit, Tübingen.

Razin, A./E. Sadka (1991): International Tax Competition and Gains from Tax Harmonization, Economics Letters 37, 69-76.

Richman, P.B. (1963): Taxation of Foreign Investment Income, Baltimore.

Ruffin, R.J. (1984): International Factor Movements, in: R. W. Jones und P. B. Kenen (Hrsg.), Handbook of International Economics 1: International Trade, Amsterdam u.a., 237 288.

Scharpf F.W. (1998): Globalisierung als Beschränkung der Handlungsmöglichkeiten nationalstaatlicher Politik, Jahrbuch für Neue Politische Ökonomie 17, Tübingen, 41-66.

Seitel, H.P. (1996): Nationale Wettbewerbsordnungen als Basis internationaler Wettbewerbspolitik, Wirtschaft und Wettbewerb 11, 888-899.

Siebert, H. (1997): Weltwirtschaft, Stuttgart.

Simons, R./K. Westermann (1994): Industriestandort Deutschland: Zur Wettbewerbsfähigkeit der deutschen Wirtschaft, Marburg.

Sinn, H.-W. (1990a): The Limits to Competition Between Economic Regimes, Empirica – Austrian Economic Papers 17, 3-14.

Sinn, H.-W. (1990b): Tax Harmonization and Tax Competition in Europe, European Economic Review 34, 489-504.

Sinn, H.-W. (1994): How Much Europe? Subsidiarity, Centralization and Fiscal Competition, Scottish Journal of Political Economy 41, 85-107.

Sinn, H.-W. (l997a): Deutschland im Steuerwettbewerb, Working Paper No. 132, Center for Economic Studies, University of Munich.

Sinn, H.-W. (1997b): The Selection Principle and Market Failure in Systems Competi. tion, Journal of Public Economics 66 (2), 247-274.

Sinn, S. (1992): The Taming of Leviathan: Competition Among Governments Constitutional Political Economy 3 (2), 172-194.

Streit, M. E. (1991): Theorie der Wirtschaftspolitik, 4. Aufl. Düsseldorf.

Streit, M. E. (1992): Das Wettbewerbskonzept der Ordnungstheorie, in: ders., Freiburger Beiträge zur Ordnungsökonomik, Tübingen, 57-70.

Streit, M.E./W. Mussler (1994): The Economic Constitution of the European Community: From „Rome“ to „Maastricht“, Constitutional Political Economy 5, 319-353

Streit, M.E./G. Wegner (1989): Wissensmangel, Wissenserwerb und Wettbewerbsfolgen: Transaktionskosten aus evolutorischer Sicht, Ordo 40, 183-200.

Tiebout, C. M. (1956): A Pure Theory of Local Expenditures, Journal of Political Economy 64, 416-424.

Vanberg, V. (1993): Constitutionally Constrained and Safeguarded Competition in Makets and Politics with Reference to a European Constitution, Journal des Economistes et des Etudes Humaines 4, 3-27.

Vanberg, V./W. Kerber (1994): Institutional Competition Among Jurisdictions: An Evolutionary Approach, Constitutional Political Economy 5, 193-219.

Vihanto, M. (1992): Competition Between Local Governments as a Discovery Procedure, Journal of Institutional and Theoretical Economics 148, 411-436.

Wilson, .J. D. (1996): Capital Mobility and Environmental Standards: Is There a Theoretical Basis for a Race to the Bottom?, in: J. Bhagwati und R. E. Hudec (Hrsg.), Fair Trade and Harmonization: Prerequisites for Free Trade?, Cambridge u.a., 393-427.

Winkler, T. (1999): Grenzen des Regulierungswettbewerbs: Die Verwirklichung der gegenseitigen Anerkennung von Produktregulierungen in der Europäischen Gemeinschaft, in: M. E. Streit/M. Wohlgemuth (Hrsg.), Systemwettbewerb als Herausforderung an Theorie und Politik, Baden-Baden.

Wohlgemuth, M. (1995a): Economic and Political Competition in Neoclassical and Evolutionary Perspective, Constitutional Political Economy 6, 7 1-96.

Wohlgemuth, M. (1995b): Institutional Competition: Notes on an Unfinished Agenda, Journal des Economistes et des Etudes Humaines 6 (2/3), 277-299.

Wohlgemuth, M. (1999): Systemwettbewerb als Entdeckungsverfahren, in: M. E. Streit/M. Wohlgemuth (Hrsg.), Systemwettbewerb als Herausforderung an Theorie und Politik, Baden-Baden.

Zodrow, G.R./P. Mieszkowski (1986): Pigou, Tiebout, Property Taxation and the Underprovision of Local Public Goods, Journal of Urban Economics 19, 356-370.

Das Wettbewerbskonzept der Ordnungstheorie*

I. Einleitung

Der Zusammenbruch sozialistischer Wirtschaftssysteme und das Folgeproblem ihrer Transformation in Marktwirtschaften haben das Interesse an wirtschaftlichen Ordnungsfragen belebt. Damit rückt auch eine akademische Tradition wieder stärker in den Vordergrund, die insbesondere durch die Arbeiten Von EUCKEN (z.B. 1948 a, 1948 b), BÖHM (z.B. 1950, 1966) und HAYEK (z.B. 1940, 1966) begründet wurde. Im Mittelpunkt des Erkenntnisinteresses stehen dabei Fragen nach der Interdependenz von wirtschaftlicher und politischer Ordnung sowie der Bedeutung von Institutionen und des Wissens.

Mit diesem Erkenntnisinteresse unterscheidet sich die Ordnungstheorie von der üblichen vergleichenden Analyse von Wirtschaftsordnungen und noch mehr von der Analyse von Wirtschaftssystemen, wie sie für die paretianische Wohlfahrtsökonomik charakteristisch ist. Zu letzterer ergibt sich ein Unterschied insbesondere deshalb, weil die Abstraktionen, die in ihrem Fall bei der Beschreibung und Analyse von Marktgleichgewichten vorgenommen werden, dem empirischen Phänomen, das mit Hilfe dieser Abstraktionen zugänglich gemacht werden soll – der Koordination von dezentral erstellten Wirtschaftsplänen –, nicht angemessen sind.

Die unterschiedliche Behandlung des Allokationsproblems in der Wohlfahrtsökonomik im Vergleich zur Ordnungstheorie soll im folgenden Ausgangspunkt zur Entwicklung des ordnungstheoretischen Wettbewerbsverständnisses sein. Anschließend sind insbesondere die Bedeutung der Rolle des Privateigentums und der dezentralen Planerstellung bei konstitutionellem Wissensmangel zu erläutern. Ferner ist herauszuarbeiten, welche institutionellen Rahmenbedingungen Wettbewerbsprozesse fördern oder hemmen. Abschließend sollen einige der möglichen wettbewerbspolitischen Schlußfolgerungen skizziert werden, die sich aus dieser theoretischen Perspektive ergeben.

II. Die Vernachlässigung von Institutionen in der neoklassischen Allokationstheorie

Die institutionelle Neutralität der Analyse gilt in der neoklassischen Allokationstheorie als ein methodisches Prinzip. Seine Anwendung erlaubt es, die zu Grunde liegenden

---

* Erstveröffentlichung in: EGON GÖRGENS und EGON TUCHTFELDT (Hrsg.): *Die Zukunft der wirtschaftlichen Entwicklung- Perspektiven und Probleme*, Stuttgart und Wien, 1992, 83-108.
Für umfangreiche und wertvolle Hilfe bei der Vorbereitung danke ich meinem Mitarbeiter Heiko Lohmann

Werturteile und die abzuleitenden Bedingungen für ein Pareto-Optimum, von der Frage nach der Ausgestaltung der Institutionen zur bestmöglichen Realisierung dieser Bedingungen zu trennen (SOHMEN 1976 S. 439). Hierdurch wird es vermeintlich möglich, die allokationstheoretische Analyse selbst weitgehend von Werturteilen freizuhalten und keine Ergebnisse allein wegen ihrer politischen Erwünschtheit zu bevorzugen.

1. Die Allokation von Ressourcen als statisches Optimierungsproblem

Die skizzierte Methodik hat allerdings eine ganz spezifische Sichtweise des ökonomischen Systems zur Folge. Die spontane oder ungeplante Ordnung einer Marktwirtschaft wird theoretisch so beschrieben, als sei sie eine Art von geplanter Ordnung oder Organisation, die auf die Erreichung einheitlicher Ziele hin zu gestalten sei. In der Wohlfahrtsökonomik wird die statische Allokationseffizienz als durch die Gestaltung von Wirtschaftsabläufen anzustrebendes Ziel vorgegeben. Und nachdem zumindest einige Bedingungen, die zur Erreichung dieses Ziels notwendig sind, abgeleitet worden sind, unterstellt der (wissenschaftliche) Beobachter des Systems, daß ausreichend Wissen verfügbar oder ermittelbar ist, diese abstrakt ermittelten Ergebnisse – wo nötig – durch wirtschaftspolitisches Handeln zu realisieren. Dabei gilt es insbesondere als möglich[1],

- von den gewünschten Marktergebnissen her ein durch die Marktstruktur bestimmtes Marktverhalten als Wettbewerbsform zu spezifizieren, das eine effiziente Ressourcenallokation garantiert und deshalb mit Hilfe der Wettbewerbspolitik zu sichern bzw. herbeizuführen ist;
- Fälle von Markt- bzw. Wettbewerbsversagen zu identifizieren, die durch wirtschaftspolitische Maßnahmen behoben werden sollen und auf Grund der Wissensannahmen auch behoben werden können.

2. Die Allokation von Ressourcen als Koordinationsproblem in der Ordnungstheorie

Diese entscheidungstheoretische Sichtweise des volkswirtschaftlichen Allokationsproblems mit ihren zur klassischen Mechanik analogen Lösungen unterscheidet sich deutlich von der Analyse von Marktprozessen in der Tradition der klassischen politischen Ökonomie, die auf die schottischen Moralphilosophen, allen voran Adam Smith, zurückgeht[2]. Letztere ist vor allem auch charakteristisch für die Ordnungstheorie in der Tradition Hayeks. Sein Ansatz ist nach der Methodik systemtheoretisch

1 Eine nach wie vor, insbesondere bezüglich des aus der Allokationstheorie abzuleitenden wirtschaftspolitischen Handlungsbedarfes lesenswerte Darstellung ist SOHMEN 1976

2 Hutchison hat die verschiedenen methodologischen Ansätze als „ricardian“ und „smithian“ charakterisiert (HUTCHISON 1979, S. 433).

orientiert, da er insbesondere die Verbindungen zwischen den institutionellen Rahmenbedingungen und dem ökonomischen Verhalten betont[3]. Ferner wird der normative Gehalt von Institutionen hervorgehoben. Als Konsequenz muß allerdings das Prinzip der institutionellen Neutralität für die Analyse von Wirtschaftsordnungen aufgegeben werden.

Gemäß dieser Sichtweise sind die sich permanent verändernden Allokations- und Verteilungsmuster, die der Marktprozeß hervorbringt, das Ergebnis sich ständig vollziehender Vorgänge eines Probierens und Korrigierens. In der Sprache der Systemtheorie, lassen sie sich als durch Selbstkoordination und Selbstkontrolle gesteuert charakterisieren. Selbstkoordination findet in einem Netz von Tauschvorgängen oder Transaktionen zwischen autonomen Individuen oder Organisationen (insbesondere Unternehmen) statt. Dieses Netz selber ist hochkomplex, enthält vielfältige Verknüpfungen und verändert sich ständig. Zudem ist es hoch informativ, da mit jeder Transaktion Informationen über Knappheiten gewonnen, verarbeitet und verbreitet werden. Selbstkontrolle wird in dem Moment ausgeübt, in dem potentielle Transaktionspartner angebotene Konditionen mit denen alternativer Transaktions-möglichkeiten vergleichen, d.h. wenn Substitution und damit Wettbewerb möglich ist. Die transitorischen Allokations- und Distributionsmuster stellen eine spontane Ordnung dar, wie sie in Anlehnung an ADAM FERGUSON (1776) als „das Ergebnis menschlichen Handelns aber nicht menschlichen Entwurfs" gekennzeichnet werden kann[4]. Im Hinblick auf die Sicherung dieser beiden zentralen Elemente eines Marktsystems – Selbstkoordination und Selbstkontrolle müssen spezielle institutionelle Vorkehrungen getroffen werden. Selbstkoordination erfordert staatliches Handeln

- zur Definition und Sicherung von privaten Eigentumsrechten als potentiellen Tauschobjekten und als Elementen der Abgrenzung individueller Einflußsphären, die vom Inhaber solcher Rechte durch eigenverantwortliches Handeln ausgefüllt werden können;
- zur Gewährleistung der Autonomie aller Wirtschaftssubjekte (im Sinne eines gleichen rechtlichen Status), die sie dazu veranlaßt, ihre Pläne allein mittels vertraglicher Vereinbarungen zu koordinieren;
- zur Garantie individueller ökonomischer Freiheit durch die Einräumung von Grundrechten, die gegen eine staatliche Einflußnahme geschützt sind.

Letztendlich verlangt die Selbstkoordination der Handlungen einzelner Wirtschaftssubjekte die Einrichtung und Sicherung dessen, was DAVID HUME (1888, S. 626)

3 Die konsequenteste systemtheoretische Ausarbeitung der Ordnungstheorie Hayeks versucht RÖPKE 1977.

4 Das Zitat wurde entnommen aus HAYEK 1967, S. 96. Um eine Anlehnung handelt es sich insofern, als Ferguson auf diese Weise die Evolution von Institutionen charakterisiert. Hier wird dieses Zitat dazu verwendet, um die Genese der Koordinationsmuster zu charakterisieren, die sich einstellen, wenn autonome Wirtschaftssubjekte im Rahmen eines marktwirtschaftlichen Regelsystems handeln.

als „Sicherheit des Besitzes, seine Übertragung durch Vereinbarung und die Einhaltung von Versprechen“ zusammengefasst hat.

Der Erhalt von Möglichkeiten der Selbstkontrolle verlangt die Sicherung des Wettbewerbs durch das Recht. Ein Wettbewerbsrecht ist notwendig, da nicht ausgeschlossen werden kann, daß

- Wettbewerber durch unfaire Praktiken anstatt durch bessere Leistungen vom Markt verdrängt werden;
- die Vertragsfreiheit von Wirtschaftssubjekten zur Beschränkung von Wettbewerbshandlungen durch andere genutzt wird;
- die wechselseitige Abhängigkeit von Wirtschaftssubjekten zu einer einseitigen degeneriert, wenn Monopolsituationen langfristig erhalten bleiben, ohne daß neue Substitutionsmöglichkeiten entstehen.

3. Wettbewerb als Ergebnis der Wahrnehmung von Handlungsfreiheit

Selbstkoordination und Selbstkontrolle bewirken eine „Katallaxie“[5] d.h. die wechselseitige Anpassung autonomer Wirtschaftssubjekte auf Märkten. Die institutionellen Rahmenbedingungen, welche Voraussetzung einer Katallaxie sind, ähneln den Strukturelementen von demokratischen, politischen Verfassungen, die den Rechtsstaat sichern sollen. Auf der einen Seite wird den verfassungsmäßig legitimierten Trägern politischer Entscheidungsgewalt Autonomie bei der Wahrnehmung von Staatsaufgaben eingeräumt. Auf der anderen Seite wird die so verliehene Machtposition durch ein vielfältiges Kontroll- und Gegenmachtsystem beschränkt, um die willkürliche Nutzung der Macht zu verhindern. In der gleichen Weise besteht die institutionelle Struktur – die Wirtschaftsverfassung[6] -, die eine Katallaxie sichert, aus garantierten Rechten zu autonomem, eigenverantwortlichem Handeln. Es werden deshalb auch Institutionen benötigt, die verhindern sollen, daß die zugleich mit der Handlungsfreiheit entstehenden Machtpositionen willkürlich genutzt werden, wie dies z.B. durch eine Beschränkung des Wettbewerbes möglich wird.

Von dieser strukturellen Entsprechung wird zugleich vermutet, daß sie aus der Perspektive der „Interdependenz der Ordnungen“ (EUCKEN 1959, S. 124-126) die normativ-funktionale Komplementarität zwischen marktwirtschaftlicher Ordnung und demokratisch-rechtsstaatlicher Verfassung widerspiegelt (BÖHM 1950). Mit den beiden Verfassungselementen wird eine spezifische Beziehung zwischen Staat und Ge-

---

5 HAYEK 1976, S. 108 führt diesen Begriff ein, wobei er sich auf WHATLEY und seinen eigenen akademischen Lehrer MISES bezieht. Er entwickelt dabei eine eindeutige Beziehung zwischen wirtschaftlichen Prozessen und institutionellen Rahmenbedingungen, wie aus dem folgenden Zitat deutlich wird (S. 109): „A catallaxy is thus the special kind of spontaneous order produced by the market through people acting within the rules of the law of property, tort and contract.“

6 Zu einer ausführlichen Darstellung des Konzeptes der Wirtschaftsverfassung vgl. MESTMÄCKER 1978, S. 27 ff.

sellschaft etabliert, wobei die Katallaxie ein integraler Bestandteil der Gesellschaft ist: Der Staat ist von den durch das Privatrecht geregelten gesellschaftlichen Beziehungen getrennt[7]. Der gesellschaftliche Grundwert, der die institutionelle Metastruktur bestehend aus der politischen und der Wirtschaftsverfassung – prägt, ist die individuelle Freiheit, so wie sie von Kant verstanden wurde. Deshalb ist es angemessen, eine solche Struktur institutioneller Rahmenbedingungen in Anlehnung an HAYEK (1960) als eine „Verfassung der Freiheit" zu bezeichnen.

Historisch kam die Konzeption des bürgerlichen Rechtsstaats des 19. Jahrhunderts diesem Ideal am nächsten. Inzwischen sind – zumindest was das ökonomische System angeht – Staat und Gesellschaft als Folge politisch begründeter Interventionen in ökonomische Prozesse vielfältig miteinander verwoben. Viele der Interventionen wurden dabei mit den Marktversagensargumenten der Wohlfahrtsökonomik gerechtfertigt. Häufiger noch dürften allerdings Argumente des Markt- bzw. Wettbewerbsversagens dazu gedient haben, die i.d.R. mit den Interventionen verbundenen Verteilungsziele zu verdecken[8].

Sobald jedoch ein vermeintliches Markt- bzw. Wettbewerbsversagen korrigiert bzw. soziale Gerechtigkeit durch Interventionen in Marktprozesse angestrebt werden soll, entsteht ein fundamentales Problem. Es ergibt sich aus der Unmöglichkeit, Allokationsfragen von den gesellschaftlichen Grundwerten zu trennen, die die Institutionen prägen. Wie oben ausgeführt, sind die Institutionen, welche die Rahmenbedingungen für eine marktwirtschaftliche Ordnung darstellen, Ausdruck eines Grundwertes, der individuellen Freiheit. Für die Anwendung des Prinzips der institutionellen Neutralität in der Allokationstheorie resultiert daraus eine folgenschwere Fehlinterpretation von Marktprozessen; denn es erweist sich als unumgänglich, zu berücksichtigen,

- daß der Marktprozeß keinen Allokationsmechanismus darstellt, der von seinem institutionellen Rahmen getrennt und instrumentalisiert werden kann;
- daß die institutionellen Rahmenbedingungen des Marktprozesses ein Basiswerturteil widerspiegeln und deshalb keinen Pragmatismus erlauben, ohne Konflikte zwischen grundlegenden Normen heraufzubeschwören.

III. Elemente der Analyse von Wettbewerbsprozessen in der Ordnungstheorie

Die ordnungstheoretische Hypothese, daß Marktprozesse nicht von ihren institutionellen Rahmenbedingungen zu trennen sind, führt dazu, daß genau die Bedingungen,

---

7 Konsequenterweise nannte Franz Böhm, einer der geistigen Väter der sozialen Marktwirtschaft, eine solche Gesellschaft „Privatrechtsgesellschaft" (BÖHM, 1966; zum Konzept der Trennung von Staat und Gesellschaft vgl. z.B. auch BÖCKENFÖRDE 1972).

8 An anderer Stelle (STREIT 1987, S. 4 ff.) habe ich die Konsequenzen solcher Interventionen für den institutionellen Rahmen im allgemeinen und insbesondere den Charakter des Rechtes herausgearbeitet.

die Selbstkoordination und Selbstkontrolle ermöglichen, in den Mittelpunkt des Erkenntnisinteresses rücken. Dies sind zum einen die Eigentumsrechte und die Folgen, welche sich aus ihrer unterschiedlichen Ausgestaltung für die Möglichkeiten der Selbstkoordination ergeben. Zum anderen sind es die Wettbewerbsprozesse, die bei Berücksichtigung des konstitutionellen Wissensmangels aller Akteure völlig anders als in der neoklassischen Preistheorie verstanden und analysiert werden. Ausgangspunkt ist dabei die folgende Überlegung Hayeks: „we must show how a solution is produced by the interactions of people each of whom possesses only partial knowledge" (HAYEK 1945, S. 530). Mittlerweile läßt sich dieses Vorgehen paradigmatisch als die Untersuchung des „Wettbewerbs als Entdeckungsverfahren" (HAYEK 1968) bezeichnen. Zentrale systemtheoretische Vermutung ist, daß dieser Ansatzes ermöglicht, die Funktionsweise des Wettbewerbs als Problem der Selbstkontrolle zu analysieren.

1. Privateigentum als Ausgangspunkt

Damit Wirtschaftssubjekte auf der Grundlage privaten Eigentums ihre Pläne im Zuge der Selbstkoordination untereinander abstimmen können, müssen Regeln für den Umgang mit Eigentumsrechten bestehen. Es sind die Regeln des Privatrechts. Zur Entstehung einer spontanen Ordnung – so wird vermutet – müssen sie die folgenden drei, miteinander verbundenen, Funktionen er füllen:

- sie müssen es Wirtschaftssubjekten erlauben, unter Einhaltung der durch die Regeln gesetzten Beschränkungen, ihre eigenen Ziele zu verfolgen;
- sie müssen die geschützten individuellen Handlungsspielräume definieren und auf diese Weise Konflikten vorbeugen;
- sie müssen eine Lösung in den Fällen ermöglichen, in denen Konflikte zwischen Wirtschaftssubjekten bei der Planrealisierung entstehen.

Regeln, die diese Funktionen erfüllen, ermöglichen die Kompatibilität unterschiedlicher individueller Handlungen ohne die individuelle Handlungsfreiheit zu gefährden. Funktional bedeutet dies, daß die Privatrechtsregeln universalisierbar sein müssen (MESTMÄCKER 1985, S. 12 ff.). Universalisierbarkeit der Regeln erfordert,

- daß sie abstrakt sind, d.h. sie müssen für eine unbekannte und unbestimmbare Zahl von Personen und Fällen gelten (HAYEK 1973, S. 50);
- daß sie offen sind, d.h. sie dürfen nur spezifische Handlungen untersagen und damit eine unbekannte Zahl auch völlig neuer Handlungsmöglichkeiten zulassen;
- daß sie bestimmt sind, d.h. sie sollen nur solche Handlungen untersagen, die von Umständen abhängen, welche zu kennen oder festzustellen vernünftigerweise von den Betroffenen erwartet werden kann.

Aus einer ökonomischen Perspektive ist die Universalisierbarkeit unter zwei Aspekten bedeutsam:

- Durch sie werden die Erwartungen der Akteure stabilisiert. Die Formulierung von Handlungsbeschränkungen durch Regeln informiert darüber, welche Handlungen anderer bei einer Entscheidung nicht erwartet werden müssen; hierdurch werden Transaktionskosten reduziert. Dies läßt sich als Informationsaspekt der Universalisierbarkeit bezeichnen.
- Durch sie wird die Entwicklungsfähigkeit des Systems gesichert. Offen formulierte Regeln erlauben bisher unbekannte Handlungen, solange sie nicht gegen die Regeln verstoßen. Dies läßt sich als Innovationsaspekt der Universalisierbarkeit bezeichnen.

Was durch die beschriebenen Eigenschaften der Regeln nicht gesichert werden kann und in einer marktwirtschaftlichen Wirtschaftsordnung, die auf der Wahrnehmung individueller Handlungsfreiheit basiert, auch nicht gesichert werden sollte, sind spezifische ökonomische Ergebnisse[9].

2. Wissensteilung, Transaktionskosten und Wettbewerb

Jeder Versuch der Kontrolle einer bestimmten Verwendung von Ressourcen setzt Informationen über alternative Verwendungsmöglichkeiten voraus, d.h. über Substitutionsmöglichkeiten. Genau diese Informationsfunktion erfüllt der Wettbewerb in einer marktwirtschaftlichen Ordnung. Hieraus folgt, daß Information bzw. präziser, subjektives Wissen der zentrale Faktor in Wettbewerbsprozessen ist. Aus dieser Perspektive ist Wettbewerb ein Prozeß, im Verlauf dessen

- Wissen über Substitutionsmöglichkeiten (d.h. Opportunitätskosten) entdeckt und verbreitet wird,
- Kontrolle über die Verwendung von Handlungsrechten durch aktuelle und potentielle Tauschpartner ausgeübt wird,
- Anreize zur Überprüfung der bisherigen Verwendung von Handlungsrechten durch pekuniäre externe Effekte von Transaktionen gegeben werden.

Wird Wettbewerb auf diese Weise verstanden, so bedeutet das, daß er als Prozeß nicht angemessen abgebildet werden kann, wenn bei den Marktteilnehmern eine gegebene Menge an Informationen unterstellt wird. Dabei macht es keinen grundsätzlichen Unterschied, ob die Informationsmenge als vollständig oder unvollständig angenommen wird. Wenn das gesellschaftliche Problem der Allokation von Ressourcen entscheidungslogisch formuliert wird, bleibt der Wettbewerbsprozeß in einer marktwirtschaft-

9 Vgl. zu einer Analyse der Unvereinbarkeit eines ergebnisorientierten Gerechtigkeitskonzeptes mit einer marktwirtschaftlichen Ordnung, HAYEK 1976, Kap. 9.

lichen Ordnung unzugänglich; denn eine solche Formulierung erfordert eine vollständige Angabe aller Handlungsalternativen, d.h. durch den wissenschaftlichen Beobachter müssen die knappen Güter, über die disponiert wird, vorgegeben werden[10]. „Welche Güter aber knapp sind, oder welche Dinge Güter sind und wie knapp oder wertvoll sie sind – dies sind genau die Dinge, die im Wettbewerb zu entdecken sind" (HAYEK 1968, S. 181).

Wenn der Erwerb, die Nutzung sowie die Verbreitung von Information als zentrale Elemente des Wettbewerbs betrachtet werden, rücken Transaktionskosten als Gegenstand der Analyse in den Vordergrund[11]. Schon COASE hat in seiner bahnbrechenden Arbeit gezeigt, daß laufende Transaktionskosten Informationskosten (präziser: Kommunikationskosten) sind (1960, S. 15). Angebot und Nachfrage zusammenzubringen setzt Such- und Signalaktivitäten voraus, Vertragsbedingungen müssen ausgehandelt und formuliert werden, die Durchführung des Vertrages muß kontrolliert werden. Die hierfür aufzuwendenden Transaktionskosten werden inzwischen durchaus auch im Rahmen der neoklassischen Allokationstheorie analysiert. Allerdings werden sie wie beispielsweise bekannte Transportkosten behandelt[12]. Dadurch verfängt sich die Analyse jedoch in einem grundsätzlichen Problem: Für den Nachfrager nach Informationen ist deren Wert erst bekannt, nachdem er sie erworben hat[13]. Infolgedessen wird eine Optimierung des Informationsaufwandes nach dem üblichen Marginalkalkül unmöglich. Die allokationstheoretischen Konsequenzen sind schwerwiegend: Anders als Substitutionskosten haben Transaktionskosten nicht allein Unterschiede in den Grenzraten der Substitution zur Folge, die im Gleichgewicht zu minimieren sind. Vielmehr bleibt eine unbekannte Zahl von Substitutionsmöglichkeiten ungenutzt. Solche Möglichkeiten mögen entdeckt und dann, soweit dies unter Berücksichtigung von an fallenden Substitutionskosten profitabel ist, genutzt werden. Die dabei angefallenen Transaktionskosten werden von den Wirtschaftssubjekten als versunken behandelt und beeinflussen demzufolge nicht mehr die Entscheidung bezüglich der Wahrnehmung dieser Gelegenheit[14].

Transaktionskosten machen es unmöglich, Wettbewerbsprozesse als eine Art feststehende Mechanik allokationstheoretisch zu instrumentalisieren. Die Intensität dieses Prozesses hängt vor allem von der Bereitschaft der Anbieter und Nachfrager ab, in Transaktionskosten zu investieren, ferner von ihrer Fähigkeit, aber auch von ihrem

10 Diese Implikation des Versuches, ökonomische Phänomene mit Hilfe mathematischer Verfahren zu formulieren, hat Blaseio ausführlich analysiert (vgl. BLASEIO 1986, Kap. 2).

11 Zu einer Beschreibung des Wettbewerbsprozesses aus transaktionskostentheoretischer Sicht siehe STREIT und WEGNER 1989.

12 So hat STIGLER 1967, S. 291 das Problem im Rahmen dieser Theorietradition wie folgt formuliert: „Information costs are the costs of transportation from ignorance to omniscience, and seldom can a trader afford to take the entire trip."

13 Diese fundamentale Informationsparadoxie hat schon ARROW 1962, S. 48 beschrieben: „a fundamental paradox in the demand for information: its value for the purchaser is not known until he has in effect acquired it without cost." In seiner eigenen Analyse blieb diese Erkenntnis allerdings ungenutzt.

14 Eine genauere Analyse dieses Problems findet sich bei STREIT und WEGNER 1991.

Glück, nützliche Informationen zu erwerben und zu verwerten. Außerdem ist das Überleben von Anbietern von deren Fähigkeit abhängig, dem auf sie wirkenden Wettbewerbsdruck durch ihr Kommunikations- und ihr Innovationsverhalten zu begegnen[15]. Aus solchen Strategien resultierende, temporäre Monopolpositionen werden konsequenterweise ordnungstheoretisch anders bewertet als in der Wohlfahrtsökonomik[16].

3. Die Beeinflussung der Höhe der Transaktionskosten durch Institutionen

Auf die transaktionskostensenkende Wirkung des Privatrechts wurde schon hingewiesen. Über solche, eine marktwirtschaftliche Ordnung konstituierende äußere Institutionen hinaus, entstehen im Verlauf von Tauschprozessen innere Institutionen[17]. Regeln wie Allgemeine Geschäftsbedingungen und Handelsbräuche informieren über das erwartbare Verhalten von Transaktionspartnern und helfen, laufende Transaktionskosten zu senken. Sie entfalten aber zugleich eine zumindest ambivalente Wettbewerbswirkung.

Auch hierbei wird ein Unterschied zur neoklassischen Wohlfahrtsökonomik deutlich. Sobald die Unmöglichkeit perfekten Wissens ernst genommen wird, wird es unumgänglich, bei einer Analyse von Marktprozessen von den Wissensvoraussetzungen auszugehen, aufgrund derer die Wirtschaftssubjekte tatsächlich agieren können. Und in dem Maße, in dem Institutionen einen Informationswert haben, der sich aus der mit der Arbeitsteilung einhergehen den Wissensteilung ergibt, verlieren sie wiederum ihre Neutralität hinsichtlich der Allokation von Ressourcen[18].

---

15 Diese Strategien dienen, etwas technischer formuliert, dazu, Substitutionslücken zwischen dem eigenen Angebot und dem von Konkurrenten aufzubauen.

16 Die Informationseigenschaften von Werbung werden dabei auch in der Wohlfahrtstheorie anerkannt (vgl. z.B. SOHMEN 1976, S. 278). Allerdings werden in stärkerem Maße die vermeintlich wohlfahrtsmindernden Wirkungen betont. Dies geschieht in der Regel dadurch, daß angenommen wird, durch Werbung werde eine künstliche Differenzierung eigentlich homogener Produkte erzielt. Ein solches, an objektiven Produktqualitäten orientiertes Vorgehen ist bei der Annahme subjektiven Wissens und auf der Grundlage eines methodologischen Individualismus unangemessen (vgl. hier zu auch KIRZNER 1973, S. 151-180).

17 Die Unterscheidung zwischen inneren und äußeren Institutionen geht auf LACHMANN 1963, S. 66 zurück.

18 Damit ändert sich auch die Einschätzung von Wirtschaftssystemen. Entscheidend ist nunmehr, wie HAYEK 1945, S. 526 f. es formuliert hat, „the economy of knowledge with which it operates, or how little the individual participants need to know in order to be able to take the right action."

IV. Wettbewerbspolitische Schlußfolgerungen

Die Auffassung von Wettbewerb als einem Entdeckungsverfahren hat weit reichende Konsequenzen für die Wettbewerbspolitik. Zumindest einige da von sollen hier skizziert werden.

Eine erste Konsequenz betrifft die Unmöglichkeit, einen optimalen Wettbewerbsprozeß vorzugeben, welcher auf Grund der durch ihn erzielbaren Ergebnisse als Leitbild für politisches Handeln dienen könnte. Weil auch bislang Unbekanntes entdeckt werden kann, wäre kein Bündel erwünschter Resultate systematisch erreichbar; denn dies würde mehr Wissen voraussetzen als verfügbar sein kann. Das bedeutet auch und vor allem, daß für einen evolutorischen Wettbewerbsprozeß, der aus der Verwertung individueller Fähigkeiten und subjektiven Wissens der Marktteilnehmer resultiert, kein sinnvolles Konzept ökonomischer Effizienz abgebbar ist. Es kann lediglich erwartet werden, daß die Handlungen fähiger Individuen von den weniger fähigen imitiert werden, da letztere nur so ihr ökonomisches Überleben sichern können[19].

Eine weitere Konsequenz betrifft die Möglichkeit einer Identifikation von Wettbewerbsbeschränkungen und deren rechtliche Behandlung sowie die Ausgestaltung der Wettbewerbspolitik. Wettbewerb entsteht dadurch, daß die Marktteilnehmer ihre Handlungsfreiheit nutzen mit der unbeabsichtigten Folge, daß ein System der Selbstkontrolle entsteht. Entsprechend können Wettbewerbsbeschränkungen nur dann vorliegen, wenn die Handlung eines Wirtschaftssubjekts die Handlungsfreiheit anderer Wirtschaftssubjekte einschränkt. Dies festzustellen ist ein schwieriges Problem, das höchstens im Falle von Gewaltanwendung und Betrug und damit von ohnehin mit der allgemeinen Handlungsfreiheit unvereinbaren Tatbeständen erleichtert wird[20]. Eindeutig ist allein, daß das Kriterium zur Beurteilung von Handlungen hinsichtlich ihrer Vereinbarkeit mit dem zu schützenden Wettbewerb auf die Freiheit zum Wettbewerb und nicht auf ökonomische Resultate abstellt[21]. Werden solche Beschränkungen identifiziert, sollten sie mit Hilfe allgemeiner per se Regeln verboten werden, da allein diese mit einem offenen sich selbst organisierenden System vereinbar sind. Wo dies als unverhältnismäßig beurteilt wird, wären allgemeine und beschränkte Ausnahmen noch am ehesten mit den übrigen Regeln eines Marktsystems vereinbar. Ermessen durch Ausnahmen wäre jedenfalls dem Ermessen als Prinzip vorzuziehen, wie es durch eine „rule of reason" impliziert wird; denn letztere erfordert im Unterschied zu einer grundsätzlichen Ausnahmeregelung eine fallweise, diskretionäre Orientierung an erwarteten Ergebnissen. Hierdurch würden Versuche begünstigt, den Wettbewerb für politische Ziele zu instrumentalisieren. Die Wettbewerbsfreiheit als konstituieren-

---

19 So die Vermutung von HAYEK 1979, S. 73: „that it will in general be through competition that a few relatively more rational individuals will make it necessary for the rest to emulate them in order to prevail."

20 Vgl. zu einer entsprechenden wettbewerbsrechtlichen Einschätzung MÖSCHEL 1991, S. 9.

21 Diese wettbewerbspolitische Schlußfolgerung aus dem hayekianischen Wettbewerbsverständnis hat insbesondere Hoppmann betont (vgl. z.B. HOPPMANN 1967, S. 91-92).

des Prinzip einer Marktwirtschaft wäre in Gefahr, durch einen verwalteten Wettbewerb verdrängt zu werden.

Als praktische Konsequenz dürften wettbewerbspolitische Maßnahmen nur in relativ geringem Maße ergriffen werden, da die sich dauernd verändernde Komplexität von Marktprozessen nur geringen Raum für universalisierbare per se Regeln beläßt. Dies mag Wettbewerbstheoretikern und erst recht Wettbewerbspolitikern unbefriedigend erscheinen. Die Zurückhaltung läßt sich aber durch den generellen Optimismus stützen, daß die Regeln ausreichen werden, um Märkte genügend offen für Wettbewerb zu halten, solange keine Schließung auf Grund wirtschafts- oder sozialpolitischer Zielsetzungen erfolgt. Empirisch scheint jedenfalls eine solche Schließung für die Verringerung der Funktionsfähigkeit von Wettbewerbsprozessen bedeutsamer zu sein als private Wettbewerbsbeschränkungen. Selbst in Fällen von durch Monopole dauerhaft verkrusteten Märkten gerät wettbewerbspolitische Kontrolle leicht zum Schutz der Kontrollierten (HAYEK 1979, S. 86). Zudem wäre es eine Anmaßung von Wissen, würde eine Regulierungsbehörde glauben, sie könnte einen Monopolisten zwingen, sich wettbewerbskonform zu verhalten (DERS. S. 70 f.). Diese Ergebnisse entsprechen durchaus dem gegenwärtigen Stand der Diskussion in der Theorie der Regulierung bzw. der Deregulierung.

V. Schlußbemerkungen

Die Bausteine eines ordnungstheoretischen Wettbewerbskonzepts lassen sich somit hinsichtlich der Notwendigkeiten der theoretischen Analyse und der möglichen wettbewerbspolitischen Schlußfolgerungen wie folgt zusammenfassen:

Bei einer theoretischen Analyse steht im Mittelpunkt,
- daß Institutionen als die grundlegenden Rahmenbedingungen von Wettbewerbsprozessen Ausgangspunkt jeder ordnungstheoretischen Analyse sind;
- daß die Funktionalität von Institutionen im Hinblick auf Marktprozesse nicht von ihrer Normativität getrennt werden kann;
- daß die Rolle zu berücksichtigen ist, die Institutionen wegen des in ihnen geronnenen Wissens als Filter für individuelle Entscheidungen spielen;
- daß Wettbewerbsprozesse daraufhin zu analysieren sind, wie in ihnen Wissen neu erworben, genutzt und verbreitet wird, d.h. Transaktionskosten aufgewandt werden.

Bei wettbewerbspolitischen Erwägungen ist zu berücksichtigen,
- daß wegen des konstitutionellen Wissensmangels der Wirtschaftssubjekte aber auch eines (wissenschaftlichen) Beobachters kein allgemeingültiges Leitbild als Referenz für wettbewerbspolitisches Handeln angebbar ist;
- daß wegen der Dynamik marktlicher Prozesse einerseits und des geringen Lenkungswissens andererseits Zurückhaltung beim Einsatz wettbewerbspolitischer Maßnahmen geübt werden sollte.

Dabei haben die Bausteine den Charakter von Rahmenbedingungen eines noch lohnenden Forschungsprogramms. Seine Relevanz wird angesichts der Schwierigkeiten, die beobachtbaren Tranformationsprozesse mit Hilfe der Gleichgewichtstheorie zu erklären und zu gestalten, besonders deutlich. Zu einem solchen Programm liefern insbesondere die Arbeiten von BÖHM, EUCKEN und HAYEK einen Ausgangspunkt, ohne daß auch in der Folge schon abschließende Antworten auf alle ordnungstheoretischen Probleme gefunden wurden.

Literatur

ARROW, K. E. (1962): Economic Welfare and the Allocation of Resources for Invention; wiederabgedruckt in: D. M. LAMBERTON (Hrsg.): *Economics of Information and Knowledge*, Harmondsworth 1971, S. 141-159.

BLASEIO, H. (1986): *Das Kognos-Prinzip*, Berlin.

BÖCKENFÖRDE, E. W. (1972): Die Bedeutung der Unterscheidung von Staat und Gesellschaft im demokratischen Wohlfahrtsstaat der Gegenwart; wiederabgedruckt in: Ders. (Hrsg.): *Staat und Gesellschaft*, Darmstadt 1976, S. 395-431.

BÖHM, F. (1950): Wirtschaftsordnung und Staatsverfassung (*Recht und Staat in Geschichte und Gegenwart* 153/154), Tübingen.

–, (1966): Privatrechtsgesellschaft und Marktwirtschaft; in: *ORDO*, Bd. 17, S. 75-151.

COASE, R. H. (1960): The Problem of Social Cost; in: Journal of Law and Economics, Vol. 3, S. 1-44.

EUCKEN, W. (1948 a): On the Theory of a Centrally Administered Economy: An Analysis of the German Experiment; wiederabgedruckt in: M. BORNSTEIN (Hrsg.): *Comparative Economic Systems – Models and Cases*, Homewood Ill.1965, S. 157-197.

–, (1948 b): Das ordnungspolitische Problem; in: *ORDO*, Bd. 1, S. 56-60.

–, (1959): Grundsätze der Wirtschaftspolitik, Hamburg (Taschenbuchausg.) (hrsg. von E. EUCKEN-ERDSIEK u. P. A. HENSEL, erstmals erschienen Tübingen 1952)

HAYEK, F. A. (1940): Socialist Calculation: The Competitive „Solution", wiederabgedruckt in: M. BORNSTEIN (Hrsg.): *Comparative Economic Systems – Models and Cases*, Homewood Ill. 1965, S. 95-105.

–, (1945): The Use of Knowledge in Society; in: *American Economic Review*, Vol. 35, S. 19-530.

–, (1960): *The Constitution of Liberty*, London and Henley.

–, (1966): The Principles of a Liberal Social Order, wiederabgedruckt in: HAYEK, F. A.: *Studies in Philosophy, Politics and Economics*, London and Henley, 1967, S. 160-177.

–, (1967): The Results of Human Action but not of Human Design in: HAYEK F. A.: *Studies in Philosophy, Politics and Economics*, London and Henley, S. 96-105.

–, (1968): Competition as a Discovery Procedure; wiederabgedruckt in: HAYEK, F. A.: *New Studies in Politics, Economics and the History of Ideas*, London and Henley 1978, S. 179-190.

–, (1973): Law, Legislation and Liberty, Vol. 1, *Rules and Order*, Chicago and London.

–, (1976): Law, Legislation and Liberty, Vol. 2, *The Mirage of Social Justice*, Chicago and London.

–, (1979): Law, Legislation and Liberty, Vol. 3, *The political Order of Free People*, Chicago and London.

HOPPMANN, E. (1967): Wettbewerb als Norm der Wettbewerbspolitik in: *ORDO*, Bd. 18, S. 77-94.
HUME, D. (1888): *A Treatise of Human Nature*, 2nd edition with text revised and variant readings by P. H. NIDDITCH, Oxford 1978, Neuaufl. 1989.
HUTCHISON, T. W. (1979): Notes on the Effects of Economic Ideas on Policy – The Example of the German Social Market Economy; in: *Zeitschrift für die gesamte Staatswissenschaft*, Bd. 135, S. 426-441.
KIRZNER, I. (1973): *Competition and Entrepreneurship*, Chicago.
LACHMANN, L. (1963): Wirtschaftsordnung und wirtschaftliche Institutionen; in: *ORDO* Bd. 14, S. 63-77.
MESTMÄCKER, E.-J. (1978): *Die sichtbare Hand des Rechts – Über das Verhältnis von Rechtsordnung und Wirtschaftssystem*, Baden-Baden.
–, (1985): *Regelbindung und Rechtsschutz in marktwirtschaftlichen Ordnungen*, Tübingen.
MÖSCHEL, W. (1991): The Goals of Antitrust Revisited; in: *Journal of Institutional and Theoretical Economics*, Vol.147, S. 7-23.
RÖPKE, J. (1977): *Die Strategie der Innovation*, Tübingen.
SOHMEN, E. (1976): *Allokationstheorie und Wirtschaftspolitik*, Tübingen.
STIGLER, G. (1967): Imperfections in the Capital Market; in: *Journal of Political Economy*, Vol. 75, S. 287-292.
STREIT, M. E. (1987): Economic Order and Public Policy; in: R. PETHIG und U. SCHLIEPER (Hrsg.): *Efficiency, Institutions and Economic Policy*, Berlin u.a., S. 1-21.
–, und G. WEGNER (1989): Wissensmangel, Wissenserwerb und Wettbewerbsfolgen – Transaktionskosten aus evolutorischer Sicht; in: *ORDO*, Bd. 40, S. 183-200.
–, und G. WEGNER (1991): Information, Transaction and Catallaxy – Reflections on some Key-Concepts of Evolutionary Market Theory; in: Witt, U. (Hrsg.): *Explaining Process and Change – Contributions to Evolutionary Economics*, Ann Arbor, S. 125-149.

C.
Wirtschaftsordnung

Wissen, Wettbewerb und Wirtschaftsordnung – Zum Gedenken an Friedrich August von Hayek*

The curious task of economics is to demonstrate to men how little they really know about what they imagine they can design.

(Hayek 1988, S. 76)

Am Nachmittag des 23. März starb Friedrich August von Hayek, nur wenige Wochen vor seinem dreiundneunzigsten Geburtstag. Mit ORDO war er seit der Gründung durch seinen früh verstorbenen Freund, Walter Eucken, helfend verbunden. Das sich über sieben Jahrzehnte erstreckende wissenschaftliche Werk dieses herausragenden Gesellschaftswissenschaftlers hinreichend zu würdigen, bedarf der Bemühungen vieler. Nicht nur die thematische Breite macht dies erforderlich, sondern auch die Originalität, mit welcher die Grundlagen einiger Teildisziplinen verändert wurden.

Infolgedessen sollen nachstehend einige Schwerpunkte seines Schaffens und ihre Verknüpfung in Erinnerung gerufen werden. Dies geschieht in zwei Schritten. In einem ersten Teil werden erkenntnistheoretische Grundlagen vorgestellt, die von Hayek vor allem mit seiner „Sensory Order" zu legen versuchte. In einem zweiten Teil werden wirtschaftstheoretische und ordnungspolitische Vorstellungen von Hayeks präsentiert, die durch die erkenntnistheoretische Position und das daraus abgeleitete Grundverständnis von gesellschaftswissenschaftlichen Untersuchungsgegenständen geprägt sind.

I. Erkenntnistheoretische Grundlagen

Von Hayeks theoretische Einsichten, sein Menschenbild und, damit eng verknüpft, seine normative Position wurzeln vor allem in psychologischen Grundlagen, die er bereits in den zwanziger Jahren in wesentlichen Teilen entwarf und bis 1952 weiterentwickelte, um sie dann als „Sensory Order" vorzustellen.[1] Von den von ihm erziel-

---

* Erstveröffentlichung in: ORDO Bd. 43, 1992, 1-30. Wiederabdruck in: H.-H. Francke (Hrsg:): Ökonomischer Individualismus und freiheitliche Verfassung, Gedenkakademie für Friedrich August von Hayek, Rombach-Verlag, 1995, 147-185.

1 Dies sah er wohl ebenso. Später (Hayek 1979, Fußnote 26, S. 199) äußerte er sich dahingehend, dass die Gesellschaftswissenschaftler dieses Buch uninteressant oder unverdaulich fanden. Für ihn war es jedoch eine große Hilfe, seine Vorstellungen von Evolution und spontaner Ordnung zu entwickeln und die Methoden und Grenzen unserer Bemühungen zu analysieren, komplexe Phänomene zu erklären.

ten Ergebnissen dürften vor allem die nachstehend skizzierten für seine gesellschaftswissenschaftlichen, insbesondere die ökonomischen Erkenntnisse eine Schlüsselfunktion gehabt haben. Insofern sind sie ein wesentlicher Teil dessen, was von Hayek „im Lichte einer einigenden Idee sehen lernt(e)..." (Hayek 1970, S. 4).

1. Wahrnehmung als Theoriebildung

Das erste Ergebnis betrifft die menschliche Wahrnehmung. Für von Hayek ergab sie sich aus den Beziehungen zwischen (1) der physischen Ordnung der Außenwelt des Menschen, (2) seiner eigenen neurosensorischen Ordnung und (3) der mentalen oder phänomenologischen Ordnung seiner Sinneseindrücke (Hayek 1952/76, S. 39f.). Von Hayeks zentrale Aussage dazu war, daß zwischen der ersten und den beiden übrigen Ordnungen keine Isomorphie bestehen kann. Die dritte Art der Ordnung erfüllte für ihn eine heuristische Funktion. Sie diente als Hilfe, um über Denkvorgänge Aussagen machen zu können. Er suchte damit sowohl zu vermeiden, daß dem Denken außerphysikalische Qualitat – eine besondere „Substanz" (op.cit. S. 177) – zugewiesen wird, als auch dem Umstand Rechnung zu tragen, daß wir das Denken nicht unmittelbar als Folge neuronaler Vorgänge beobachten können (op.cit., S. 178). Die Wahrnehmung, so vermutete er, ist das Ergebnis von „Klassifikation" und damit der Bildung von Relationen zwischen Sinneseindrücken. Klassifikation wird aber nur möglich, wenn bereits ein entsprechendes Zuordnungsschema besteht. Um ein Beispiel von Hayeks zu verwenden (op.cit., S. 186): So wie eine Maschine, die Objekte nach ihrer Länge ordnen soll, in der Lage sein muß, unterschiedliche Längen zu identifizieren, während jedes einzelne Objekt nur eine Länge hat, erfordert Klassifikation als mentaler Akt grundsätzlich Schemata, die eine höhere Komplexität haben müssen als jene Eigenschaften der Teile der Außenwelt, nach welchen klassifiziert wird. Infolgedessen stellt Wahrnehmung stets eine Interpretation im Sinne der versuchten Zuordnung von Eindrücken zu einer oder mehreren Klassen eines vorgedachten, komplexeren ordnenden Systems dar. Das bedeutet ferner, daß die Eigenschaften, welche wir Teilen unserer wahrgenommenen Außenwelt zuordnen, streng genommen nicht solche dieser Teile selbst sind, sondern Relationen, die wir durch Klassifikation herstellen. Hayek vermutete sich im Ergebnis wohl zu Recht in Übereinstimmung mit Popper (und dann auch mit Kant), wenn er feststellte (op.cit., S. 143), daß alles, was wir über unsere Außenwelt wissen, Theorien sind. Das einzige, was die Konfrontation mit der Außenwelt bewirken kann, ist die Änderung dieser Theorien. Das bedeutet zugleich, daß unsere gesamte Wahrnehmung „abstrakt" und eine Unterscheidung zu „konkret" sinnlos ist.

2. Subjektabhängigkeit des Wissens

Das zweite, mit der Art der Wahrnehmung verknüpfte Ergebnis betrifft die Beschaffenheit des Wissens. Wenn Wahrnehmung und Interpretation identisch und abstrakt, also keine exakten Wiedergaben der Wirklichkeit sind, leistet das Gehirn ständig aus sich selbst entwickelte Komplexitätsreduktion der Wirklichkeit. Erfaßt werden weder alle noch die wirklichen Eigenschaften von Teilen der Außenwelt und ihres Zusammenwirkens (wozu auch der eigene vom neurosensorischen System erfaßte Körper gehört), sondern „Aspekte" davon. Es sind vermutete Beziehungen zu anderen Objekten als Folge einer bereits bei früherer Gelegenheit vorgenommenen Klassenbildung (op.cit., S. 143). Frühere neurosensorische „Erfahrungen" sowie das in Modellen oder „Gestalt"-Eigenschaften geronnene Wissen sind Ausgangspunkt für weitere Wahrnehmungen und für mögliche Korrekturen im Sinne von Reklassifikationen. Komplexitätsreduktion und Reklassifikation beinhalten teilweise ein hohes Maß an Kreativität und damit an Unvorhersehbarkeit. Sie sind kennzeichnend für eine evolutorische Wahrnehmung, die durch Selektion eine kognitive und handlungsrelevante Anpassung an die Außenwelt erlaubt.

Von Hayek stellte in diesem Zusammenhang auch laufende Wahrnehmungen und „memory images" gegenüber (op.cit., S. 144). Die laufenden Wahrnehmungen werden ständig mit solchen „images" in Verbindung gebracht und dabei interpretiert. Auf diese Weise können bruchstückhafte laufende Wahrnehmungen „aufgefüllt" werden. Gleichzeitig können laufende Wahrnehmungen aber auch bewirken, daß bestehende „images" ergänzt bzw. korrigiert werden.[2] Das dürfte noch einmal die Subjektabhängigkeit des Wissens verdeutlichen.

3. Wissenserwerb, Selbstreferenz und Selbstexplikation

Das dritte Ergebnis bezieht sich darauf, wie der Prozeß des Klassifizierens und damit letztlich des Wissenserwerbs beschaffen ist und welche Folgen dies für die Erkenntnismöglichkeiten hat. Von Hayek führte ihn physiologisch auf ein komplexes Zusammenwirken von Neuronen zurück. Aus dieser Perspektive bildet sich (über angeborene, stammesgeschichtlich bedingte, neuronale Verbindungen – linkages – hinaus) im Verlauf der Geschichte eines Individuums und als Folge unterschiedlicher Sensitivität einzelner Neuronen bzw. Neuronenfelder auf unterschiedliche Stimuli ein System von sensorisch bestimmten, neuronalen Verbindungen heraus. Es ist in der Lage, die relative Häufigkeit zu registrieren, mit der Teile des sensorischen Systems mit externen Impulsen (z. B. visueller Art) zusammengewirkt haben (op.cit., S. 60ff.). Auf einer höheren sensorischen Ebene läßt sich mit diesem Apparat zur „multiplen Klassifikation" (op.cit., S. 51) auch registrieren, welche Neuronen bei externen Impulsen zugleich angesprochen wurden und wie häufig dies in gleicher oder doch ähnlicher Weise geschah. Damit ist im Hinblick auf die mentale Ordnung der neurosensorische Weg zu Generalisierungen und zum Lernen ebenso frei (op.cit., S. 76) wie der zur Vermu-

2 Von Hayek beschrieb damit Vorgänge, die in einfacher, aber sehr eingängiger Weise von Boulding in seinem „Image" (1956/77) für verschiedene gesellschaftliche Phänomene dargestellt wurden.

tung von Regeln im Sinne von Regelmäßigkeiten in den registrierten Vorgängen der Außenwelt einschließlich der eigenen Interaktion mit ihr.

Folgende Anschlußfragen liegen nahe: (1) Nach welchen genaueren Regeln laufen diese neurosensorischen und mentalen Prozesse ab?, (2) Wie kommt es zu Änderungen dieser Regeln? sowie (3) Ist die Verstandesleistung als Ganzes erklärbar? Die Antworten sind im vermuteten Prinzip der Klassifikation und darin angelegt, daß das Gehirn alle Klassifikationsprozesse aus sich selbst heraus entwickeln muß (es ist selbstreferentiell und selbstexplikativ). Das bedeutet, daß die Erklärung jeder einzelnen Regel aus einem übergeordneten Regelsystem stammen muß und die Erklärung der Verstandesleistung als Ganzes aus sich heraus unmöglich ist.[3] Für das Ganze ist lediglich eine Erklärung des modus operandi – des Prinzips – möglich. Wenn wir das Denken nicht unmittelbar als Folge neuronaler Vorgänge beobachten und mit deren Hilfe erklären können, so bedeutet das, daß mentale Prozesse etwas Besonderes, aber dennoch Physiologisches sein müssen (op.cit., S. 190f.). Für Erklärungen von Vorgängen in der Außenwelt ergibt sich daraus, daß im Grunde alle Erklärungen solche des Prinzips sind, wenn auch von unterschiedlichem empirischen Gehalt. Von Hayek wollte jedoch Erklärungen des Prinzips auf Aussagen mit einem hohen Allgemeinheitsgrad beschränken Und bezeichnete sonstige Erklärungen als solche des Details (op.cit., S. 183). Die Grenzen der Selbsterklärungsmöglichkeiten des Verstandes, die Subjektabhängigkeit sowie die evolutorische Qualität der komplexitätsreduzierenden Wahrnehmung bedeuten, daß von Hayek in unüberbrückbarer Weise mit cartesianischen Vorstellungen brach. Der menschliche Verstand kann nicht mit allgemeingültigen und naturnotwendigen Axiomen erklärt werden. Es ist ferner unmöglich, gegenüber der Welt eine von der subjektiven Wahrnehmungsgeschichte völlig losgelöste Beobachterposition einzunehmen. Schließlich ist alles Wissen subjektiv, woraus auch folgt, daß es unabänderlich in einem nicht angebbaren Maße beschränkt ist.

4. Unbewußtes Wissen und zivilisatorischer Fortschritt

Das vierte Ergebnis betrifft die Unterscheidung zwischen Verhalten, das aus bewußten, und Verhalten, das aus unbewußten mentalen Prozessen resultiert (op.cit., S. 133). Zwischen beiden Kategorien bestehen fließende Übergange, nicht zuletzt weil zu jedem Zeitpunkt nur ein begrenzter Teil der sensorischen Erfahrung, die mental zu Modellen geführt hat, verhaltensvorbereitend abgerufen wird (und abgerufen werden kann) und ständig Unbewußtes oder Halbbewußtes hinzutreten kann, aber auch um-

3 Im Ergebnis stimmte von Hayek mit Hume und Kant darin überein, daß der menschliche Verstand durch sich selbst nicht vollständig erklärbar ist. Hinsichtlich der Fähigkeit zu kausalem Denken unterschied er sich jedoch von beiden. Er zog nämlich das Humesche Schiff des Skeptizismus von der Sandbank, wo es Kant vermutete und verfaulen lassen wollte (Kant 1783/1911, S. 262), ohne sich jedoch einem Steuermann anzuvertrauen, der dem Apriori folgt. Vielmehr wollte von Hayek an dieser Stelle die Metaphysik durch die Neurophysiologie ersetzen.

gekehrt. Von Hayek verwies auf die Analogie, wonach die bewußte Erfahrung Bergspitzen gleicht, die gerade durch die ziehenden Wolken ragen, während ihre Position zueinander durch die unsichtbare Struktur des Massivs bestimmt wird (op.cit., S. 139).

Durch die beiden Kategorien ist aber auch eine Unterscheidung abgedeckt, die für von Hayek zunehmend an Bedeutung gewann: das unbewußte im Unterschied zum bewußten Wissen um Regeln erfolgversprechenden Verhaltens. Zumindest ein Teil dieses Wissens ist physiologisch auf die vorsensorischen „linkages" zurückzuführen (Hayek 1952/ 76, S. 167). Unbewußtes Wissen äußert sich z.B. in praktischem Können (z. B. Radfahren), dessen theoretische Grundlagen durch den Handelnden auch nach Reflexion nicht notwendig und schon gar nicht vollständig artikulierbar sind. Von Hayek selbst führte an späterer Stelle (1963/67, Kap. 3, S.45) das Sprachgefühl an; es erlaubt z. B. die Identifikation falscher Sprachverwendung, ohne daß dies durch den Urteilenden linguistisch erklärbar sein muß. Das gleiche gilt fur das Rechtsgefühl, das es erlaubt, Verstöße gegen Regeln gerechten Verhaltens zu identifizieren, ohne diese selbst artikulieren zu können. In all diesen Fällen ist Irrtum nicht ausgeschlossen, aber auch nicht dessen Stimulanz zu adaptivem Lernen.

Aus einer auf das Wissen abstellenden Perspektive ist das Handeln nach unbewußten Regeln ebenso wie die Wahrnehmung nach solchen Regeln von zentraler Bedeutung. Wir wissen offenbar mehr, als wir artikulieren können. Noch bedeutsamer ist jedoch unter Nützlichkeitsaspekten die Entlastungsfunktion, die dem Denken und Handeln nach unbewußten Regeln zukommt: Bei vielen Aufgaben des Wahrnehmens und Handelns kommen wir mit entsprechend weniger bewußten mentalen Prozessen aus. An anderer Stelle hob von Hayek (1945/76, Kap. IV; S. 117) dies positiv hervor und zitierte dazu den Mathematiker und Philosophen Whitehead: „Es ist ein völlig irriger Gemeinplatz ..., daß wir die Gewohnheit entwickeln sollen, bewußt zu denken, was wir tun. Gerade das Gegenteil ist der Fall. Der Fortschritt der Zivilisation besteht darin, daß die Zahl der wichtigen Handlungen, die wir ohne Nachdenken ausführen können, immer größer wird." In dieser zunehmenden Routine kommt eine wachsende und durch Regeln kodiert übertragbare Erfahrung zum Ausdruck. Für komplexe und evolutorische Systeme bedeutet dies jedoch nicht, daß damit der Bedarf an bewußten Problemlösungen abnimmt. Der zivilisatorische Fortschritt wird vielmehr gerade dadurch möglich, daß Routine es erst erlaubt, immer neue Probleme aufzugreifen, deren bewußte Lösung wiederum weitere Routine begünstigen kann.

5. Erkenntnis und Gesellschaft

Das fünfte Ergebnis stellt schließlich die Verbindung der Erkenntnistheorie von Hayeks zu den Gesellschaftswissenschaften her. Es geht über die Perspektive der „Sensory Order" hinaus und erschließt sich daher besser, wenn weitere Arbeiten von ihm hinzugezogen werden. Der Schritt von dem, was wir über Wahrnehmung und Handeln des Menschen grundsätzlich wissen können, zu dem, was wir über sein Zusammenwirken mit anderen, also über gesellschaftliche Zusammenhänge, sagen können, muß wiederum vom wahrnehmenden Subjekt ausgehen. Von Hayek (1959/79, S. 300, Fußnote 32) beschrieb den Ausgangspunkt wie folgt: „Die Lage des Menschen in der Mitte zwischen Natur- und Sozialerscheinungen – von den einen ist er die Wirkung, von den anderen die Ursache – bringt es mit sich, daß die wesentlichen Grundtatsachen, die wir für die Erklärung von Sozialerscheinungen brauchen, Teil der allgemeinen Erfahrung sind, Teil unseres eigenen Denkens.“ Nach der einen Seite, zur Natur hin, kam von Hayek in der „Sensory Order“ zum Befund, daß sich der Mensch von ihr nicht so weit lösen kann, um sich einschließlich seiner mentalen Entwicklung vollständig selbst zu erklären. Auch nach der anderen Seite, zur Gesellschaft hin, bleibt er als Beobachter kognitiv abgeschlossen. Das bedeutet im Hinblick auf andere, „daß wir ihre Handlungen und die Gegenstände ihres Handelns in Klassen oder Kategorien einteilen, die wir nur aus unserem eigenen Denken kennen“ (Hayek 1943/76, Kap. III, S. 86). Mit solchen „anthropomorphen“ Versuchen dürften wir um so erfolgreicher sein, je „ähnlicher“ uns andere im zweckorientierten Umgang mit physischen Objekten und untereinander sind.[4]

Diesen Kulturbezug sowie die Definition von Objekten und Handlungen durch Meinungen oder Absichten von Handelnden und nicht als „objektive“ Tatsachen verdeutlichte von Hayek mit vielen Beispielen. Sie reichen von Objekten, die in unterschiedlichen Kulturen als Geld nützlich sind, bis hin zu Sitten sowie zur Mimik und Sprache als Mittel der Kommunikation. Schon aus dieser Perspektive kann es in den Gesellschaftswissenschaften nicht darum gehen, das Handeln anderer zu „erklären“; denn empirisch würden wir nur überprüfen können, inwieweit fremdes Handeln mit dem eigenen Denken übereinstimmt, woraus allerdings nicht verläßlich gefolgert werden kann, daß auch das Denken übereinstimmt. Das schließt nicht aus, daß wir uns z. B. als Ökonomen mit der Logik von Wahlhandlungen als bewußtem Denkvorgang beschäftigen. Mit den ableitbaren Ergebnissen sind jedoch Handlungen nicht prognostizierbar. Erschlossen werden auf diese Weise lediglich Möglichkeiten bewußten Handelns. Dieses Handeln selbst ist auch gar nicht Erklärungsgegenstand von Gesellschaftswissenschaften und damit – wie von Hayek (1959/79, S. 49) mit Verweis auf Robbins betonte auch nicht der Ökonomik, sondern der Psychologie.

Was aber bleibt dann für die Gesellschaftswissenschaften als Erklärungsgegenstand übrig? Offensichtlich nichts, was über die Anwendung von Logik hinausginge, wenn alle beobachtbaren Strukturen der Interaktion auf bewußte Entwürfe von Ordnungen zurückführbar wären. Die für von Hayeks Arbeiten ausschlaggebende Konsequenz lautete: „Nur insoweit als Resultat der individuellen Handlungen eine Art Ordnung entsteht, doch ohne daß sie von irgend einem Individuum geplant ist, erhebt sich ein Problem, das theoretische Erklarung fordert“ (op.cit., S. 50). Die damit angespro-

4 Allerdings hat diese verstehende oder „kornpositive“ Methode erfahrungswissenschaftliche Schwierigkeiten zur Folge (vgl. hierzu z. B. Graf 1978, S. 13ff.). Um eine intersubjektive Überprüfbarkeit von Aussagen zu gewährleisten, rnüssen Konventionen darüber getroffen werden, wie die Gegenstände der Analyse gesehen werden sollen.

chenen spontanen Ordnungen menschlicher Interaktion als Erklärungsgegenstände der Gesellschaftswissenschaften erlauben grundsätzlich kein Vorgehen analog zu dem, wie es in Teilen der Naturwissenschaften erfolgreich ist.

Von Hayek (op.cit., S. 53) suchte dies zu verdeutlichen, indem er ein naturwissenschaftliches Erklärungsproblem gesellschaftswissenschaftlich umstrukturierte. In seinem Beispiel hatte ein Physiker dann die Aufgabe, die Interaktion von Atomen zu erklären, von denen er aber lediglich das Innere in Erfahrung bringen konnte und dies nur im Rahmen der begrenzten Möglichkeiten seiner Analyseinstrumente. Nur befristete Beobachtungen über die Art und Weise des Zusammenwirkens weniger Atome waren möglich, so daß die Vielfalt der Umstände, unter denen Atome zusammenwirken können, unbekannt bliebe. Experimente mit Klumpen von Materie waren ausgeschlossen. Der Physiker konnte dann zwar versuchen, durch kombinatorische Modellierung von Atomverbindungen eine möglichst große Annäherung an die wenigen Beobachtungen zu erreichen, die dem komplexen Makrokosmos entstammen. Die so erworbenen bescheidenen Kenntnisse des Mikrokosmos würden es ihm jedoch kaum erlauben, Ergebnisse weiterer Beobachtungen systematisch exakt zu prognostizieren. Eine Bestätigung der vermuteten Gesetzmäßigkeiten durch kontrollierte Experimente bliebe ihm versperrt, Widerlegungen durch mit der Theorie unvereinbare Beobachtungen waren aber jederzeit möglich. Die zur Illustration dem Physiker vorgegebene Problemstellung wäre nun noch dadurch zu ergänzen, daß die Atome selbst evolvierende Systeme sein müßten. Die „organisierte Komplexität" (z. B. Hayek 1975, S. 15 in Anlehnung an den Naturwisenschaftler Weaver), die daraus resultiert, daß die beobachteten Strukturen nicht nur von den Eigenschaften der Atome und deren relativer Häufigkeit abhängen würden, sondern auch davon, wie sie miteinander verbunden waren, würde sich noch weiter erhöhen.

Der Versuch, das so gestellte Problem zu lösen, führte im weiteren bei von Hayek zur Theorie komplexer Phänomene (1964/67, Kap. 2), zu Erklärungen gesellschaftlicher Phänomene als solche des Prinzips, zu Struktur- oder Mustervorhersagen, zur Identifikation von Beschränkungen, denen die Strukturbildung unterliegt und die Verbotshypothesen begünstigen können, sowie – evolutionsbedingt – zur Abhängigkeit der Stabilität allgemeiner Interaktionsstrukturen von der permanenten Adaptation ihrer Elemente.

II. Wirtschaftstheoretische und ordnungspolitische Konsequenzen

Die weitreichenden Konsequenzen, die sich aus der „Sensory Order" sowie aus Arbeiten, die damit direkt in Verbindung stehen, für die Wirtschaftstheorie und die Ordnungspolitik ergeben, sollen im Folgenden an einigen zentralen Fragestellungen demonstriert werden, die zugleich Schwerpunkte in den Arbeiten von Hayeks seit den 30er Jahren waren.

1. Sozialistische Wirtschaftsrechnung

Von Hayeks Aufsätze zur sozialistischen Wirtschaftsrechnung bildeten den Auftakt zu einer lebenslangen Beschäftigung mit dem Sozialismus und den ihm zugrundeliegenden theoretischen Vorstellungen. Sie sollten ihn schon bald zu dem vernichtenden Urteil führen, daß Sozialismus mit einem fortschreitenden Mißbrauch der Vernunft gleichzusetzen ist (Hayek 1959/1979, S. 9).

Ökonomisch griff von Hayek zunächst die frühe Kritik durch von Mises (1920, 1922/1981) auf. Das gilt vor allem für die beiden ersten Aufsätze (Hayek 1935/1976, Kap. VII, VIII), während der dritte (Hayek 1940/ 1976, Kap. IX) bereits verstärkt auf das erkenntnistheoretische Problem sozialistischer Vorstellungen zielt. Das zentrale Argument von Mises', das seinen Kritikern nicht klar geworden war und das auch nach von Hayeks Bemühungen selbst in der Nachkriegszeit zunächst nicht hinreichend gewürdigt wurde, läßt sich darauf reduzieren, daß es in einer nicht-stationären, evolutorischen Ökonomie für eine Planbehörde unmöglich ist, sich an dem zu orientieren, was als Informationsgrundlage für erfolgreiches gesellschaftliches Wirtschaften unabdingbar ist, die Kenntnis der Opportunitätskosten der Ressourcenverwendung.[5] Die wirtschaftstheoretische Diskussion wurde bereits von Dickinson (1933) in die falsche Richtung gelenkt, indem er das allgemeine Gleichgewicht zum Referenzsystem machte.[6] Es ist schon faszinierend zu beobachten, wie sehr sich die Diskussion darin festlief, obgleich von Mises wie von Hayek bemüht waren darzulegen, daß die Verwendung des logischen Apparats der allgemeinen Gleichgewichtstheorie unangemessene Abstraktionen beinhaltet, die geeignet sind, den Blick für die tatsächlichen Probleme zu verstellen. In einer realen Ökonomie, die permanentem und unvorhersehbarem Wandel ausgesetzt ist, geht es nicht darum, Schattenpreise für die „gegebenen" Ressourcenbestände bei „gegebenen" Produktionstechniken und Nutzenfunktionen zu ermitteln. Sie sind unter solchen Bedingungen kein Äquivalent fur Opportunitätskosten. Diese orientieren sich nicht an einer mehr oder weniger bekannten Gegenwart, sondern an gegeneinander abzuwägenden, subjektiven Ertragserwartungen, über denen der Schleier struktureller Ungewißheit im Sinne von Knight liegt.

Unter evolutorischen Bedingungen werden alle ökonomischen Entscheidungen spekulativ. Und von Spekulation kann nur erwartet werden, daß sie zu einer sorgsamen Abwägung von Risiken und Ertragschancen einer Ressourcenverwendung führt, wenn die Verantwortung für die entsprechenden Entscheidungen eindeutig zugewiesen und wenn um die Verwendung der Ressourcen konkurriert wird. Das erklärt, wa-

---

5 Vgl. hierzu auch Rothbard (1976, S. 73f.), der eine Erläuterung der Implikationen des Konzepts der Opportunitätskosten durch Buchanan heranzieht, die das notwendigerweise subjektivistische Element dieses Konzepts hervorhebt.

6 So argumentierte er (1933, S. 246f.): „Capitalist Society, with its deviations from equilibrium due to inequalities in individual income, to competition, to monopoly, and to the mutual ignorance of entrepreneurs' activities, is a very imperfect approximation to the economic ideal. The beautiful systems of economic equilibrium described by Wieser, Marshall and Cassel are not descriptions of society as it is but prophetic visions of a socialist economy of the future."

rum bereits von Mises die Anreizqualität des Sondereigentums, die kontrollierende Funktion der Kapitalmärkte sowie die Rolle der Kapitalisten, Unternehmer und – was nicht nur bei Sozialisten Aversionen und Unverständnis hervorrief – Spekulanten als Handelnder betonte und warum auch von Hayek (z. B. 1935/76, Kap. VIII, S. 223ff.; 1940/76, Kap. IX, S.250ff.) die davon abweichende Rolle der Verwalter von Unternehmen im Sozialismus so ausführlich erörterte.

In der weiteren wissenschaftlichen Diskussion wurden weder das Anreiz- noch das Wissensproblem aufgegriffen. Die Diskussion verharrte vielmehr in der Logik des allgemeinen Gleichgewichts und entdeckte zunächst die praktische Unmöglichkeit der Anwendung dieses Kalküls durch eine Zentralplanbehörde. Von Hayek (z. B. 1940/76, Kap. IX, S. 233f.) erinnerte daran, daß dies jedoch schon von Pareto erkannt und über die Kalkulierbarkeit hinaus als ein Wissensproblem identifiziert worden war, dessen Lösung nur dem Markt überantwortet werden kann.[7] Er erweiterte Paretos Wissensargument und verdeutlichte durch Beispiele (z. B. 1935/67, Kap. VIII, S. 198ff.), wie sehr die Erschließung und Verwertung subjektiven Wissens und die Reaktion auf die fortwährenden, kleinen und vielfältigen Veränderungen für eine erfolgreiche Arbeitsteilung von Bedeutung sind. Die Kenntnisse dieser besonderen örtlichen und zeitlichen Umstände sowie die Geschicklichkeiten jedes einzelnen stellen weit mehr an relevantem Wissen dar, als eine Planbehörde jemals erwerben und verarbeiten kann, ganz zu schweigen davon, daß mit der statistischen Erfassung der Planungsgrundlagen weitere Informationsverluste notwendig verbunden sind. Mit einem Rückgriff auf die „Sensory Order" faßte von Hayek (1988, S. 79) seine Fundamentalkritik dahingehend zusammen, daß so wenig, wie es dem menschlichen Verstand möglich ist, sich selbst zu erklären, so wenig es für diesen Verstand möglich ist, die Ergebnisse des Zusammenwirkens einer großen Zahl von Gehirnen zu erklären oder vorherzusagen.

Den von Taylor, Lange, Lerner und anderen gesuchten Ausweg eines als-ob Wettbewerbs beschrieb von Mises (1940/1980, S. 638) in seiner drastischen Weise wie folgt: „Man will Sondereigentum, den Austausch von Gütern und Diensten, das Geld und die Marktpreise abschaffen, um die Menschen dann Sondereigentum, Gütertausch und Preisbildung spielen zu lassen." Von Hayek kritisierte wie von Mises das Verharren des

7 Zu den Eigentümlichkeiten dieser Debatte dürfte gehören, daß Lange (1965/1977) nach seinem Versuch, dem Problem durch einen als-ob Wettbewerb gerecht zu werden, es als wesentliche Begrenzung des Marktes ansah, „daß er das Problem der Wirtschaftsrechnung in ausschließlich statischen Kategorien ausdrückt, d. h. als Gleichgewichtsproblem" (op.cit., S.326). Aufgrund dieser Verwechslung von Modell und Realität folgert er, mathematische Programmierung müsse sich der langfristigen Probleme annehmen. Der Computer „erfüllt eine Funktion, die auszuüben der Markt niemals imstande war" (op.cit., S. 327). Erstaunlich ist dabei die vergleichbare Einschätzung des Computers, die sich bei Arrow (1974) mit Bezug auf die Vorkriegsdiskussion findet und die nur schwer mit seinen Fortschritten bei der Einschätzung der Bedeutung des begrenzten Wissens in Einklang zu bringen ist: „Indeed, with the development of mathematical programming and high-speed computers, the centralized alternative no longer appears preposterous. After all, it would appear that one could mimic the workings of a decentralized system by an appropriately chosen centralized algorithm" (op.cit., S. 5).

konkurrenzsozialistischen Modells in der stationären Gleichgewichtslogik, das nicht zuletzt zu einer Scheingenauigkeit des Kostenbegriffs (z. B. 1935/76, Kap. VIII, S. 216ff.) als Grundlage des Lange-Lerner-Kriteriums führt und das es erlaubt, die intertemporale Allokation scheinbar folgenlos aus dem „Pseudo-Wettbewerb" herauszulösen. Ferner identifizierte er ebenfalls die Verkennung der Anreizqualitäten des Sondereigentums als Folge davon, daß im Gleichgewichtsansatz von Institutionen abstrahiert wird. Er ging aber auch über von Mises hinaus, indem er noch deutlicher als dieser hervorhob und durch Beispiele zu belegen suchte, „daß kein anderer Vorgang denkbar ist, der in gleicher Weise alle relevanten Tatsachen in Rechnung zieht wie der Preisbildungsprozeß des Wettbewerbsmarktes" (Hayek 1935/76, Kap. VII, S. 186). Diese das Wissensproblem betonende Behauptung zu begründen, war wohl das zentrale Anliegen von Hayeks in den nachfolgenden wirtschaftstheoretischen Arbeiten.

2. Wirtschaftstheorie und Wissen

Von Hayeks Aufsatz mit dem gleichen Titel (1937/76) markiert den Beginn dieser Begründungen. Sie haben notwendig die Annahmen und Aussagen über das Wissen sowie die Vorstellungen über das ökonomische Geschehen zum Gegenstand, welche der konventionellen Gleichgewichtstheorie zugrunde liegen. Mit diesen Begründungen verbessert sich zugleich der erkenntnistheoretische Zugang zu sozialistischen Vorstellungen; denn die Debatte um die sozialistische Wirtschaftsrechnung wurde – wie aufgezeigt – vorwiegend im Rahmen der Gleichgewichtstheorie im Sinne einer systemneutralen Allgemeinen Theorie geführt.

Von Hayeks bis heute im wesentlichen unbeantwortet gebliebene Fundamentalkritik an der allgemeinen Gleichgewichtstheorie bestand darin, daß dieses zentrale Paradigma der Neoklassik vom Ansatz her ungeeignet ist, zur Erklärung der Koordination von Handlungen dezentraler, autonomer ökonomischer Entscheidungsträger beizutragen. Die Theorie verkennt schlicht das, was von Hayek (1937/76, Kap. II, S. 70) in Anlehnung an von Mises „das Problem der Wissensteilung" nannte und als „das zentrale Problem der Volkswirtschaftslehre als einer Sozialwissenschaft" kennzeichnete. Die Verkennung schlägt sich darin nieder, daß kein Unterschied gemacht wird zwischen (1) dem Problem, wie ein einzelner Entscheidungsträger seine ökonomischen Aktivitäten koordiniert und (2) dem Problem, wie ökonomische Aktivitäten autonomer Entscheidungsträger durch Markthandlungen koordiniert werden. Das erste Problem läßt sich, wie von Hayek (1937/1976, Kap. II, S.52) betonte, durchaus als Gleichgewichtsproblem behandeln, indem danach gefragt wird, welche Handlungen von Individuen nach ihrem jeweiligen situations- und personenbezogenen Kenntnisstand als Teile eines konsistenten Wirtschaftsplans organisiert gelten können.[8] In der Gleichge-

8 Allerdings verwendete von Hayek den Gleichgewichtsbegriff nicht immer in der gleichen Weise. Das gilt auch für seine „Tendenz zum Gleichgewicht" (vgl. hierzu Loy 1988, insbes. S. 96ff.).

wichtstheorie wird jedoch das zweite Problem gleichfalls als ein Wahlhandlungsproblem gesehen. Das wäre nur adäquat, wenn (1) die „Daten", an denen die Individuen ihre Pläne orientieren, Tatsachen in einem naturwissenschaftlichen Sinne und allen bekannt sein würden und (2) diese für die beobachteten Akteure relevanten „Daten" dem (wissenschaftlichen) Beobachter ebenso zugänglich wären wie die personenbezogenen Umstände. Unter diesen Bedingungen entspräche die Position des Beobachters der eines vollkommen informierten zentralen Planers. Das gesellschaftliche Koordinationsproblem wäre als ein Problem der Entscheidungslogik rekonstruierbar.[9]

Wenn hingegen das marktwirtschaftliche Geschehen nicht „von oben herunter", sondern in einer dem Phänomen adäquaten Weise „von unten herauf" (Hayek 1968/69, S.257) analysiert wird, rücken die Individuen der „Sensory Order" ins Blickfeld. Ausgehend von ihrer theoriebildenden, kreativen Wahrnehmung sowie ihrem personen- und situationsbezogenen Wissen ist im Hinblick auf die Koordination ihrer arbeitsteiligen Aktivitäten – die Systemebene – zu fragen: (1) Wie wird subjektives Wissen über solche ökonomischen Umstände verbreitet, die auch anderen für ihre Dispositionen dienlich sein könnten, und (2) wie werden die Individuen zur Wissensbeschaffung angeregt und die Verwertung dieses Wissens auf unvermeidliche subjektive Fehleinschätzungen kontrolliert sowie deren Allokationswirkung begrenzt? Von Hayeks Antwort lautete: Durch Wettbewerb als ein Entdeckungsverfahren, das nicht nur dem einzelnen Chancen eröffnet, sein individuelles Wissen gewinnbringend zu verwerten, sondern auch anderen Informationen in der kodierten Form von Preisen vermittelt (z. B. Hayek 1976, S. 117), ohne daß jemand das Gesamtgeschehen überblicken müßte.

Damit gab von Hayek der Analyse des Marktgeschehens eine völlig andere Richtung als jene, welche in der Mikroökonomik einschließlich der preistheoretisch geprägten Wettbewerbsanalyse vorherrscht. Sie ist wohl am besten durch zwei Aussagen von Hayeks gekennzeichnet, die völlig konträr zu konventionellen Fragestellungen sind. Mit der ersten Aussage hebt er den sonst für einen umfassend informierten Beobachter wohldefinierten Güterraum auf: „Aber welche Güter knapp oder welche Dinge Güter sind, oder wie knapp oder wie wertvoll sie sind, ist gerade einer der Umstände, die der Wettbewerb entdecken soll. Es sind jeweils die vorläufigen Ergebnisse des Marktprozesses, die den einzelnen sagen, wonach zu suchen es sich lohnt" (Hayek 1968/69, S. 253).[10] Mit der zweiten Aussage werden Effizienzurteile über die Ebene

9 Die Kritik läßt sich zwar dahingehend abmildern, daß von der Gleichgewichtstheorie keine ernsthafte Anstrengung unternommen wird, zu zeigen, wie es zur Koordination der individuellen Pläne kommt, sie also keine Marktprozeßtheorie ist. Das ändert aber grundsätzlich nichts daran, daß die neoklassische Art des Modellierens immer die Existenz eines Gleichgewichts der individuellen Pläne benötigt. Ob sie explizit formuliert oder ob ein Modell erst in einem zweiten Schritt darauf überprüft wird, ist zweitrangig. Mit dieser Annahme wird notwendig vom Problem der Wissensteilung abstrahiert, unabhängig davon, wie formal anspruchsvoll das jeweilige Modell ist. Der Marktprozeß als ein Prozeß der Selbstkoordination (vgl. Abschnitt II. 4), welcher auf begrenztem subjektivem Wissen beruht, wird durch Annahme unzugänglich.

10 Ein für das neoklassische Vorgehen charakteristisches Mißverständnis ist es jedoch, die kodierte Information in Preisen bzw. Preisänderungen im Sinne von objektiven, erklärenden Tatsachen entschlüsselbar zu definieren (z. B. Radner, 1979). Es kommt i. d. R. nur für wenige Akteure da-

individueller Wahlhandlungslogik hinaus bedeutungslos: „Wo wir aber die Tatsachen, die wir mit Hilfe des Wettbewerbs entdecken wollen, nicht schon vorher kennen, können wir auch nicht feststellen, wie wirksam er zur Entdeckung aller relevanten Umstände führt, die hätten entdeckt werden können." (op.cit., S. 250). Das bedeutet aber zugleich, „daß die Gültigkeit der Theorie des Wettbewerbs für jene Fälle, in denen sie interessant ist, nie empirisch nachgeprüft werden kann" (ibid). Grundsätzlich und im Hinblick auf das Forschungsprogramm der konventionellen Gleichgewichtstheorie betonte von Hayek wiederholt:

> Das Problem ist ... in keiner Weise gelöst, wenn wir zeigen können, daß alle Fakten, wenn sie einem einzelnen bekannt waren (so wie wir hypothetisch annehmen, daß sie dem beobachtenden Nationalökonomen gegeben sind), die Lösung eindeutig bestimmen würden; statt dessen müssen wir zeigen, wie eine Lösung durch das Zusammenwirken von Menschen hervorgebracht wird, von denen jeder nur Teilkenntnisse besitzt. (Hayek 1945/76, Kap. Iv, S. 120).

Die dem konventionellen Ansatz eigene Sicht „von oben herunter" durch eine Art „freischwebende Intelligenz" (Hayek 1959/79, S. 124) ist durchaus adäquat im Falle von Problemen, mit denen vor allem Ingenieurwissenschaftler konfrontiert sind.[11] Auf sozialwissenschaftliche Fragestellungen angewendet, wird diese Art des Denkens jedoch mangels Adäquanz zum Forschungsobjekt zu einer „szientistischen" Methode (op.cit., S. 15) mit den charakteristischen gesellschaftlichen Gefahren für eine Gesellschaft, die von einem „konstruktivistischen Rationalismus" ausgehen kann.

Im Falle marktwirtschaftlicher Systeme führt die szientistische Methode nicht zuletzt zur Theorie des „Marktversagens" und nur zu leicht zu dem unbefangenen Plädoyer zugunsten eines wirtschaftspolitischen, das „Versagen" kompensierenden Interventionismus, dem dann der Vorwurf nicht erspart werden kann, ein „Nirwana-Ansatz" (Kapp, Demsetz) zu sein. Im Falle sozialistischer Systeme gehört die inge-

---

rauf an, herauszufinden, warum sich ein Preis geändert haben könnte. Wesentlich wichtiger ist, daß sie dieses Signal aus der Perspektive ihrer Umstände auswerten und u. U. zu Markthandlungen einsetzen. Auch Versuche, die Akteure eines Modells nur mit „unvollkommener" Information auszustatten, stellen keine adäquate Annäherung an das reale Problem dar. Jedes Informationsdefizit dieser Art wird modelltheoretisch nur handhabbar dadurch, daß der wissenschaftliche Beobachter einen überlegenen Informationsstand hat, mit dessen Hilfe er die Defizite identifizieren kann. Würde es den Akteuren gelingen, den gleichen Wissensstand zu erreichen, wäre der Wissensmangel logisch nicht mehr handhabbar und wir befänden uns in der merkwürdigen Modellwelt rationaler Erwartungen.

11 Dem entspricht, daß z. B. die gleichgewichtsorientierte Partialmarktanalyse um so mehr an Erklärungskraft gewinnt, je stärker die betreffenden Teilmärkte reguliert sind. Je mehr dadurch die Verhaltensmöglichkeiten der Akteure auf die von Ökonomisierern reduziert werden, desto mehr wird das betrachtete Teilsystem geschlossen. Die Entwicklung neuer Handlungsmöglichkeiten wird behindert bzw. wirtschaftlich unattraktiv. Für das Teilsystem bedeutet das, daß es seine Komplexität – d.h. die Vielfalt der Zustände, die es einnehmen kann – weniger zu erhöhen vermag, als dies ohne regulierungsbedingte Verhaltensbeschränkungen möglich wäre. Es wird in eine interventionsgerechte Stationarität gezwängt. Erst sie verleiht einer gleichgewichtsorientierten Deutung des Geschehens analytische und prognostische Qualität.

nieurwissenschaftliche Zweckrationalität zu deren ideengeschichtlicher Entwicklung. Die „szientistische Hybris“ (Hayek 1959/79, S. 143), die diese Denkweise bei ihrer Anwendung auf Gesellschaftswissenschaften zumindest begünstigt, dürfte zugleich eine der geistigen Quellen fur die Tyrannei sozialistischer Planwirtschaft sein, die z. B. Dickinson durchaus befürchtete und mit dem Konkurrenzsozialismus zu vermeiden suchte, worauf von Hayek (1940/76, Kap. IX, S. 261) hinwies. Die Tyrannei wurde aber ebenso zur geschichtlichen Realität wie das wirtschaftliche Scheitern des Sozialismus, der sich als das erwies, was von Hayek stets vermutete, als ein folgenschwerer erkenntnistheoretischer Irrtum.

3. Die Irrtümer der Makroökonomik

Die Irrtümer der Makroökonomik[12] und ihre wirtschaftspolitischen Folgen ergaben sich für von Hayek ebenfalls aus der Anwendung der szientistischen Methode und besonders der Ausdehnung der Gleichgewichtstheorie auf gesamtwirtschaftliche Aggregate, wie sie vor allem im volkswirtschaftlichen Rechnungswesen enthalten sind. Dabei werden die aus definitorischen Zusammenhängen gewonnenen Makrorelationen kausal-analytisch interpretiert. Das wäre auch für von Hayek noch akzeptabel gewesen, wenn damit auf die Gewinnung von „Faustregeln zur Bildung von Voraussagen bei unzureichender Information“ (Hayek 1968/69, S. 252f.) abgestellt würde. In der makroökonomischen Theorie werden diese Beziehungen jedoch als Ausdruck eines durchschnittlichen oder repräsentativen Verhaltens von Individuen im Hinblick auf klassifizierte Handlungen (z. B. Investieren, Konsumieren, Exportieren) interpretiert. „Theoretische Makroökonomik ist in vieler Hinsicht nichts anderes als Mikroökonomik in der Sprache der Makroökonomik.“[13]

An solchen Interpretationen wäre lediglich dann nichts auszusetzen, wenn die gesamtwirtschaftlichen Größen und Relationen das Ergebnis einer konsistenten Aggregation von korrespondierenden Mikrogrößen und Mikrorelationen (Kausalitäten) wären. Das ist jedoch definitiv nicht der Fall, und eine Mikrofundierung der Makroökonomik ist selbst dann nur unter äußerst extremen Abstraktionen vorstellbar, wenn von

12 So lautet eine Zwischenüberschrift in einer der Ludwig von Mises-Vorlesungen von Hayeks (1978/83, S. 24).

13 Die Aussage ist einem Lehrbuch (Richter, Schlieper, Friedmann 1981, S. 97) entnommen, in dem Vorbehalte gegenüber den Ergebnissen der Makroökonomik umsichtig erörtert werden. Allerdings wird die Aussage anschließend wieder wie folgt relativiert (op. cit., S. 98): „Aggregiert wird im übrigen grundsätzlich nach der Fragestellung – ein Verfahren nach dem bei der Konstruktion von Modellen ohnedies vorgegangen wird.....Insofern ist Aggregation nichts Besonderes oder womöglich Beunruhigendes für den, der versucht, Probleme der wirklichen Welt zu erklären.“ In einem anderen deutschsprachigen Lehrbuch heißt es schlicht: „Das sog. Aggregationsproblem wird in der Makroökonomik sozusagen als gelöst unterstellt oder als irrelevant angesehen; eine zufriedenstellende Lösung hierfür liefert nur die mikroökonomische Totalanalyse (à la Walras), die aber für einen Makroökonomen völlig inoperational ist.“ (Claassen 1980, S. 5).

einem neoklassischen Tatsachenverständnis ausgegangen wird. Schon die Unmöglichkeit einer Mikrofundierung im obigen Sinn bedeutet, daß makroökonomische Gleichgewichtskonzepte, die auf Plankonsistenz abstellen, nur über reine Fiktionen Aufschluß geben können. Werden nun noch die Handelnden aus der Perspektive der „Sensory Order“ betrachtet, dürfte verständlich sein, warum von Hayek vermutete, daß die Sätze der Makrotheorie wissenschaftliche Eigenschaften „im strengen Sinn überhaupt nicht besitzen“ (op.cit., S. 253).

Mit dem Blick auf die evolutorische Dynamik preisgesteuerter Wettbewerbsprozesse als Folge der Interaktion von Individuen, die aufgrund sich permanent ändernder personen- und situationsbezogener Umstände handeln, konnte aber auch der makroökonomische Reduktionismus von Hayek nicht überzeugen. Für ihn war das Gesetz der großen Zahl als Grundlage des Reduktionismus und Voraussetzung für ökonometrische Schätzungen auf Phänomene organisierter Komplexität nicht anwendbar. Dort fehlt es an permanenten und konstanten Beziehungen zwischen Aggregaten oder Durchschnitten, die es uns erlauben würden, statistisch ermittelte Wahrscheinlichkeiten an die Stelle besonderer Umstände zu setzen (Hayek, z. B. 1978/83, S. 25).[14] Die permanente Koordination durch Markthandlungen – von Hayeks „Katallaxie“ läßt, mit den Worten Leijonhufvuds (1976/81, S. 323), eine moderne Volkswirtschaft zu einer wenig wahrscheinlichen Struktur werden. Sie gleicht Phänomenen der neueren Mikrobiologie, in der staunend gefragt wird, wie sich z. B. die Zelle als eine so wenig wahrscheinliche Struktur von Molekülen selbst erhält. Von Hayek hätte der Argumentation Leijonhufvuds wohl zustimmen können, wonach dieser (op.cit., S. 328) vermutet, daß Keynes zu anderen Antworten gekommen wäre, wenn er mit der Frage begonnen hätte „Wie ist es vorstellbar, daß Aktivitäten jemals vernünftig koordiniert werden?“, statt sofort die Frage beantworten zu wollen „Wie hat das System versagt?“. Dann wäre er vermutlich darauf gestoßen, daß Symptome wie Arbeitslosigkeit auf ein Koordinationsversagen zurückführbar sind und daß die zur Koordination erforderliche Kommunikation zwischen den Akteuren versagte, weil die dazu benötigten Informationen oder Signale nicht gegeben wurden (op.cit., S. 332).

Es ist, so gesehen, nicht verwunderlich, daß die Kommunikationsleistungen eines wettbewerblichen Preissystems von Anfang an den Kern der Vorbehalte von Hayeks gegenüber den Vorstellungen von Keynes ausmachten und erst recht gegenüber dem, was sich danach in der Makroökonomik daraus entwickelte.[15] Schon in seiner Reflexion über den„ Treatise on Money“ (Hayek 1931), auf die Keynes sehr unsachlich,

---

14 Das wird in der Makroökonomik zumindest der Tendenz nach auch gesehen, wenn eingeschränkt wird, „daß das reduktionistische Aggregationskonzept um so angemessener ist, je weniger sich die Strukturen wichtiger Einflußgrößen ändern und je ähnlicher die individuellen Verhaltensweisen sind“ (Blümle und Patzig 1990, S. 623).

15 Diese Differenzierung scheint wichtig, wurde sie doch mehrfach durch von Hayek gemacht. Um ein Beispiel zu zitieren: „. .., daß es wie eine Ironie des Schicksals ist, daß gerade Keynes für diese Wendung zur Makro-Theorie verantwortlich werden sollte, denn er hielt in Wirklichkeit wenig von der Ökonometrie, wie sie damals gerade populär wurde, und ich glaube auch nicht, daß er ihr irgendeine Anregung verdankt“ (Hayek 1966/69, S.91).

fast rüde reagierte (Keynes 1931), basierte die Argumentation in österreichischer Theorietradition auf dem preisgesteuerten Wandel der Produktionsstruktur, der im Großen wie im Kleinen ständig stattfindet und dessen Vernachlässigung als Folge der Betrachtung von Aggregaten zu Fehlschlüssen verleiten kann. Die Kritik von Hayeks an der „General Theory" und der nachfolgenden Makroökonomik[16] läßt sich auf drei zentrale Einwände reduzieren: (1) das Konzept der Gesamtnachfrage ist als grobe Vereinfachung irreführend, hat bei seiner beschäftigungspolitischen Anwendung inflatorische Folgen und ist bestenfalls in der Depression von begrenztem Wert; (2) das Problem der Arbeitslosigkeit ist in erster Linie eine Folge verstellter Signale, Folge einer Manipulation von Reallohnniveau und Lohnstruktur durch die Arbeitsmarktkartelle;[17] (3) das statistische ex post-Konstrukt des Preisniveaus ist geeignet, die Geldpolitik dazu zu verleiten, die Preis- und Lohnstrukturen als Signale in ihrer unterschiedlichen Flexibilität bis hin zur Rigidität zu negieren oder gar den Versuch zu unternehmen, sie zu überspielen.

Die Faszination, die von der Keynesschen Theorie und der Makroökonomik auf Ökonomen, Regierungen, Verwaltungen und die wählenden Bürger ausging, liegt in ihrem Reduktionismus und der Meß- und Beobachtbarkeit der statistischen Artefakte, auf denen sie beruht. Sie fügte sich deshalb zugleich wissenschaftssoziologisch in Bestrebungen, zu mehr Ansehen als einer – gemessen an Teilen der Naturwissenschaften – „intermediately hard science" (Samuelson, 1947/65, S. IX) zu gelangen.[18] Deshalb schien auch die Frage berechtigt, ob wir nicht jede Information darüber nutzen sollten, wie die Akteure sich verhalten, wenn wir die Wirtschaft, in der wir leben, modellieren wollen (Tobin 1980, S. 35). Auf diese Weise wird aber nur zu leicht wichtig, was meßbar ist. Aus Erhebungen in der Form von statistisch reduzierten Ergebnissen menschlichen Handelns wurde eine Ordnung des Wirtschaftsablaufs konstruierbar, die keinen nachvollziehbaren Bezug mehr zur Komplexität des Marktgeschehens, wohl aber eine verführerische Transparenz hat.

Der szientistische Irrtum suggeriert eine Manipulierbarkeit des Wirtschaftsablaufs im Interesse kollektiver Ziele. Sie werden den Zielen übergeordnet, nach denen die

16 Sie kann hier nicht nachgezeichnet werden. Vgl. hierzu z. B. die weiterhin lesenswerte Zusammenstellung von entsprechenden Textstellen aus verschiedenen Publikationen von Hayeks durch S. R. Shenoy (Hayek 1972).

17 Dabei sah von Hayek (1976/78, Kap. 13, S. 199) einen Wandel, den Keynes seit seinen „Economic Consequences of the Peace" (1919) vollzog: „... he began with the recognition that it was necessary to lower real wages, came to the conclusion that this was politically impossible, and finally convinced himself that it would be vain and even harmful".

18 Spätestens an dieser Stelle scheint der Hinweis geboten, daß von Hayek die Mathematik als der Ökonomik nützliche Hilfswissenschaft nicht in Abrede stellte. Allerdings distanzierte er sich davon, wie sie vorwiegend gebraucht wird (z. B. 1978/83, S. 23). „They (the founders of mathematical economics, MES) understood much better than their successors that algebraic mathematical formulae are the pre-eminent method for describing abstract patterns without assuming or possessing particular information about the specific magnitudes involved. One great mathematician has indeed described a mathematician as a maker of patterns. In this sense mathematics can be very helpful to us."

Marktakteure unter wettbewerblicher Kontrolle handeln. Mögliche Abweichungen von dem kollektiv Gewünschten lassen sich dann sogar von Politikern als eine Art Gemeinwohlverstoß der Marktakteure interpretieren und z. B. durch steuerliche Zwangsmaßnahmen ahnden. Eine Gefahr, die von der in der Makroökonomik angelegten „Anmaßung von Wissen“ (Hayek 1975) ausgehen kann, hat Keynes indirekt, wenn auch in einer etwas merkwürdigen Weise, im Vorwort zur deutschen Übersetzung der „General Theory“ aufgezeigt, worauf von Hayek (1952/67, Anhang, S. 346) hinwies. Dort äußerte Keynes die Vermutung, daß seine Produktionstheorie im Ganzen viel leichter den Bedingungen eines totalen Staates angepaßt werden kann als die Theorie, die unter den Bedingungen freien Wettbewerbs und einem hohen Maß an „laisser-faire“ entwickelt wurde.[19] Eine zumindest auf den ersten Blick weniger düstere Gefahr besteht darin, daß die makroökonomischen Aggregate mit bestimmten organisierten Gruppen in Verbindung gebracht werden. Von dieser Assoziation bis zu dem Versuch, Vertreter dieser Gruppen in politische Entscheidungen einzubinden und ihnen Mitverantwortung für das Erreichen von makroökonomischen Zielgrößen zu übertragen, ist es nur ein kleiner Schritt. Der demokratisch höchst zweifelhafte und in der Praxis zu kollektiver Verantwortungslosigkeit tendierende Korporativismus wird durch makroökonomische Vorstellungen vom Wirtschaftsablauf zumindest begünstigt.

4. Rechtsordnung und Handelnsordnung

Die Beantwortung der Frage, wie es vorstellbar ist, daß Aktivitaten autonomer Entscheidungsträger jemals vernünftig koordiniert werden, führt auf der Systemebene bei von Hayek zu preisgesteuerten Wettbewerbsprozessen, die eine Entdeckung und Verwertung von Kenntnissen mit sich bringen, welche niemand in ihrer Gesamtheit wissen kann und auch nicht wissen muß. „Von unten herauf“ gleichen die Preise und ihre Änderungen sowie die Objekte, auf die sie sich beziehen, wiederum den in einem früheren Analogon bemühten Bergspitzen. Die Frage nach dem wolkenverhangenen Massiv ist nunmehr eine solche der Ordnungstheorie: „Welcher Art müssen die Regelmäßigkeiten im Verhalten der menschlichen Individuen sein, damit die Reaktionen jedes einzelnen auf die ihm bekannten Umstände zu einer Ordnung des Ganzen führen?“ (Hayek 1967a, S. 206). Diese Frage muß nicht zuletzt deshalb gestellt werden, weil die Preise das Ergebnis von Verträgen sind, deren Anbahnung, Aushandlung und

19 Das Zitat lautet im Original (Keynes 1936, S. IX): „Denn ich gestehe, daß vieles in dem folgenden Buche hauptsächlich mit Bezug auf die Verhältnisse in den angelsächsischen Ländern erläutert und dargelegt worden ist. Trotzdem kann die Theorie der Produktion als Ganzes, die den Zweck des folgenden Buches bildet, viel leichter den Verhältnissen eines totalen Staates angepaßt werden als die Theorie der Erzeugung und Verteilung einer gegebenen, unter Bedingungen des freien Wettbewerbs und eines großen Maßes von laisser-faire erstellten Produktion. Das ist einer der Gründe, die es rechtfertigen, daß ich meine Theorie eine allgemeine Theorie nenne.“

Einhaltung in vielfältiger Weise auf Erwartungen über transaktionskonformes Verhalten von Akteuren beruht, die sich häufig völlig fremd sind. Ähnliches gilt fur die Erwartung der Transaktionspartner, daß sie mit den erworbenen Objekten selbstgesetzte Ziele nach ihrem Gutdünken verfolgen können, ohne von anderen daran gehindert zu werden.

Von Hayeks Antwort war institutionentheoretisch und hatte schon deshalb für die Ökonomik Pioniereigenschaften.[20] Sie bereitet intellektuelle Schwierigkeiten, weil sie – wie von Hayek (1967a, S. 197) wohl zu Recht vermutete – nicht der „tief eingewurzelten Neigung unseres Denkens" entspricht, „überall dort, wo wir Ordnung finden, sie auf das Wirken eines persönlichen Anordners zurück(zu)führen". Diese Schwierigkeiten, aus dem Denkmuster einer gemeinsamen Zwecken unterworfenen geplanten Ordnung oder Organisation auszubrechen, sind charakteristisch für das Verständnis der Koordination durch das Marktgeschehen, mit dem eine Handelnsordnung bewirkt wird. Der neoklassische, gleichgewichtsorientierte Ansatz zur Rekonstruktion von Marktergebnissen kann durchaus als Ausdruck dieser Neigung und der damit verbundenen Schwierigkeiten angesehen werden. Die Rolle eines Organisators übernimmt in diesem Fall der (gedachte) Walrasianische Auktionator, der durch „tâtonnement" die gleichgewichts- und effizienzorientierten Preissignale vorweg ermittelt. Sie können je nach dem, wie die Marktakteure und ihr handlungsrelevantes Umfeld modelliert sind (Rationalitäts- und Wettbewerbsannahmen), im Grunde den Befehlen eines umfassend informierten Planers gleichgesetzt werden.[21] Auch aus dieser Sicht dürfte der skizzierte Verlauf der Sozialismusdiskussion verständlich sein.

Die Schwierigkeiten, die auf der Ebene der Ergebnisse menschlichen Zusammenwirkens mit der Unterscheidung zwischen spontaner und geplanter Ordnung – zwischen Kosmos und Taxis (Hayek 1973, Kap. 2) – bestehen, sind auch beim Verständnis der komplementären Systeme von Verhaltensregeln zu finden. Nach ihrer Funktion müssen diese Regeln für die Handelnsordnung des marktwirtschaftlichen Systems so beschaffen sein, daß sie sowohl den Individuen die Verfolgung selbstgesetzter Zwekke durch Verwertung ihres personen- und situationsbezogenen Wissens erlauben als auch die Erwartungen in einem Maße stabilisieren, welches die Koordination durch Markthandlungen begünstigt. Dazu muß das Regelsystem vor allem das bewirken,

---

20 In wesentlichen Elementen wurde sie bereits in seinem Beitrag „Rechtsordnung und Handelnsordnung" (1967 a) zur Ringvorlesung der Freiburger Rechts- und Staatswissenschaftlichen Fakultät im Wintersemester 1966/67 sowie in einigen weiteren Aufsätzen aus dieser Schaffensperiode (insbesondere Hayek 1963/67, 1967b, 1967c) formuliert. Die Periode begann in etwa mit den „Arten der Ordnung" (1963) und erreichte wohl mit dem ersten Band von „Recht, Gesetzgebung und Freiheit" (1973) ihren Kulminationspunkt.

21 Das soll hier und an anderer Stelle ebensowenig, wie es von Hayek intendierte, eine böswillige Unterstellung sein. Vielmehr ist es im Sinne von Hayeks (1988, S.86) zu verstehen: „The hypothetical assumption, customarily employed in theoretical descriptions of the market process (descriptions made by people who usually have no intention of supporting socialism), to the effect that all such facts (or parameters) can be assumed to be known to the explaining theorist, obscures all this and consequently produces the curious deceptions that help to sustain forms of socialist thinking."

was Hume (1888/1976, S. 526) – auf den sich von Hayek auch in diesem Fall bezog – mit „the stability of possession, of its transference by consent, and of the performance of promises“ umschrieb. Die hierfür erforderlichen Regeln sind nur zum Teil im artikulierten Privatrecht enthalten. Hinzu kommen viele Regeln der Sitte und Moral sowie der Gewohnheit, aber auch individuelle Erfahrungen, die es erleichtern, zutreffende Erwartungen über das Verhalten anderer zu bilden (z. B. Hayek 1967a, S. 209). Funktionsrelevante Eigenschaft vieler dieser Regeln ist ihre „Abstraktheit“ oder, genauer, ihr Maß an Universalisierbarkeit[22] in dem Sinne, daß sie Beschränkungen von Handlungen für unbekannte Umstände enthalten, mit deren Einhaltung andere rechnen können. Erst solche Regeln – so argumentierte von Hayek (op.cit., S. 216) – erlaubten die Bildung einer Großgesellschaft, „die nicht mehr die Verfolgung konkreter Zwecke voraussetzte, sondern es möglich machte, daß einander unbekannte Menschen mit ganz divergenten Zwecken ihr Wissen wechselseitig in einanders Dienste stellen konnten.“

Auch dieses Ergebnis hat einschneidende wirtschaftswissenschaftliche Konsequenzen. Die Wohlfahrtsökonomik wird damit in mehrfacher Hinsicht in Frage gestellt. Die dort analysierte Wohlstandsmaximierung unter Nebenbedingungen muß nicht nur an der Unlösbarkeit des Aggregationsproblems, sondern grundsätzlich an der unabänderlichen Beschränkung unseres Wissens scheitern. Sie setzt dem wirtschaftlichen Geschehen zudem ein konkretes Ziel, das niemand verfolgt. Selbst wenn dies nur aus analytischen Gründen geschähe, um die allgemeine Vorteilhaftigkeit marktwirtschaftlicher Systeme zu überprüfen, müßte dieser Versuch scheitern, weil Effizienzurteile – wie dargelegt – über die individuelle Wahlhandlungsebene hinaus schon aus Wissensgründen bedeutungslos sind.

Das in der Wohlfahrtsökonomik ebenso wie in der traditionellen Allokationstheorie praktizierte methodologische Prinzip der institutionellen Neutralitat der Analyse (z. B. Sohmen 1976, S.439) erweist sich im Lichte der Ergebnisse von Hayeks als unhaltbar. Werden Institutionen als Regeln im zuvor skizzierten Sinne verstanden, dann ist es gerade ihr Informationsgehalt in der Form erwartungsstabilisierender Beschränkungen von Handlungsmöglichkeiten, der den Schritt in die Katallaxie der offenen Großgesellschaft erst möglich macht. Ferner darf die entlastende Wirkung nicht übersehen werden, die für alle Akteure mit der häufig unbewußten, im Prozeß der Sozialisation erlernten Einhaltung und Entwicklung von Regeln verbunden ist, in denen sich die Erfahrungen und Kenntnisse von vielen niedergeschlagen haben. Nur wenn „das Hausgespenst in unserem Schrank, der homo oeconomicus, den wir mit beten und fasten ausgetrieben haben, durch die Hintertüre wieder hereingekommen ist in der Gestalt eines quasi allwissenden Einzelmenschen“ (Hayek 1937/76, S. 65), werden

22 Solche Regeln sind (1) allgemein, weil sie fur eine unbekannte und unbestimmbare Zahl von Personen und Fällen gelten (Hayek 1973, S. 50), (2) offen, weil sie lediglich solche Handlungen beschreiben, die als nicht erlaubt gelten, womit es möglich bleibt, auch neue Handlungsweisen zu nutzen, sowie (3) bestimmt, weil erwartet werden kann, daß es dem Einzelnen möglich ist, praktische Situationen als Anwendungsfälle der Regel auch zu identifizieren.

solche Entlastungen unnötig. Die Frage nach den Institutionen kann man aus den genannten Gründen nicht von der „reinen Theorie" zunächst fernhalten, um dann zu fragen, mit welchen institutionellen Vorkehrungen die deduzierten Ergebnisse erzielt werden könnten (so wiederum z. B. Sohmen, ibid.). Wie von Hayek überzeugend dargelegt hat, gehören zur spontanen wie zur geplanten Ordnung ganz spezifische Regelsysteme. Im einen Fall begünstigen sie Vereinbarungen zwischen Gleichgestellten, im anderen sind sie Anweisungen eines übergeordneten Organisators. Im Recht ist es der Unterschied zwischen Nomos und Thesis (Hayek 1973, Kap. 5 bzw; 6). Eine Instrumentalisierung der Regelsysteme im Sinne der obigen Frage wird nur durch die szientistische Methode möglich. Sie führte, wie dargelegt, in die Sackgasse des Konkurrenzsozialismus und ist darüber hinaus geeignet, einen marktwidrigen institutionellen Pragmatismus zu begünstigen.

Schließlich erweist sich das Prinzip der institutionellen Neutralität auch im Hinblick auf den damit verfolgten Zweck, in der Wohlfahrtsökonomik mit einem Minimum an grundlegenden, als weithin akzeptabel vermuteten, paretianischen Werturteilen auszukommen,[23] als eine irreführende Reaktion auf die Werturteilsdebatte. Folgt man der Analyse von Hayeks (z. B. 1973, Kap. 5, 1976, Kap. 8), dann stützt sich die Handelnsordnung nicht nur auf ein Regelsystem mit spezifischen Eigenschaften. Darüber hinaus – so läßt sich die Analyse zusammenfassen – ist das Regelsystem gewissermaßen in einem doppelten Sinne werthaltig: Es dient dem notwendig abstrakten Ziel der Freiheit der Handelnden durch Regeln gerechten Verhaltens.

Das abstrakte Ziel wird in dem Maße erreicht, wie es mit Hilfe der Regeln gelingt, Konflikten durch den Schutz individueller Einflußsphären vorzubeugen und zugleich die Kooperation zwischen Individuen in den Fällen zu erleichtern, in denen sie ihnen aus der Sicht selbstgesetzter Zwecke und spezifischer Umstände erstrebenswert erscheint. Weil es sich um Zwecke und Umstände handelt, die niemandem in ihrer Gesamtheit bekannt sein können, müssen sich die Regeln notwendig von der Herbeiführung konkreter Ergebnisse lösen. Dann erlauben sie aber auch keine allgemeingültigen ergebnisorientierten Urteile mehr, auf die sich ihre Akzeptanz stützen könnte. Viele regelorientierte Handlungen werden unbeabsichtigte Nebenwirkungen haben, die als ungerecht gelten würden, wenn sie mit Absicht herbeigeführt würden. Eine Handelnsordnung bringt viele Änderungen hervor (nicht zuletzt bei den Tauschwerten und Einkommenserzielungschancen), die als ungerecht eingestuft würden, wenn sie das Ergebnis eines menschlichen Entwurfs wären. Nur in einer Großgesellschaft von Allwissenden wären solche Ungerechtigkeiten vielleicht vermeidbar, weil die Individuen auch die Voraussicht hätten, dies zu tun. Diesseits eines solchen Nirwanas stellen abstrakte, ergebnisunabhängige Regeln eine Anpassung an unsere Unwissenheit dar (Hayek 1976, S. 39) und damit an unsere Unfähigkeit, Zustände herbeizuführen, die von allen stets als gerecht angesehen würden.

---

23 Zur immanenten Kritik der „widely acceptable" paretianischen Werturteile vgl. z.B. Nath (1969, Kap. VI). Eine radikalere, den Hayekschen Vorstellungen in vielen Punkten nahe kommende Kritik lieferten Rowley und Peacock (1975).

Bezogen auf das Werturteilsproblem bedeutet dies: Wenn das Untersuchungsobjekt, die Handelnsordnung, das Ergebnis der Befolgung von Regeln gerechten Verhaltens ist, dann ist Wertabstinenz eine unangemessene Abstraktion. Vielmehr ist es unter diesen Umständen durchaus möglich, ohne naturalistischen Trugschluß weitere Sollregeln abzuleiten. Wenn die Handelnsordnung als erhaltenswert gilt, kann es Gegenstand wissenschaftlicher Bemühungen sein, zu klären, ob weitere Normen mit den Regeln dieser Ordnung und damit ihrem Fortbestehen kompatibel sind (Hayek 1967a, S.228f). Dabei sind gerade die am häufigsten artikulierten, ergebnisorientierten Gerechtigkeitsvorstellungen am wenigsten mit der Freiheit als der Norm des Nomos verträglich, einer Norm, die von niemandem gesetzt wurde. Vielmehr war sie für von Hayek (1960, S. 54) ein „Artefakt der Zivilisation", das den Menschen aus den Fesseln der kleinen Gruppe löste, und das im Prozeß der kulturellen Evolution von regelgerechtem Verhalten geformt wurde.

5. Zwischen Instinkt und Vernunft

Die Interpretation der Freiheit als Artefakt der Zivilisation läßt wohl manchen Idealisten erschauern. Aber es war gerade die Absicht von Hayeks, mit seiner „Verfassung der Freiheit" (1960) das Verständnis fur diesen Wert und nicht den Enthusiasmus zu fördern (op.cit., S. 6). Dazu lag es nahe, den Akzent auf seine Nützlichkeit zu legen. Diese ließ sich wiederum aus der Perspektive des Wissensproblems analysieren.

Freiheit als Artefakt der Zivilisation wird mit Hilfe der „Zwillingsidee von Evolution und spontaner Ordnung" (Hayek 1967/76, S. 250) verständlich. Mandeville, für den von Hayek „nicht mehr (beanspruchte, MES), als daß er Hume möglich gemacht hat" (op. cit., S. 264), verhalf dieser Idee mit seiner Bienenfabel geistreich provokant zum Durchbruch. Spontane Ordnungen wie die Sprache und die Katallaxie basieren auf Regeln, die mit den Worten Fergusons zwar „Ergebnisse menschlichen Handelns, aber nicht menschlichen Entwurfs" sind (Hayek 1967c). In der Schichtung der menschlichen Verhaltensregeln liegen sie zwischen denen des Instinkts und denen der Vernunft.[24] Dementsprechend werden sie weder genetisch propagiert noch bewußt für konkrete Zwecke entwickelt oder adaptiert. Sie sind also weder „natürlich" noch „künstlich", sondern das Ergebnis kultureller Evolution. In deren Verlauf wurden Verhaltenspraktiken entdeckt, die nur zu häufig mit Traditionen brachen, sich aber durchsetzten, weil die Gruppen, die nach ihnen handelten, besser als andere prosperierten, ohne daß ihnen bewußt sein mußte, inwiefern sie dies der Einhaltung solcher Verhaltensregeln verdankten (Hayek, z. B. 1979, S. 159ff.).

24 Mit „Between Instinct and Reason" ist das erste Kapitel von „The Fatal Conceit" (1988) überschrieben, in dem von Hayek noch einmal verdeutlichte, daß die zwischen Instinkt und Vernunft angesiedelten Sitten und Traditionen das Ergebnis kultureller Evolution sind, eine Einsicht, der sich Vertreter des konstruktivistischen Rationalismus verweigern.

Von Hayek argumentierte in der Tradition der schottischen Moralphilosophie, daß Zivilisationen, in denen sich freiheitskonforme, abstrakte Verhaltensregeln durchsetzen konnten, deshalb prosperierten, weil sie in besonderem Maße einen „Prozeß der Adaptation und des Lernens" (Hayek 1960, S. 40) begünstigten. Mit der Hinwendung zu ab-strakten Regeln nahm die Zahl der Chancen zu, experimentierend sowohl zu neuen Lösungen für alte Probleme zu gelangen als auch für völlig Neues die Wertschätzung anderer zu gewinnen. Der Umstand, daß jeder einzelne so wenig wissen kann, erwies sich in dem Maße als weniger hinderlich, in dem Gesellschaften auf die unabhängigen und wettbewerblichen Anstrengungen von vielen vertrauen lernten, um das Entstehen von dem anzuregen, „was wir wünschen werden, wenn wir es sehen" (op.cit., S. 29). Wie sehr diese „Expansion der Ordnung in das Unbekannte" (Hayek 1988, S. 38) von der Entwicklung freiheitskonformer Verhaltensregeln einschließlich des Sondereigentums bestimmt wird, suchte von Hayek an Hand der Entwicklung der europäischen Zivilisation, beginnend mit ihren mediterranen Ursprüngen zu überprüfen (z. B. 1988, Kap. 2,3).[25] Sein historischer Befund war, daß sich die Freiheit auch im interkulturellen Vergleich als nützlich oder erfolgreich in dem Sinne erwiesen hat, daß sie einer wachsenden Zahl von Menschen mehr als das Überleben sicherte. Wie aber läßt sich die dazu erforderliche Einhaltung der Regeln gerechten Verhaltens erklären, wo doch in der Institutionenökonomik inzwischen zahllose Dilemmata modelliert worden sind, die in Beziehungen zwischen Fremden gerade die Einhaltung aus der Perspektive der Zweckrationalitat eher zum Sonderfall werden läßt? Von Hayek vermutete, daß die Freiheit niemals ohne tiefwurzelnde Überzeugungen möglich ist, die die Einhaltung der Regeln gegen Opportunismus sichern helfen (Hayek 1960, S. 62).[26] Hinter diesen Überzeugungen stehen Werte, die selbst, wie die Moral, Kreaturen der Zivilisation sind (op.cit., S. 35), mit der Folge, daß es keine universelle Ethik geben kann.[27] Damit sind wir aber auch in diesem Punkte auf die kulturelle Evolution verwiesen.

Zwar wurde die Idee der Evolution, wie von Hayek (z. B. 1967/78, S. 264f.) darlegte, bereits vor ihrer Einführung in die Naturwissenschaften durch Darwin, unter anderem von Herder, Savigny und von Humboldt im Anschluß an Mandeville, Hume und Vico in den Gesellschaftswissenschaften verfolgt. Sie entwickelte sich jedoch dort nicht in einem Maße, wie es in der Biologie der Fall war. Zwar löste der Reim-

25 Seine Ergebnisse, zum Teil gewonnen mit der Methode der „mutmaßenden Geschichte" („conjectural history", Hayek 1967b, S.75; 1988, S.69) als Hilfe bei Versuchen einer Erklärung des Prinzips entsprechen in vielem den Erklärungen, die Jones (1981) für das „europäische Wunder" sowie Rosenberg und Birdzell (1986) für den „Aufstieg des Westens" versuchten.

26 Er erwog deshalb (Hayek 1970, S. 28, Fußnote 4), Max Webers Wertrationalität im Gegensatz zu den von ihm kritisierten zweckrationalen Erklärungs- bzw. Begründungsversuchen zu wählen, fand jedoch, daß die Trennschärfe gegenüber der Zweckrationalität bei Weber zu gering war.

27 Zu den regelsichernden Elementen gehört nicht zuletzt die Religion. Von Hayek (1988, Kap. 9) stellte seinen entsprechenden Überlegungen folgendes Zitat voran: „Religion, even in its crudest form, gave a sanction to the rules of morality long before the age of artificial reasoning and philosophy" (Adam Smith).

port aus der Biologie in der Form des Sozialdarwinismus eine breite Diskussion aus. Jedoch war er gerade wegen seiner biologisch begründeten Konzentration auf das genetische Element keine überzeugende sozialwissenschaftliche Theorie (Hayek 1979, S. 154). Von dem geringen Erkenntnisfortschritt im Hinblick auf evolutorische Phänomene war auch die Ökonomik nicht ausgenommen, obgleich sie mit der Innovation ein Phänomen zum Gegenstand hat, das im Grunde die vorherrschende Betrachtungsweise ständig hatte herausfordern müssen. Selbst Schumpeter, der der Innovation als solcher Geltung verschaffte, unternahm keinen Versuch, sie so in die Theorie zu integrieren, wie er sie erkannt hatte, als ein systemendogen hervorgebrachtes Phänomen. Erst in jüngerer Zeit mehren sich Versuche, zu einer evolutorischen Ökonomik vorzudringen.[28] In diesem Kontext und im Hinblick auf die Entstehung und Verbreitung von Innovationen dürften sowohl die „Sensory Order" mit ihrer Betonung des Lernens und der Kreativität als auch der „Wettbewerb als Entdeckungsverfahren" als ein Verfahren der Wissensverbreitung und Wissensüberprüfung wesentliche Einsichten vermitteln.

Von Hayeks eigentliche Evolutionshypothese galt jedoch der Entstehung, Verbreitung und Bewahrung von Verhaltensregeln und der sie stützenden Moral als den Grundlagen zivilisatorischer Entwicklung.[29] Wenn der skizzierte Verlauf der Diskussion der Idee der Evolution berücksichtigt wird, dürfte sein Ansatz eher noch am Beginn einer gesellschaftswissenschaftlichen Theoriebildung stehen.[30] Seine zentrale Hypothese zur kulturellen Evolution war die der „Gruppenselektion" von Regelsystemen. Die Systeme selbst sind das Ergebnis historischer Zufälligkeiten und unbewußter, lernender Übernahme von Regeln durch die Gruppenmitglieder. Dabei setzen sich solche Regelsysteme durch, welche einer Gruppe die Anpassung an unvorhersehbare Umstände besser ermöglichen als anderen Gruppen. Die Überlegenheit äußerte sich in einer Frühphase gesellschaftlicher Entwicklung darin, daß die Gruppe den organisatorischen Grenzen der Kleingruppe zu entwachsen vermochte. Dazu mußte sie, wie auch in späteren Phasen, besonders gute Vermehrungs- sowie Zuwanderungschancen[31] bieten.

Über eindrucksvoll ausformulierte Teilaspekte hinaus ist die Evolutionstheorie von

28 Einen Uberblick über diese noch tastenden, heterogenen Versuche gibt Witt (1991).

29 Vgl. hierzu den Epilog in Hayek 1979 (S. 153ff.) sowie Hayek 1967b, 1988 (insbes. Kap. 1 u. 8).

30 Diese Theoriebildung dürfte mit besonderen Schwierigkeiten konfrontiert sein, die sich aus den vorherrschenden Wissenschaftsstandards ergeben. Von Hayek (1988, S. 61) fasste sie wie folgt zusammen: „These declarations (of faith of modern science and philosophy of science, MES), definitions, postulates, have created the impression that only that which is rationally justifiable, only that which is provable by observational experiment, only that which can be experienced, only that which can be surveyed, deserves belief." Das behindert nicht nur die Analyse der Grenzen unseres Wissens, sondern es versperrt auch den Zugang zu Phänomenen, die zwischen Instinkt und Vernunft liegen, und die für die kulturelle Entwicklung, wie von Hayek vermutete, von zentraler Bedeutung sind (op. cit., S.62).

31 Von Hayek (1988, S. 132) betonte: „It is not the present number of lives that evolution will tend to maximise but the prospective stream of future lives."

Hayeks wenig ausgearbeitet, so daß er manchen möglichen Implikationen nicht genügend Rechnung tragen konnte.[32] Inzwischen sind hierzu eine Reihe von Fragen aufgeworfen, aber auch zum Teil scharfe Kritik geäußert worden.[33] Auf sie kann hier nicht eingegangen werden. Lediglich ein Aspekt soll aufgegriffen werden, der gerade im Hinblick darauf von Bedeutung ist, daß von Hayek selbst Vorschläge zu institutionellen Reformen gemacht hat. Sie reichen von solchen zur Geldverfassung (1978b) bis zu einer politischen Modellverfassung (1979, Kap. 17). Daraus ergibt sich schon, daß er durchaus Chancen fur eine bewußte Gestaltung von Institutionen sah. Das galt nicht nur für politische Institutionen, sondern auch für die Regeln der Handelnsordnung, an denen sich sein evolutorisches Denken vor allem orientierte. Sonst hätte er es nicht länger „als Besonderheit der Rechtsregeln ansehen können, daß wir sie in einem gewissen Grade bewußt so gestalten können, daß sie in Verbindung mit den anderen Regeln und in den zu erwartenden tatsächlichen Umständen zur Bildung einer Gesamtordnung führen“ (Hayek 1967a, S.209). Darin kommt lediglich zum Ausdruck, daß – wie von Hayek (1988, S. 25) es mit Verweis auf Popper formulierte – die kulturelle Evolution den Lamarckismus simuliert. Die Basis, auf der wir uns intelligent versuchen können, bleibt die Tradition,[34] das was zwischen Instinkt und Vernunft an Wissen entsteht und weitergegeben wird.

6. Der Atavismus der sozialen Gerechtigkeit

Von Hayek hat niemals einen Zweifel daran gelassen, daß er die Handelnsordnung des Kapitalismus, die er als das Ergebnis kultureller Evolution ansah, wegen des hohen Maßes an Freiheit befürwortete, das diese Ordnung beinhaltet und erfordert. Er betonte aber auch, daß er den naturalistischen Trugschluß vermeiden wolle, die Ergebnisse der Gruppenselektion als notwendig „gut“ anzusehen.[35] Das schloß seine nach langer Beschäftigung mit dieser Ordnung sowie mit rationalistischen Gesellschaftsentwürfen gewonnene Überzeugung nicht aus, daß die Preisgabe der die Ordnung tragenden Traditionen einen Großteil der Menschheit zu Armut und Tod verurteilen würde (Hayek 1988, S.27).

Diese Gefahr kann nicht schon deshalb als gebannt gelten, weil nahezu alle sozialistischen Systeme in dramatisch kurzer Zeit zusammengebrochen sind und ein Erbe

32 Dies räumte er am Ende des zitierten Epilogs (Hayek 1979, S. 176) selbst ein: "In concluding this epilogue I am becoming increasingly aware that it ought not to be that but rather a new beginning." Seine späteren Überlegungen brachten ihn nur noch ein begrenztes Stück weiter.

33 Vgl. z.B. Radnitzky (1984), Vanberg (1986), Voigt (1991), Witt (1989).

34 Von Hayek (1979, S. 167) umschrieb diese Gratwanderung zwischen Gebrauch von Vernunft und Anmaßung von Wissen wie folgt: „We must build on tradition and can only tinker with its products.“

35 „I do not claim that the results of group selection of traditions are necessarily >good< anymore than I claim that other things that have long survived in the course of evolution, such as cockroaches, have moral value“ (Hayek 1988, S. 27).

an Armut und Zerstörung hinterlassen haben, das selbst überzeugten Sozialisten in kapitalistischen Ländern zumindest vorübergehend die Sprache verschlug. So ist jedenfalls auch heute noch die Warnung interpretierbar, die von Hayek bereits vor fast vier Jahrzehnten in seinem – wie er es selbst bezeichnete – politischen Buch „Der Weg zur Knechtschaft" (1944/62) zum Ausdruck brachte. Er widmete es ausdrücklich nicht aus Hohn (Hayek 1956/67, S. 216) den Sozialisten in allen Parteien. Von Hayek war der Auffassung, daß der Sozialismus als Gesellschaftsmodell, welches in westlichen Ländern viele Sympathien genossen hatte, hundert Jahre nach Erscheinen des Kommunistischen Manifests nicht nur in den Vereinigten Staaten weitgehend diskreditiert war. Das rechtfertigte nach seiner Auffassung jedoch keine Selbstzufriedenheit. Vielmehr befürchtete er bereits mitten im wirtschaftlichen Aufschwung der Nachkriegszeit, daß der Sozialismus von vielen Gesellschaftsreformern durch einen „Mischmasch" inkonsistenter Ziele unter dem Etikett des Wohlfahrtsstaates ersetzt würde, der sorgfältig darauf überprüft werden müsse, ob seine Ergebnisse nicht denen eines ausgewachsenen Sozialismus sehr ähnlich sein würden (op.cit., S. 221).

In der Folgezeit verwandte von Hayek einen Großteil seiner sozialphilosophischen Bemühungen darauf, diesem Verdacht nachzugehen. Das Ergebnis läßt sich mit Hilfe seiner Formulierungen prägnant umreißen: „Der Atavismus der sozialen Gerechtigkeit", „die Anmaßung von Wissen" sowie „der fatale Defekt in der vorherrschenden Form von Demokratie" drohen einen „Verfall des Rechts" zu bewirken, welches zusammen mit nicht artikulierten Traditionen als Regelsystem fiir die Handelnsordnung des Kapitalismus unentbehrlich ist.[36]

Aussagen über soziale Gerechtigkeit sind nach dem Urteil von Hayeks Ausdruck einer sowohl instinktiven als auch intellektuellen Revolte. Sie richtet sich sowohl gegen die abstrakten Regeln gerechten Verhaltens, deren Entstehen zwischen Instinkt und Vernunft angesiedelt ist, als auch gegen die Ergebnisse ihrer Befolgung. Die Aussagen reflektieren entweder Unkenntnis oder rationalistische Kritik an dem Befund, daß die zivilisatorische Entwicklung – wie dargelegt – erst in dem Maße möglich wurde, wie sich die Verhaltensregeln von der Herbeiführung konkreter Zwecke lösten und es ermöglichten, arbeitsteilig die verschiedensten individuellen Zwecke unter Verwertung persönlichen Wissens anzustreben, die niemandem in ihrer Gesamtheit bekannt sein können. Die Ergebnisse dieses Prozesses können weder als gerecht noch als ungerecht, sondern nur als rechtmäßig in dem Maße gelten, wie sie Folge der Einhaltung von Regeln gerechten Verhaltens sind (z. B. Hayek, 1976, S. 70). Die Regeln beziehen ihre Legitimation – wie dargelegt – nicht aus den durch sie mitbewirkten Ergebnissen im Einzelfall. Vielmehr entwickelten sie sich als Erfahrungsregeln, mit

36 Die Formulierungen, die benutzt werden, urn die These von Hayeks zu umreißen, geben Titel von Aufsätzen (Hayek 1978, 1975), Teile einer Zwischenüberschrift (Hayek 1979, S. 3) bzw. eine Kapitelüberschrift (Hayek 1960, Kap. 16) wieder. Die Fundstellen sind zugleich Arbeiten, in denen von Hayek die entsprechenden Elemente seiner These erläuterte. An weiteren Arbeiten zu diesern Themenbereich seien Hayek 1976 (insbes. Kap. 9, 11) und 1988 (insbes. Kap. 4-7) hervorgehoben.

deren Einhaltung gewissermaßen einer Mustervorhersage gefolgt wird, nach der auf diese Weise Schaden von anderen ferngehalten werden kann.[37]

Die instinktive Revolte wird getragen von Vorstellungen, die für die geschlossene Hauswirtschaft und die Stammesgesellschaft charakteristisch waren. In ihnen wurde in für alle überschaubarer Weise eine gemeinsame Hierarchie von Zielen verfolgt und das Erwirtschaftete nach gemeinsamen Ansichten uber „Gleichheit, Wert und Verdienst" (Hayek 1958) verteilt. Die intellektuelle Revolte kann sich auf die beachtlichen organisatorischen Erfolge stützen, die dem Menschen durch Gebrauch seiner Vernunft möglich wurden. Diese Erfolge begünstigen immer wieder eine Überschätzung der Möglichkeiten vernunftgeleiteter Gesellschaftsgestaltung.[38]

Werden Vorstellungen über soziale Gerechtigkeit auf die Ergebnisse einer Handelnsordnung angewendet, so bedeutet das notwendig, daß dieser Ordnung Zwecke vorgegeben werden. Systemtheoretisch formuliert handelt es sich jedoch bei der spontanen Ordnung um sich selbst organisierende Strukturen (Hayek 1979, S. XII). Sie ist gekennzeichnet durch Selbstkoordination und Selbstkontrolle mittels preisgesteuerter Wettbewerbsprozesse und basiert ausschließlich darauf, daß die Handelnden selbstgesetzte Zwecke zu erreichen suchen. Ob dies gelingt, ist im einzelnen nicht prognostizierbar, sondern hängt vom Glück und Geschick der Handelnden ab. Nicht ihre Absichten und Selbsteinschätzungen sind ausschlaggebend, sondern die Bewertung der individuellen Leistungen durch andere an Hand von Maßstäben und Umständen, die ihnen weitgehend unbekannt bleiben müssen.[39] Dies verletzt nur zu leicht von der Hauswirtschaft und Stammesgesellschaft geprägte Gefühle und Überzeugungen von Wert und Verdienst. „Das Spiel der Katallaxie" (Hayek 1976, S. 115) erweist sich aber auch gegenüber rationalistischen Versuchen, Gerechtigkeitsvorstellungen in die Analyse einzubeziehen, als unzugänglich. Diese Erfahrung mußte z.B. in der Wohlfahrtsökonomik gemacht werden, obgleich von den Problemen gesellschaftlichen Wirtschaftens – wie dargelegt – bereits inadäquat abstrahiert worden war. Die Suche

37 Diese Interpretation der Vorstellung von Hayeks folgt dem Gerechtigkeitsverständnis von Adam Smith (1759/1976, S. 167): „Mere justice is, upon most occasions, but a negative virtue, and only hinders us from hurting our neighbour. The man who barely abstains from violating either the person or the estate, or the reputation, of his neighbours, has surely very little positive merit. He fulfills, however, all the rules of what is peculiarly called justice, and does every thing which his equals can with propriety force him to do, or which they can punish him for not doing." Demgegenüber entsprach Verteilungsgerechtigkeit dem, was er „benevolence" oder „beneficience" (op. cit., S. 436) nannte, wobei galt „beneficience is always free, it cannot be extracted by force" (op. cit., S. 160).

38 Sie ist zusammen mit auffälliger Unkenntnis ökonomischer Zusammenhänge gerade bei ungewöhnlich intelligenten Menschen anzutreffen, wie von Hayek (1988, Kap. 4) durch Zitate von berühmten Wissenschaftlern wie Monod, Einstein und Born zu belegen suchte. Im übrigen sei auf die eindrucksvolle Dokumentation der rationalistischen Hybris in von Hayek 1959/79 (Teil 2) verwiesen.

39 Als Handlungsmaxime ergibt sich daraus für von Hayek (1958, S.20f.): „Sollen die Menschen ihre Kenntnisse und Fähigkeiten nutzen, dann dürfen sie nicht dadurch geleitet werden, was andere über die Art denken, wie sie zu ihrem Ziel gelangen, sondern einzig dadurch, was andere über die zu erwartenden Resultate denken."

nach Mitteln der Umverteilung, welche die Effizienz möglichst wenig beeinträchtigen sollten, war lediglich symptomatisch dafür, daß es nicht gelang, „Allokation" und „Verteilung" folgenlos voneinander zu trennen.[40]

Eine Vorgabe von Zwecken, die Vorstellungen über soziale Gerechtigkeit zum Ausdruck bringen sollen, steht notwendig im Widerspruch zu den Systemeigenschaften der Katallaxie. Sie setzt im Unterschied dazu – abstrakt formuliert – einen externen Beobachter der Katallaxie voraus, der nicht zuletzt Einkommenserzielungschancen und Einkommenspositionen von Individuen und Gruppen vergleicht und bewertet. Definitionsversuche von sozialer Gerechtigkeit beinhalten genau dies und weisen demokratisch legitimierten Organisationen die Aufgabe zu, nach in diesem Sinne gefällten Werturteilen zu handeln.[41] Die Interpretation und Umsetzung der sozialen Gerechtigkeit wird also dem politischen Willensbildungsprozeß überantwortet. Dieser hat jedoch seine Eigengesetzlichkeiten, die nur zu häufig deshalb übersehen oder verdrängt werden, weil Demokratie nicht nur als Verfahren zur Herbeiführung von Kollektiventscheidungen und als Mittel angesehen wird, die Spannungen zwischen Freiheit und unumgänglicher politischer Herrschaft so gering wie möglich zu halten. Vielmehr wird dem Verfahren in der Tradition von Rousseau positiver Eigenwert beigemessen und so die Erwartung begünstigt, daß seine Ausdehnung auf immer mehr gesellschaftliche Lebensbereiche eine gute Sache sein muß, weil Demokratie an sich gut ist (Hayek 1960, S.104).

Aus der Perspektive atavistischer Instinkte kann der demokratisch organisierte Wohlfahrtsstaat so in den Augen vieler zu einem guten Hausvater werden, der das ökonomische Schicksal der Gesellschaftsmitglieder, nicht zuletzt ihr Einkommen nach Art und Umfang, ausgleichend nach Bedarf und Verdienst gestaltet (Hayek 1960, S. 240f.). Dies ist in mehrfacher Hinsicht ein Trugbild. Der Staat wird mit der sozialen Gerechtigkeit auf ein Ziel verpflichtet, das in der Katallaxie die Bedeutungsvielfalt einer für viele wohlklingenden Leerformel hat, die im Hinblick auf den permanenten Wandel der materiellen gesellschaftlichen Bedingungen mit ständig neuen Inhalten aufgefüllt werden kann. Die Hoffnung, politisch definierte Zielvorgaben zu realisieren, beinhaltet ferner eine Überschätzung der Möglichkeiten ergebnisorientierter Steuerung und eine Unterschätzung ungewollter Nebenwirkungen; diese geben zugleich Anlaß für weitere Klagen über soziale Ungerechtigkeiten und provozieren

---

40 Der Versuch, eine wie auch immer geartete, vollständig definierte Norm der Verteilungsgerechtigkeit umzusetzen, hatte, sofern konsequent betrieben, für von Hayek (1960, S. 100) eine eindeutige Folge: „The principle of distributive justice, once introduced, would not be fulfilled until the whole society was organized in accordance with it. This would produce a kind of society which in all essential respects would be the opposite of a free society – a society in which authority decided what the individual was to do and how to do it."

41 Das kommt auch in der häufig zitierten Sozialstaatsdefinition von Zacher (1977, S. 154) zum Ausdruck. Danach gilt ein Sozialstaat als „ein Staat, der den wirtschaftlichen und wirtschaftlich bedingten Verhältnissen . . . wertend, sichernd und verändernd mit dem Ziel gegenüber steht, jedermann ein menschenwürdiges Dasein zu gewährleisten, Wohlstandsunterschiede zu beseitigen oder zu kontrollieren."

weitere Steuerungsversuche. Die Verpflichtung des Staates auf eine solche Leerformel trägt schließlich dem Umstand nicht Rechnung, daß die politischen Akteure auch dann, wenn sie klare Vorstellungen von sozialer Gerechtigkeit hätten, trotz ihrer weitreichenden Befugnisse nicht über die Autonomie verfügten, sie auch aus eigenem Entschluß zu verfolgen; denn sie sind für ihr politisches Überleben darauf angewiesen, denjenigen, die sie unterstützen, zu geben, was sie wollen (Hayek 1979, S. 16).

Die alarmierende Folge, die sich für von Hayek aus dem politischen Prozeß ergab, war der Verfall des Rechts der Handelnsordnung. Die abstrakten Regeln des Privatrechts, die die Funktionsfähigkeit der Katallaxie mit sichern helfen, werden sowohl teilweise konkretisiert als auch in ihrer Geltung durch öffentliches Recht eingeschränkt.[42] Dies geschieht, um die Ergebnisse der Handelnsordnung im Interesse von Personen und Gruppen zu manipulieren, die mit dem Verweis auf die soziale Gerechtigkeit durch politische Entscheidung als besonders schutz- und fürsorgebedürftig gelten.

Von Hayek (z. B. 1944/62, S.89; 1976, S.87) räumte ein, daß es durchaus überzeugende Gründe dafür geben mag, für alle einen Versicherungsschutz vor extremen Notlagen in Form eines garantierten Mindesteinkommens „außerhalb des Marktes" zu organisieren. Unabhängig davon, daß die Modalitäten eines solchen Schutzes klärungsbedürftig sind, bestätigen die Erfahrungen, die mit derartigen Sicherungssystemen bisher gemacht wurden, daß es aufgrund der Eigengesetzlichkeiten des politischen Willensbildungsprozesses dabei nicht bleiben würde. Ferner gehört es zu den gesicherten Erkenntnissen der ökonomischen Theorie der Politik, daß nicht zuletzt mit Hilfe des Arguments der sozialen Gerechtigkeit vielen Gruppen im Wettbewerb um Ämter und Macht in der einen oder anderen Form Ausnahmen von den Regeln der Katallaxie gewährt werden. Auch die Folgen davon sind weitgehend analysiert: Es kommt zu Verzerrungen im Signalsystem der Preise und damit zu Störungen in der Selbstkoordination. Ferner behindern staatliche Wettbewerbsbeschränkungen inzwischen weit mehr als private die Selbstkontrolle des marktwirtschaftlichen Systems. Die daraus erwachsenden Probleme auf den Arbeits- und Gütermärkten werden nicht als Fehlsteuerungen identifiziert, sondern mit weiteren Interventionen zu neutralisieren versucht. Als eine Folge davon steigt der Bedarf an staatlichen Einnahmen, dessen Befriedigung typischerweise mit Umverteilungszielen verbunden wird. Gleichzeitig verhindern Rücksichtnahmen auf einzelne Gruppen, daß das Recht der Handelnsordnung dort systemkonform ergänzt wird, wo dies nötig erscheint, wie etwa im Umweltschutz.

42 Besonders problematisch, zugleich aber für politisch Handelnde nützlich ist dabei, daß der Preis, welcher für solche Freiheitsbeschränkungen gezahlt werden muß, selten klar erkennbar ist: „Since the value of freedom rests on the opportunities it provides for unforeseen and unpredictable actions, we will rarely know what we lose through a particular restriction of freedom. Any such restriction, any coercion other than the enforcement of general rules, will aim at the achievement of some forseeable particular result, but what is prevented by it will usually not be known. The direct effects of any interference with the market order will be near and clearly visible in most cases, while the more indirect and remote effects will mostly be unknown and will therefore be disregarded" (Hayek 1973, S. 56f.).

Dies alles stützt den Anfangsverdacht von Hayeks, daß im Wohlfahrtsstaat eine – wenn auch nicht notwendig beabsichtigte – Tendenz zum Sozialismus angelegt ist. Sie war für ihn die Folge eines Defekts in der Verfassung der vorherrschenden Form von Demokratie. Es fehlt an ausreichenden Spielregeln für den politischen Wettbewerb. Selbst wenn sie eine Beschränkung im Interesse einer funktionsfähigen Katallaxie un der Sicherung der Freiheit wollten, können die politischen Akteure auf kein demokratisch legitimiertes Verfassungsorgan oder -verfahren verweisen, welches das Parlament davor zu bewahren vermochte, zum „Sklaven" (Hayek 1979, S. 11) von Interessengruppen zu werden.

Dieser Befund hatte von Hayek (1979, Kap. 17) dazu bewogen, einen Verfassungsvorschlag zu entwickeln. Er diente vor allem dazu, den „fatalen Defekt der vorherrschenden Form von Demokratie" noch einmal durch eine demokratische Kontrastverfassung zu verdeutlichen.[43] Von Hayek sah den Defekt darin, daß es im Grunde keine wirksame Beschränkung der Staatstätigkeit gibt. Dies hat für das Parlament zur Folge, daß es nicht nur seine klassischen Kontrollfunktionen weitgehend einbüßt, sondern zugleich weitere Staatsaktivitäten der aus seiner Mitte gewählten Regierung initiieren oder fordern kann. Das Parlament kommt insofern einem unbeschränkten Souverän nahe. Aber der Souverän ist ein armer König; denn er hat seine Autonomie längst an die Parteien und Interessenverbände verloren.[44]

Von Hayek verfolgte mit seinem Verfassungsvorschlag das Ziel, den Staat unter das Recht zu stellen (Government under the Law), ihn auf die Aufgaben des Rechtstaates im klassischen Sinne zu beschränken.[45] Dies soll vor allem mit Hilfe einer unabhängigen, mit Kassationsrechten ausgestatteten Kammer zur Kontrolle von Parlament und Regierung geschehen. Die Diskussion seines Vorschlags[46] sowie der diesem Vorschlag zugrundeliegenden theoretischen Vorstellungen gehört mit zu den belebenden Elementen einer erst im Entstehen begriffenen ökonomischen Theorie der Verfassung.[47]

---

43 Von Hayek hat diesen Zweck seiner „idealen Verfassung", aber auch deren mögliche Vorbildfunktion für Länder ohne ausgeprägte Verfassungstradition betont (Hayek 1979, S.107).

44 Nicht nur in diesem Punkte war sich von Hayek mit den Initiatoren der Freiburger Schule einig. Die Gefahr, daß der Staat zur Beute von Interessengruppen wird, kritisierte Eucken (1932, S.307) als „Fesselung des Staates durch die Wirtschaft" und Böhm (1958/80, S. 258) brandmarkte sie als „wilde Refeudalisierung einer freien Gesellschaft".

45 In einem solchen Staat wäre die Gesellschaft und damit auch die Wirtschaft eine Privatrechtsgesellschaft im Sinne von Böhm (1966).

46 Zur Diskussion vgl. z. B. Rupp (1979), Vanberg (1981), Nienhaus (1982), Hoppmann (1987).

47 Vgl. hierzu den Versuch von Buchanan (1990), das Forschungsprogramm der „Constitutional Economics" zu umreißen.

III. Epilog

Von Hayek hat häufiger gesagt, er glaube in seinem Leben eine Entdeckung und zwei Erfindungen gemacht zu haben. Als seine Entdeckung betrachtete er „die Erkenntnis, daß das Preissystem ein System von Signalen ist, das den Menschen in die Lage versetzt, sich an Ereignisse und Umstände anzupassen, von denen er nichts weiß“(Hayek 1980, S.38). Die Entdeckung war – wie dargelegt – das Ergebnis seiner lebenslangen Beschäftigung mit dem Problem der unabänderlichen Beschränktheit menschlichen Wissens. Um diese Entdeckung machen zu können, mußte er die unkonventionelle Frage stellen, wie die Menschen mit ihrer konstitutionellen Unwissenheit nicht nur zurecht kommen, sondern in der Lage waren, den vielfältigen Beschränkungen von Primitivgesellschaften zu entwachsen. Die Beschäftigung mit dieser Frage ließ ihn aber auch zum Mahner vor den zerstörerischen Folgen einer Überschätzung der menschlichen Vernunft werden. Mit seinen Erkenntnissen stieß er auf Unverständnis und Widerspruch. Der Versuch, Antworten auf die unkonventionelle Frage zu finden, ließ ihn in der Wirtschaftstheorie zum Revolutionär und zum Impulsgeber für neue Theoriebildungen werden. Seine Warnungen vor den Folgen einer Hybris der Vernunft erwiesen sich nur zu sehr als gerechtfertigt. Als seine Erfindungen bezeichnete er zum einen den Vorschlag, das staatliche Notenbankmonopol zu brechen und die Geldversorgung dem Wettbewerb zu überantworten, sowie zum anderen den „Vorschlag für eine Rekonstruktion der Demokratie“ (op.cit., S.40), mit dem der Verwahrlosung des Wohlfahrtsstaates und einem späten Pyrrhussieg des Sozialismus vorgebeugt werden soll. Beide Erfindungen wurden geboren aus von Hayeks tiefer Überzeugung, daß die Freiheit als Quelle der europäischen Zivilisation gesichert werden muß und auch gesichert werden kann. In dieser Furcht und Hoffnung hatte er – rückblickend vermutlich einem auch von ihm geschätzten Verfechter der Freiheit zustimmen können:

> Was mich angeht, der ich am Ende meiner Wanderung angelangt, ... erfüllt mich Furcht und Hoffnung. Ich sehe große Gefahren, die sich bannen lassen, große Übel, die man vermeiden oder verringern kann, und ich sehe mich mehr und mehr im Glauben bestärkt, daß die demokratischen Nationen in Ehre und Wohlstand leben können, wenn sie nur wollen. (Alexis de Tocqueville 1835, 1840/1976, S.830)

Zusammenfassung

Der Aufsatz gilt Schwerpunkten des Schaffens Friedrich August von Hayeks seit den 30er Jahren. Zunächst wird seine erkenntnistheoretische Position umrissen, die sich vor allem in der „Sensory Order“ niederschlug. Anschließend werden wirtschaftstheoretische und ordnungspolitische Ergebnisse von Hayeks erörtert, die durch diese Position und die daraus abgeleitete Sicht gesellschaftswissenschaftlicher Untersuchungsgegenstände geprägt sind. Es wird gezeigt, wie seine Betonung der Subjektivität und der unabänderlichen Beschränktheit menschlichen Wissens ihn sowohl in der ökonomischen Theorie als auch in der Analyse von Wirtschafts- und Gesellschaftsordnungen sowie ihrer Entwicklung zu teilweise revolutionären Einsichten brachte. Ferner wird verdeutlicht, daß von Hayeks hartnäckiges Eintreten für die Freiheit und seine Warnungen vor sozialistischen Tendenzen im Wohlfahrtsstaat nicht nur in persönlicher Überzeugung wurzeln. Vielmehr gehört zu seinen analytischen Ergebnissen, daß die Verankerung der Freiheit in den Wirtschafts- und Gesellschaftsordnungen ein Schlüssel zum Verständnis der europäischen kulturellen Evolution ist.

Wohlfahrtsökonomik, Wirtschaftsordnung und Wettbewerb*

„..., daß es ohne das geistige Rüstzeug der Allokationstheorie so gut wie unmöglich ist, die alternativen Vorzüge und Nachteile verschiedener Wirtschaftssysteme zu würdigen."

Egon Sohmen[1]

Einleitung

Der zu beobachtende Zusammenbruch sozialistischer Systeme trifft jene schwer, die immer noch an den historischen Materialismus glauben, obwohl der Historizismus bereits aus Gründen der Logik als widerlegt gelten muß (POPPER 1957). Der Zusammenbruch liefert auch eine neue Antwort auf die alte Frage: „Lassen kommunistische und freiheitliche Wirtschaftssysteme eine Tendenz zur System-Konvergenz erkennen"? (TINBERGEN 1961). Für Wirtschaftspolitiker wie auch für Wirtschaftstheoretiker ist der Zusammenbruch der sozialistischen Systeme – auch des sogenannten Marktsozialismus – eine überraschende Herausforderung.

Auf einer eher theoretischen Ebene haben die dramatischen Veränderungen das Interesse an einer akademischen Denktradition verstärkt, die einerseits mit WALTER EUCKEN (z.B. 1948a, 1948b), andererseits mit FRIEDRICH A. VON HAYEK (z.B. 1940, 1966) eng verbunden ist. Das entscheidende Merkmal dieser ordnungstheoretischen Tradition ist die Bedeutung, die der Interdependenz zwischen wirtschaftlicher und politischer Ordnung, der ökonomischen Funktionalität von institutionellen Vorkehrungen sowie dem Wissensproblem im Wirtschaftsprozeß beigemessen wird[2].

---

* Übersetzung von: „Welfare Economics, Economic Order and Competition", in: HERBERT GIERSCH (Hrsg.): Money, Trade and Competition – Essays in Memory of Egon Sohmen, Berlin u.a., Springer 1992, S. 255–278; übersetzt von Wendula Gräfin von Klinckowstroem.
Ich danke meinen Mitarbeitern Ralf Hauer, Heiko Lohmann, Stefan Voigt und Michael Wohlgemuth für wertvolle Kritik und Anregungen.

1 SOHMEN 1976, S. 8.

2 Obwohl beide Autoren viel gemeinsam haben, unterscheiden sie sich im Hinblick auf ihre Ansichten zum Wissensproblem und – infolgedessen – im Hinblick auf ihr Verständnis von Wettbewerb. Dabei steht Eucken der neoklassischen Tradition näher, während Hayek eine völlig andere Ansicht vertritt. Meine eigenen Überlegungen werden sich mehr am Hayekschen Ansatz orientieren. Für einen Vergleich des Euckenschen Ansatzes mit der Institutionenökonomik, wie sie von Buchanan vertreten wird, vgl. (LEIPOLD 1990).

Mit dieser Schwerpunktbildung unterscheidet sich die Theorie der Wirtschaftsordnung entscheidend von der konventionellen vergleichenden Analyse von Wirtschaftssystemen. Zumindest seit OSKAR LANGES (1936) Versuch, LUDWIG VON MISES' (1922) Beurteilung der Wirtschaftsrechnung in sozialistischen Wirtschaftssystemen zu widerlegen, stützte sich die Diskussion im wesentlichen auf wohlfahrtsökonomische Argumente. Im Hinblick auf die historische Entwicklung mag es von Interesse sein, die Wohlfahrtstheorie in ihren Grundzügen der Wirtschaftsordnungstheorie gegenüberzustellen.

In seinem Werk „Allokationstheorie und Wirtschaftspolitik" (1976) befaßt sich Egon Sohmen in der für ihn charakteristischen Klarheit auch mit „Allokationsmechanismen und Wirtschaftsordnung", nachdem er mit tiefer Einsicht und ohne großen formalen Apparat den Stand der Wohlfahrtstheorie (die er lieber Allokationstheorie nannte) dargelegt hatte (SOHMEN 1976, Kap. 13). Er greift fünf Fragen auf, die auch für die gegenwärtige Diskussion von Belang sind. Seine Ergebnisse stimmen mit den allgemeinen wohlfahrtsökonomischen Überlegungen überein. Sie unterscheiden sich jedoch stark von den Ergebnissen, die bei Anwendung der Ordnungstheorie erzielt werden. Mehr noch, man kann zeigen, daß die Unterschiede auf den in der Wohlfahrtsökonomik vorgenommenen Abstraktionen beruhen, die im Hinblick auf die empirischen Phänomene, die Gegenstand dieser analytischen Modelle sein sollen, als völlig unangemessen anzusehen sind.[3]

Im Anschluß an die von Sohmen aufgegriffenen fünf Fragen sollen hier fünf Punkte diskutiert werden:

a) Die Forderung nach institutioneller Neutralität der Analyse als methodologisches Prinzip der traditionellen Allokationstheorie.
b) Das Konzept des Eigentums, dessen mögliche Variation und die Rolle des Wettbewerbs.
c) Die Verbindung von öffentlichem Eigentum und Wettbewerb als einer sozialistischen Alternative.
d) Effizienzprobleme zentraler Wirtschaftsplanung.
e) Die Interdependenz zwischen Wirtschaftsordnung und politischem System.

Bei der Diskussion soll das Schwergewicht auf jenen Punkten liegen, bei denen die Aussagen der Wohlfahrtsökonomik einerseits und der Ordnungstheorie andererseits am meisten kontrovers sind.

3 Das heißt, daß es mir hier um eine Kritik des theoretischen Ansatzes geht, mit dem Egon Sohmen so meisterhaft gearbeitet hat, und der immerhin einen wesentlichen Teil der vorherrschenden ökonomischen Theorie ausmachte und wahrscheinlich noch ausmacht. Doch da ich das Vergnügen hatte, mit Egon Sohmen bereits als Student über Wirtschaftstheorie zu diskutieren, und dabei zum Beispiel auch seine Auseinandersetzungen in der Wechselkurs-Debatte miterleben konnte, weiß ich, wie sehr er den wissenschaftlichen Diskurs schätzte.

1. Institutionelle Neutralität der Allokationstheorie

Als methodologisches Prinzip erfordert institutionelle Neutralität eine strikte Trennung der zugrundeliegenden – in diesem Fall paretianischen – Werturteile und der ableitbaren Optimalitätsbedingungen von der Frage nach jenen institutionellen Vorkehrungen, die zur Realisierung dieser Bedingungen als am besten geeignet erscheinen (SOHMEN 1976, 5. 439). Diese Vorgehensweise soll es erlauben, möglichst wenige Werturteile fallen zu müssen. Auf diese Weise soll vermieden werden, daß einige Ergebnisse aus politischen oder ideologischen Gründen unbeabsichtigt den Vorzug erhalten.[4]

1.1 Allokation als Problem einer zweckgerichteten Ordnung

Bevor dieses methodologische Prinzip diskutiert wird, mag es nützlich sein, sich den allgemeinen theoretischen Ansatz der Wohlfahrtsökonomik in Erinnerung zu rufen. Der erste Schritt ist eine Übung in Logik: die Bedingungen für eine effiziente Ressourcenallokation werden ohne Bezugnahme auf reale oder denkbare institutionelle Vorkehrungen deduziert, welche zur Realisierung von Effizienz geeignet wären. Der zweite Schritt ist instrumental: er erfordert eine Analyse jener institutionellen Vorkehrungen, die Erfolg versprechen, wenn sie zur Erreichung einer effizienten Ressourcenallokation eingesetzt werden.

Der Ansatz impliziert eine bestimmte Vorstellung von der Wirtschaftsordnung. Bei gegebenem (statischen) Effizienzziel wird die Wirtschaft als zweckgerichtet, d.h. als eine Organisation (vgl. HAYEK 1966, 5. 163) angesehen. Und der (wissenschaftliche) Beobachter des Systems unterstellt, es werde ausreichendes Wissen entweder vorhanden oder zu erwerben sein, um diese abstrakten Ergebnisse zu realisieren, aber auch, um jene Fälle zu identifizieren und zu korrigieren, bei deren Realisierung der gewählte Allokationsmechanismus versagt.

Bei Annahme des durch die Optimalitätsbedingungen definierten Effizienzzieles und bei Anwendung des Prinzips der institutionellen Neutralität, ist es möglich,

a) einen Wettbewerbstyp im Sinne des Marktstruktur-Marktverhalten Marktergebnis-Ansatzes zu spezifizieren, der Effizienz sichern und somit als Wegweiser für die Wettbewerbspolitik dienen könnte;
b) eine Vielzahl von Fällen des Marktversagens zu identifizieren, welche, zumindest prinzipiell Anlaß für staatliche Maßnahmen – seien es Interventionen oder direkte Kontrollen – bietet,
c) privates und öffentliches Eigentum in pragmatischer Weise zu nutzen, d.h. unbehindert durch zusätzliche Werturteile oder ideologische Überlegungen.

4 Dies kann als Teil dessen betrachtet werden, was KENNETH E. BOULDING (1952, S. 32) als die „merkwürdig platonische Liebe zwischen Wohlfahrtsökonomik und Ethik" beschrieben hat.

Dieses weitverbreitete, in Analogie zur klassischen Mechanik entwickelte Verständnis des Allokationsproblems und seiner Lösung unterscheidet sich wesentlich von jener prozeßtheoretischen Sicht des Marktes, die auf die großen schottischen Moralphilosophen zurückgeht und die besonders auch für die Hayeksche Theorie der Wirtschaftsordnung charakteristisch ist. Hayeks Ansatz ist eng mit der Systemtheorie verbunden, da er die Verbindungen zwischen institutionellen Vorkehrungen und wirtschaftlichem Verhalten hervorhebt. Darüberhinaus betont er die normative Fundierung von Institutionen. Aus diesem Grund kann das Prinzip der institutionellen Neutralität bei der Analyse eines Wirtschaftssystems nicht angewandt werden.

Aus dieser systemtheoretischen Sicht sind die Muster wirtschaftlichen Handelns, welche aus dem Marktprozeß hervorgehen, das evolutorische Produkt zweier Faktoren: der Selbstkoordination sowie der Selbstkontrolle im Verlauf eines *Tâtonnement* im eigentlichen und daher nicht-walrasianischen Sinn des Wortes. Selbstkoordination findet innerhalb eines Netzwerkes von Transaktionen zwischen autonomen Individuen oder Organisationen (hauptsächlich Unternehmen) statt. Das Netzwerk selbst ist äußerst komplex und durch ständigen Wandel gekennzeichnet. Ferner ist es im höchsten Grade informativ, da bei jeder Transaktion Information über Knappheit erworben, verarbeitet und verbreitet wird. Selbstkontrolle wird wirksam, sobald potentielle Transaktionspartner eine Position erreicht haben, die es ihnen gestattet, die Bedingungen eines in Aussicht genommenen Tausches im Hinblick auf die Möglichkeit der Substitution von Transaktionspartnern (oder -objekten) festzulegen, d.h. sobald wirksamer Wettbewerb möglich ist. Selbstkoordination und Selbstkontrolle liefern vorübergehende Allokations- und Verteilungsmuster. Sie reflektieren eine spontane Ordnung, eine Wirtschaftsordnung, die von ADAM FERGUSON (1776) treffend als „Ergebnis menschlichen Handelns, doch nicht [als] die Ausführung irgendeines menschlichen Entwurfs“[5] beschrieben wurde.

Im Hinblick auf die zwei Kernelemente eines marktwirtschaftlichen Systems, nämlich Selbstkoordination und Selbstkontrolle, müssen bestimmte institutionelle Vorkehrungen getroffen werden. Selbstkontrolle erfordert, daß der Staat

a) private Eigentumsrechte als Tauschobjekte, als Elemente der Begrenzung von individuellen Einflußsphären definiert und sichert, die von den Inhabern derartiger Rechte in eigener Verantwortung genutzt werden können;
b) die Autonomie aller Wirtschaftssubjekte herstellt (in dem Sinne, daß ihnen gleicher Rechtsstatus verliehen wird), was sie veranlaßt, in allen jenen Fällen, in denen sie bei der Verfolgung ihrer individuellen (wirtschaftlichen) Ziele auf die Zusammenarbeit mit anderen angewiesen sind, ihre Wirtschaftspläne nur durch Aushandeln von Verträgen zu koordinieren;

5 Dieses Zitat findet sich bei HAYEK (1969a, S. 97 Fn. 1).

c) die wirtschaftliche Freiheit privater Akteure garantiert, indem er ihnen entsprechende ökonomische Grundrechte gewährt, die vor staatlicher Einflußnahme geschützt sind.

Letztlich erfordert die Selbstkoordination dezentralisierter ökonomischer Entscheidungsträger die Herstellung und Sicherung dessen, was DAVID HUME in seinem Buch „Über Moral" (1739/1978, 5. 274) als „Sicherheit des Besitzes, ... Übertragung durch Zustimmung und ... Erfüllung von Versprechungen" beschrieben hat.

Selbstkontrolle erfordert die Sicherung des Wettbewerbs durch Gesetz. Eine entsprechende Gesetzgebung wird notwendig, weil nicht ausgeschlossen werden kann,

a) daß die Vertragsfreiheit zur Einschränkung eben dieser Freiheit mißbraucht wird, und zwar durch Beschränkung des Wettbewerbs;
b) daß die Wirtschaftssubjekte ihre Wettbewerber mit unlauteren Praktiken behindern, anstatt zu versuchen, sie durch das Angebot überlegenerer Substitute zu verdrängen;
c) daß die Interdependenz von privaten Wirtschaftsakteuren, welche die Arbeitsteilung widerspiegelt, in einigen Fällen zu einer andauernden Abhängigkeit und damit zu einer Quelle ökonomischer Macht degeneriert, die dann von Substitutionsmöglichkeiten unkontrolliert bleibt.

1.3 Gegensätzliche Sichtweisen des Marktprozesses

Selbstkoordination und Selbstkontrolle gehen einher mit Katallaxie,[6] d.h. mit einem wechselseitigen Anpassungsprozeß autonomer Wirtschaftsakteure im Markt. Die institutionellen Vorkehrungen, die zur Katallaxie führen, ähneln jenen Strukturelementen der Staatsverfassung von Demokratien, die den Rechtsstaat sichern sollen. Auf der einen Seite wird jenen Autonomie gewährt, die den Verfassungsauftrag zu Gesetzgebung und Regierung haben. Da jedoch auf der anderen Seite Autonomie tendenziell Gelegenheit zur Machtausübung mit sich bringt, wird ein ausgefeilter Kontrollmechanismus benötigt, um willkürliche Machtausübung zu verhindern. In vergleichbarer Weise besteht die institutionelle Infrastruktur, welche die Katallaxie unterstützt, aus gesicherten Gelegenheiten zu autonomem, selbstverantwortlichem Handeln. Es werden aber auch Institutionen zur Verhinderung willkürlicher Machtausübung benötigt, die sich auf Wettbewerbsbeschränkungen stützt.

6 HAYEK (1981a, S. 150 und S. 234 Fn. 2) führt diesen Begriff ein unter Hinweis auf Richard Whatley und seinen eigenen akademischen Lehrer Ludwig von Mises. Er stellt eine klare Verbindung zwischen dem Wirtschaftsprozeß und institutionellen Vorkehrungen her, wenn er anschließend feststellt (S. 151): „Eine Katallaxie ist so die besondere Art spontaner Ordnung, die vom Markt dadurch hervorgebracht wird, daß Leute innerhalb der Regeln des Eigentums-, Schadenersatz- und Vertragsrechts handeln."

Aufgrund der strukturellen Ähnlichkeit kann man argumentieren, daß ein Verfassungsstaat sowohl eine politische als auch eine wirtschaftliche Verfassung erfordert.[7] Betrachtet man beide Verfassungselemente, wird eine besondere Beziehung zwischen Staat und Gesellschaft deutlich, von der die Katallaxie ein integraler Bestandteil ist: es ist ein duales System, in dem eine klare Trennung besteht zwischen dem Staat einerseits und der privatrechtlich geregelten Gesellschaft andererseits.[8] Dieses Bild der Gesellschaft prägt auch die Verfassung von Virginia, in der sich das Staatsdenken John Lockes widerspiegelt. Der Grundwert, der den institutionellen Überbau aus politischer und wirtschaftlicher Verfassung dominiert, ist der Wert der individuellen Freiheit im Kantschen Sinne. Daher ist es gerechtfertigt, ein solches institutionelles Arrangement in Übereinstimmung mit HAYEK (1960/83) als eine Verfassung der Freiheit zu bezeichnen.

Historisch gesehen kam der bürgerliche Verfassungsstaat des 19. Jahrhunderts dem oben skizzierten Ideal der Trennung von Staat und Wirtschaft am nächsten. Danach wurden Staat und Gesellschaft im Subsystem Wirtschaft infolge des wirtschaftspolitischen Interventionismus zunehmend miteinander verflochten. Zahlreiche Interventionen wurden durch Marktversagensargumente gerechtfertigt, die von der Wohlfahrtsökonomik bereitwillig geliefert wurden. Meistens jedoch wird – wenngleich teilweise durch Argumente des Marktversagens verdeckt – auf verteilungspolitische Gründe Bezug genommen, d.h. auf eine entsprechende Interpretation des Ziels der sozialen Gerechtigkeit.[9]

Sobald durch Anwendung von Effizienzbedingungen Marktversagen diagnostiziert wird und sobald Interventionen geplant werden zur Erreichung spezifischer Marktergebnisse, welche entsprechend der Interpretation des Ziels der sozialen Gerechtigkeit als wünschenswert angesehen werden, entsteht ein grundsätzliches Problem. Es ergibt sich aus der Unmöglichkeit, die Frage der Allokation isoliert von den Grundwerten zu betrachten, welche Institutionen immanent sind. Wie bereits dargelegt, reflektieren jene Institutionen, welche den institutionellen Rahmen für eine marktwirtschaftliche Ordnung bilden, die individuelle Freiheit als alleinigen Grundwert. Die Theorie der Wirtschaftsordnung führt daher zu der Behauptung, daß die Anwendung des Prinzips der institutionellen Neutralität in der Allokationstheorie zu schwerwiegenden Fehlinterpretationen des Marktprozesses führt. Und es muß betont werden,

---

7 Für eine Weiterentwicklung der Konzeption der Wirtschaftsverfassung siehe MESTMÄCKER (1978, S. 27 ff.). SOHMENS (1976, S. 447 f.) Verständnis der Wirtschaftsverfassung scheint von dieser Ansicht abzuweichen. Indem er sich auf Markt- versagen bezieht, hebt er als Hauptelemente des wirtschaftlichen Teils der Verfassung jene Sektoren hervor, die entweder aus dem Marktsektor herausgenommen oder vom Staat reguliert werden sollten.

8 Infolgedessen bezeichnete FRANZ BÖHM (z.B. 1966), einer der geistigen Väter der deutschen „Sozialen Marktwirtschaft“ und ein starker Verfechter der marktwirtschaftlichen Ordnung, eine solche Gesellschaft als „Privatrechtsgesellschaft“.

9 An anderer Stelle (STREIT 1987, 5. 4 ff.) habe ich unter Berücksichtigung der Besonderheiten des demokratischen Prozesses die Konsequenzen einer solchen Intervention für den institutionellen Rahmen im allgemeinen und für den Charakter des Rechts im besonderen diskutiert.

a) daß der Marktprozeß kein Allokationsmechanismus ist, welcher losgelöst von seinem institutionellen Rahmen als bloßes Instrument eingesetzt wer den könnte;
b) daß der institutionelle Rahmen des Marktprozesses ein grundlegendes Werturteil widerspiegelt, das ein pragmatisches Vorgehen nicht erlaubt, ohne normative Probleme entstehen zu lassen.

Zusätzliche Implikationen der Interpretation des Marktprozesses als eine durch einen spezifischen institutionellen Rahmen gesicherte Katallaxie werden in den folgenden Abschnitten diskutiert.

2. Das Eigentumskonzept und die Rolle des Wettbewerbs

Die Behauptung, der Marktprozeß könne nicht getrennt von seinem institutionellen Rahmen betrachtet werden, mag fragwürdig erscheinen, wenn man das Eigentumskonzept empirisch untersucht: Innerhalb und zwischen Wirtschaftssystemen kann eine große Vielfalt in der Ausgestaltung von Eigentumsrechten beobachtet werden. In marktwirtschaftlichen Ordnungen werden staatseigene Unternehmen z.B. auch außerhalb des Bereichs der Versorgung mit Kollektivgütern tätig. In sozialistischen Systemen scheinen Unternehmen, die öffentliches Eigentum nutzen, ähnlich organisiert zu sein wie die in einer Marktwirtschaft vorhandenen Genossenschaften. In marktwirtschaftlichen Ordnungen ermöglicht die Rechtsform der Kapitalgesellschaft eine Trennung von Management und Eigentümern. Das gleiche scheint in sozialistischen Systemen möglich zu sein, wo staatseigene Genossenschaften von Arbeiterräten betrieben werden und scheinbar unter Marktbedingungen operieren.[10]

2.1 Privateigentum als Bezugspunkt

Können diese und ähnliche Beobachtungen die These stützen, daß Eigentum als die Schlüsselinstitution in bezug auf eine marktmäßige Koordination als neutral anzusehen ist? Zur Beantwortung dieser Frage mag eine Betrachtung verschiedener Eigentumsvarianten im Hinblick auf die folgenden Hauptmerkmale des Privat- oder Sondereigentums nützlich sein:

a) Ausschließbarkeit, d.h. das Recht der Veräußerung von Eigentum sowie das Recht auf Aneignung von Erträgen aus Verfügungen sollten eindeutig und gänzlich dem Eigentümer zuschreibbar sein;
b) Teilbarkeit, d.h. das Recht der Verfügung und das Recht auf Aneignung sollten teilbar und zeitweise auf andere Personen übertragbar sein;

10 Die Beobachtungen werden auch von SOHMEN (1976, S. 441 ff.) erwähnt, um die Variationsmöglichkeiten bezüglich des Eigentumskonzeptes aufzuzeigen. Sie werden schließlich zur Stützung des Gedankens der institutionellen Neutralität benutzt und führen zu der Schlußfolgerung (S. 448), daß selbst ausschließliches Staatseigentum an Produktionsmitteln nicht den Verzicht auf eine effiziente Koordination durch Märkte erfordere.

c) Übertragbarkeit, d.h. Eigentumsrechte sollten nicht nur teilweise und zeitweise, sondern auch als Ganzes auf andere Personen übertragbar sein.

Der rechtliche Rahmen für Eigentumsrechte muß auf dem Prinzip der Universalisierbarkeit fußen, d.h. entsprechende rechtliche Vorkehrungen sollten (1) allgemein sein, d.h. anwendbar auf jedermann; sie sollten (2) offen sein, d.h. lediglich Handlungen untersagen, die gesetzeswidrig sind, und sie sollten (3) sicher sein, d.h. die zuvor erwähnten gesetzlichen Grenzen"[11] sollten so gezogen sein, daß sie in der Praxis einigermaßen klar zu erkennen sind.

Aus ökonomisch-funktionaler Sicht lassen diese Merkmale folgende Konsequenzen erwarten, vorausgesetzt die handelnden Wirtschaftssubjekte verfolgen ihr Selbstinteresse:

a) Ausschließbarkeit ist notwendig, um die Autonomie der Marktakteure zu sichern; sie gestattet die Internalisierung sowohl der Erträge als auch der Kosten der Nutzung von Eigentumsrechten und führt – infolgedessen – zu einer Zuweisung von Verantwortung.
b) Teilbarkeit vermehrt für Eigentümer und Nichteigentümer die Möglichkeiten, von einer Spezialisierung zu profitieren, ohne die Letztverantwortung zu schmälern.
c) Übertragbarkeit ist ein grundlegendes rechtliches Erfordernis für Transaktionen zwischen autonomen Akteuren und daher für eine Katallaxie unerläßlich.
d) Universalisierbarkeit fördert die Stabilisierung von Erwartungen, indem der Handlungsfreiheit Grenzen gesetzt werden, ohne jedoch eine innovative Verwertung von Eigentumsrechten zu unterdrücken.

2.2 Arten von Eigentumsrechten

Wenn wir uns nun kurz den zu Beginn dieses Abschnitts erwähnten Beispielen für Arten von Eigentumsrechten zuwenden, scheinen die folgenden Punkte für die weitere Diskussion wichtig zu sein: staatseigene Unternehmen in Marktwirtschaften sind noch keinerlei Beweis zugunsten der Neutralität des Eigentums als Institution. In einer wettbewerblichen Umgebung und ohne politische Einmischung können solche Unternehmen – auf den ersten Blick – eine Leistung erbringen, die der von Privatunternehmen vergleichbar ist. Wenn man jedoch die Teilung der Eigentumsrechte zwi-

---

11 Wenn ALCHIAN und DEMSETZ (1973, S. 17) Eigentumsrechte als „sozial anerkannte Handlungsrechte" beschreiben, betonen sie damit tendenziell einen von Hayek immer wieder vorgebrachten Aspekt. Es ist nicht nur und nicht einmal hauptsächlich das formale Recht, welches das menschliche Handeln in einer freiheitlichen Gesellschaft lenkt. Ebenso wichtig und in vielen Fällen wichtiger sind alle jene ungeschriebenen Verhaltensregeln, die als Beschränkungen akzeptiert werden, nicht zuletzt auch bei der Nutzung von Eigentumsrechten. Ihre Akzeptanz reflektiert gemeinsame Werte wie auch die Fähigkeit, in befriedigender Weise zur Lösung von Routineproblemen beizutragen. Sie machen darüberhinaus Verhalten vorhersehbar (indem sie Komplexität reduzieren) und tragen somit in einer Welt der Ungewißheit zur Stabilisierung von Erwartungen bei. (Siehe z.B. HAYEK 1967; O'DRISCOLL und RIZZO 1985, S. 119 f.).

schen dem Staat und den Unternehmensmanagern untersucht, muß man das Selbstinteresse derjenigen berücksichtigen, die im Namen des staatlichen Eigentümers handeln. Dies macht sich zum Beispiel meist dann bemerkbar, wenn ein solches Unternehmen in wirtschaftliche Schwierigkeiten gerät. Bei staatlichem Eigentum kann nur zu leicht politischer Druck erzeugt werden, um ein solches Unternehmen zum Beispiel im Namen eines „nationalen Interesses" zu sichern. Aus den gleichen Beweggründen können Politiker staatseigene Unternehmen als Instrumente im Rahmen einer interventionistischen Industriepolitik wählen, mit denen der technische Fortschritt gefördert werden soll.[12] In beiden Fällen können – anders als im Fall des Privateigentums -, die Kapitalmärkte keine ausreichende Kontrolle ausüben. Dann wird Verantwortlichkeit, wie sie durch die Ausschließbarkeit bei Privateigentum etabliert wurde, zu einem politischen Problem, bei dem der Steuerzahler letztlich die Last zu tragen hat.[13]

Das zweite, oben erwähnte Beispiel war die Trennung von Management und Eigentümer, wie sie in einem marktwirtschaftlichen System im Fall von Kapitalgesellschaften möglich ist. Wiederum ist es unmöglich, in einem sozialistischen Wirtschaftssystem institutionelle Vorkehrungen zu treffen, die eine analoge Überlegung gestatten. Dies gilt selbst für die Kontrollprobleme, welche in einem marktwirtschaftlichen System den Eignern von Kapitalgesellschaften entstehen. Die Diskussion dieser Probleme, im Anschluß an die Arbeiten von BERLE und MEANS (1932) hat zu theoretischen und empirischen Ergebnissen[14] geführt, welche den Nachweis der Nichtneutralität institutioneller Vorkehrungen erlauben. Das wichtigste Ergebnis bestand darin, daß Schwierigkeiten der Eigentümer mit der direkten Kontrolle der Manager zu viel Aufmerksamkeit gewidmet wurde, während die indirekte Kontrolle durch die Kapitalmärkte unterschätzt wurde. Das Ausmaß dieser indirekten Kontrolle (z.B. durch potentielle oder aktuelle Übernahmeangebote) hängt wesentlich von der Ausgestaltung des Rechts ab, dem solche Gesellschaften ebenso wie der Handel mit Kapitalanteilen unterworfen sind. Kapitalmärkte können definitionsgemäß nicht in einer Wirtschaft existieren, die allein auf öffentlichem Eigentum beruht. Bisher konnten für eine solche Wirtschaft keine Instrumente entwickelt werden, die der Qualität einer Allokation durch ein diversifiziertes System von Kapitalmärkten gleich kämen. Dies gilt insbesondere im Hinblick auf die Versorgung mit Kapital für innovative Zwecke.

---

12 Dabei sollte nicht vergessen werden, daß eine solche Politik teilweise mit Argumenten verfochten wird, die aus der Wohlfahrtsökonomik entliehen sind (z.B. Externe Effekte, Risikoverhalten). Das Argument, daß ein solches Vorgehen häufig einen Nirwana-Ansatz (DEMSETZ 1969, S. 160) beinhaltet, scheint insoweit wenig politische Wirkung gehabt zu haben. Dies überrascht jedoch nicht angesichts der Tatsache, daß Demsetz' Kritik selbst viele Wirtschaftstheoretiker nicht beeindruckt hat, obwohl sie direkt und überzeugend gegen einen von ARROW (1962) gemachten Vorschlag gerichtet war, der den Standpunkt der konventionellen Wohlfahrtsökonomik einnahm.

13 Interessanterweise bieten die staatseigenen Unternehmen in Frankreich und Österreich, die SOHMEN (1976, S.441) erwähnt hatte, heute ein Gegenbeispiel zu seiner Argumentationskette.

14 Die Ergebnisse der Diskussion des Managerialismus werden z.B. von LEIPOLD (1983, S. 48ff.) aus der Sicht der Eigentumsrechte zusammengefaßt.

Genossenschaften, das dritte Beispiel, sind eine vergleichsweise seltene Organisationsform in modernen marktwirtschaftlichen Systemen. Dies ist im wesentlichen durch zwei Probleme plausibel erklärbar, welche bei dieser Organisationsform besonders schwer zu lösen sind: Entscheidungs-[15] und Kontrollprobleme. Wenn eine Genossenschaft als Organisation ausreichenden Zusammenhalt hätte, würde es der kollektive Entscheidungsprozeß erfordern, daß die Kosten der Konsensfindung so gering wie möglich gehalten werden, ohne das einzelne Mitglied zu stark finanziellen Risiken auszusetzen, welchen es nicht unterläge, wenn seine Stimme ausschlaggebend gewesen wäre.[16] Doch das Handeln in einem marktwirtschaftlichen Umfeld erfordert mehr Findigkeit und Intuition und eine schnellere Entscheidungsfindung, als mit kollektiven Prozeduren vereinbar wäre, welche demokratischen Erfordernissen entsprächen. Wird jedoch die Entscheidungsfindung delegiert, verschärft sich tendenziell das Kontrollproblem, je mehr eine Genossenschaft auf die direkte Kontrolle durch ihre Mitglieder angewiesen ist. Dies ist wiederum umso eher der Fall, je weniger eine Übertragung der Mitgliedschaft und der entsprechenden Eigentumsrechte vorgesehen ist.[17] Im nächsten Abschnitt wird dargelegt werden, daß sich die ökonomischen Probleme von Genossenschaften dramatisch verschärfen, wenn sich ihre Mitglieder für die Nutzung von Gemeineigentum anstelle von Privat- oder Sondereigentum entscheiden.

2.3 Subjektives Wissen, Transaktionskosten und Wettbewerb

Jede Kontrolle einer bestimmten Nutzung von Eigentumsrechten erfordert Information über alternative Nutzungen, d.h. über Substitutionsmöglichkeiten. Und es ist Aufgabe des Wettbewerbs, eine solche Kontrolle in einem marktwirtschaftlichen System zu bewirken. Am wichtigsten für den Wettbewerb ist dabei Information – oder genauer: subjektives Wissen. So gesehen ist Wettbewerb ein Prozeß, in dessen Verlauf

a) Wissen über Substitutionsmöglichkeiten (d.h. Opportunitätskosten) entdeckt und verbreitet wird,
b) eine Kontrolle der Nutzung von Eigentumsrechten durch aktuelle und potentielle Substitution von Transaktionspartnern (und -objekten) erfolgt,
c) Anreize zur erneuten Überprüfung der Struktur von individuellen Eigentumsrechten durch transaktionsbedingte pekuniäre externe Effekte von Transaktionen in kodierter Form signalisiert werden.

---

15 Das Entscheidungsproblem wird auch von SOHMEN (1976, S. 442) gesehen, wenn er auf die Tatsache hinweist, daß Genossenschaften mit einer großen Mitgliederzahl dazu tendieren, in Aktiengesellschaften umgewandelt zu werden, um die Flexibilität und die Handlungsfreiheit des Managements am Markt zu vergrößern.

16 Entsprechend dem „Calculus of Consent" (BUCHANAN und TULLLOCK 1962) ist es das Problem des Findens eines demokratischen Entscheidungsprozesses, der die Kosten der Interdependenz minimiert.

17 Für eine Diskussion der organisatorischen Probleme von auf Privateigentum basierenden Genossenschaften vgl. VANBERG (1982, S. 176 if.).

Ein solches Wettbewerbsverständnis bedeutet jedoch, daß man den Wettbewerbsprozeß nicht adäquat durch ein Modell beschreiben kann, welches einen bestimmten Informationsstatus der Marktteilnehmer als gegeben voraussetzt. Dabei macht es keinen gravierenden Unterschied, ob es sich um einen Zustand der vollkommenen oder der unvollkommenen – von einem dem (wissenschaftlichen) Beobachter des Prozesses bekannten Nirwanazustand abweichenden – Information handelt. Wenn man die Allokationsprobleme einer Gesellschaft als Entscheidungsprobleme formuliert, wird der Wettbewerbsprozeß und seine Funktion in einer marktwirtschaftlichen Ordnung praktisch unzugänglich; denn er setzt voraus, daß man von der Annahme einer gegebenen Menge knapper Güter ausgeht. „Aber welche Güter knapp oder welche Dinge Güter sind, oder wie knapp oder wertvoll sie sind, ist gerade einer der Umstände, die der Wettbewerb entdecken soll" (HAYEK 1969b, S. 253). Obwohl in der Wohlfahrtsökonomik bereitwillig eingeräumt wird, daß der Wettbewerb nicht vollkommen sein kann und eher als ein Anpassungsprozeß aufzufassen ist (z.B. SOHMEN 1976, 5. 14), bleibt das Kernproblem bestehen. Anpassung in diesem Sinn kann nur als Anpassung an bekannte ökonomische Bedingungen modellmäßig erfaßt werden. Ferner muß dabei Innovation als das definitionsgemäß Unbekannte völlig außer acht bleiben.[18]

Betrachtet man den Erwerb und die Nutzung von Information als den Kern des Wettbewerbsprozesses, kommen die Transaktionskosten ins Spiel.[19] Daß laufende Transaktionskosten Informationskosten (oder noch genauer Kommunikationskosten) sind, ist bereits seit Ronald Coases bahnbrechendem Beitrag (COASE 1960, S. 15) anerkannt. Angebot und Nachfrage in Übereinstimmung zu bringen, erfordert einen Such- und Signalisierungsprozeß, die Festlegung von Tauschbedingungen setzt Verhandlung sowie Vertragsabschlüsse voraus, und die Sicherung der Durchsetzung eines Vertrages erfordert Kontrolle. Doch laufende Transaktionskosten wären für die Wohlfahrtsökonomik kein wirkliches Problem, wenn sie sich analytisch zum Beispiel wie bekannte Transportkosten behandeln ließen.[20] Dies kann jedoch nicht geschehen, ohne daß man in der Sackgasse eines „fundamentalen Paradoxons für die Nachfrage nach Information endet: ihr Wert für den Käufer ist nicht bekannt, solange er sie nicht tatsächlich kostenlos erworben hat" (ARROW 1962, S. 48). Infolgedessen wird eine Optimierung des Informationserwerbs durch Angleichung von Grenzkosten und Grenzertrag unmöglich. Transaktionskosten implizieren deshalb – anders als Substitutions-

18 Die analytische Konsequenz, die sich aus einer adäquaten Interpretation des Wissensproblems und der Rolle des Wettbewerbs ergibt, bereitet einiges Kopfzerbrechen und mag erklären, warum viele Ökonomen an einer Welt der Gewißheit oder der Gewißheitsäquivalente festhalten, wenn sie die marktwirtschaftliche Ordnung modellieren. HAYEK (1969b, S. 250) hat es deutlich formuliert: „Wo wir aber die Tatsachen, die wir mit Hilfe des Wettbewerbs entdecken wollen, nicht schon vorher kennen, können wir auch nicht feststellen, wie wirksam er zur Entdeckung aller relevanten Umstände führt, die hätten entdeckt werden können."

19 Für eine Analyse des Wettbewerbsprozesses aus der Transaktionskostenperspektive vgl. STREIT und WEGNER (1989).

20 Oder, wie STIGLER (1967, S. 291) das Problem in Übereinstimmung mit dieser Theorietradition dargelegt hat: „Informationskosten sind gleichsam die Kosten für den Transport von der Unwissenheit zur Allwissenheit, und selten kann sich ein Käufer die ganze Reise leisten" (Übers. W.K.).

kosten – nicht einfach Unterschiede zwischen Substitutionsraten, die – im Gleichgewicht – minimal sein müssen. Sie lassen vielmehr eine unbekannte Zahl von Substitutionsmöglichkeiten offen. Jene Substitutionsmöglichkeiten, die zufällig entdeckt werden, werden bis zu dem Grad ausgenutzt, bis zu dem dies im Hinblick auf die bekannten Substitutionskosten gewinnbringend ist, während die entstandenen Transaktionskosten als versunken behandelt werden.[21]

Im Hinblick auf den Wettbewerbsprozeß schließen Transaktionskosten jede Ähnlichkeit mit einem Mechanismus aus. Die Wettbewerbsintensität hängt weitgehend davon ab, welche Neigung bei Käufern und Verkäufern besteht, in Transaktionskosten zu investieren, die als versunkene Kosten zu betrachten sind, aber auch davon, mit welcher Tüchtigkeit und welchem Glück sie jene Tatsachen entdecken, die sich schließlich als wertvolles Wissen erweisen. Das wirtschaftliche Überleben von Anbietern wird von ihrer Fähigkeit abhängen, sich gegen den Wettbewerbsdruck durch Schaffung von Substitutionslücken zu schützen. Das heißt, daß Innovation, aber auch Kommunikation mit potentiellen Käufern an Bedeutung gewinnen gegenüber der Anpassung – einschließlich der Imitation – als der alleinigen Strategie, die der Wohlfahrtsökonomik zugänglich ist. Es heißt auch, daß vorübergehende Monopolstellungen infolge von Innovation und Werbungsaufwand[22] in einer Weise betrachtet werden müssen, die sich wesentlich von der Wohlfahrtsökonomik unterscheidet.

2.4 *Institutionen und das Transaktionskostenniveau*

Der letzte Punkt im Problemzusammenhang von Transaktionskosten und Wettbewerb betrifft die Institutionen. Eine marktwirtschaftliche Ordnung funktioniert nicht nur auf der Grundlage von Regeln, die zweifelsfrei festlegen, wer das ausschließliche Verfügungsrecht über Eigentum hat. Weitere rechtliche Vorkehrungen sind erforderlich, um seine Übertragbarkeit zu gewährleisten, einschließlich der Durchsetzung von Verträgen und der Aufstellung von Verfahrensregeln, welche die Beilegung von möglicherweise bei der Eigentumsnutzung oder -übertragung entstehenden Konflikten zwischen den Marktakteuren erlauben. Diese Regeln, die zu dem für die marktwirtschaftliche Ordnung (externen) rechtlichen Rahmen gehören, werden durch interne Institutionen[23] ergänzt, wie etwa allgemeine Geschäftsbedingungen sowie Handelssit-

21 Für eine eingehendere Analyse des hier angesprochenen Transaktionskostenproblems vgl. STREIT und WEGNER (1989).

22 Die Informationseigenschaft der Werbung wird von der Wohlfahrtsökonomik ebenfalls anerkannt (z.B. SOHMEN 1976, S. 278). Doch wird dabei weit mehr auf ihren möglichen Mißbrauch abgehoben. Dies geschieht üblicherweise durch Annahme eines Beobachters, der über objektive Qualitätskriterien verfügt und Abweichungen von der Homogenität konstatieren kann (vgl. ebenda, S. 278 ff.). Derartiges ist indes unmöglich, wenn man vom Standpunkt des subjektiven Wissens ausgeht und den methodologischen Individualismus entsprechend anwendet. Was dann zu kritisieren bleibt, sind Fälle von Täuschung. Und diese können den Gerichten überlassen werden.

23 Die Unterscheidung zwischen externen und internen Institutionen wurde von LACHMANN (1963, S. 66) vorgeschlagen.

ten und Handelsgewohnheiten. Sie werden von den Marktakteuren im Verlauf des permanenten Austauschprozesses autonom entwickelt. Externe wie auch interne Institutionen haben Informationswert, wenn sie zur Reduzierung der laufenden Transaktionskosten beitragen.

Hier wird wiederum ein wesentlicher Unterschied im Vergleich zur Wohlfahrtsökonomik deutlich: sobald die Unmöglichkeit vollkommenen Wissens ernst genommen wird, wird es notwendig, ein Wirtschaftssystem vom Standpunkt „der Wirtschaftlichkeit, mit der es das Wissen ausnutzt" her zu untersuchen, d.h. zu fragen, „wie wenig die einzelnen Teilnehmer zu wissen brauchen, um die richtige Handlung vornehmen zu können." (HAYEK 1945/52, S. 115). In dem Ausmaß wie Institutionen Informationswert im Hinblick auf die Wissensteilung besitzen, welche eine Begleiterscheinung der Arbeitsteilung ist, verlieren sie auch ihre Neutralität im Hinblick auf die Ressourcenallokation.

3. Die sozialistische Alternative: wettbewerbliche „Lösungen"

Nachdem das Fehlen ökonomischer Neutralität von Institutionen sowie der Zusammenhang zwischen Wissen und Wettbewerbshandlungen aufgezeigt wurde, wird es möglich, sich einem Argument zuzuwenden, welches seit mehr als einem zweidrittel Jahrhundert Tradition hat. Es handelt sich dabei um ein beredtes Beispiel für die politische Wirkung, die eine Kombination von ideologischem Wunschdenken mit inadäquater, aber wohletablierter ökonomischer Modellbildung zukommen kann.

3.1 Fehlinterpretationen eines gültigen Arguments

Die Reaktionen auf die von LUDWIG VON MISES (1922/65, S. 85) vorgebrachten Argumente „die Alternative heißt immer noch entweder Sozialismus oder Marktwirtschaft" und „Sozialismus ist der Verzicht auf eine rationale Wirtschaftspolitik" trafen von Anfang an den Kern der Sache. Bereits DICKINSONS (1933) Reaktion lenkte die Diskussion weg von dem grundlegenden Argument. Doch er lag völlig auf der Linie der vorherrschenden, mit der paretianischen Gleichgewichtstheorie befaßten Ökonomik.[24] Es ist interessant zu beobachten, mit welcher Regelmäßigkeit die beiden zentralen Argumente, die von Mises vorgebracht hatte, entweder völlig übersehen oder auf eine bequemere Version reduziert wurden:

---

24 DICKINSON (1933, S. 246 f.) gab der Diskussion die falsche Richtung, als er wie folgt argumentierte: „Die kapitalistische Gesellschaft mit ihren Abweichungen vom Gleichgewicht infolge von individuellen Einkommensunterschieden, Wettbewerb, Monopolen und der wechselseitigen Unwissenheit in bezug auf unternehmerisches Handeln, ist eine sehr unvollkommene Annäherung an des ökonomische Ideal. Die wunderschönen, von Wieser, Marshall und Cassel beschriebenen ökonomischen Gleichgewichtssysteme sind keine Beschreibungen einer Gesellschaft wie sie ist, sondern prophetische Visionen von einer sozialistischen Wirtschaft der Zukunft. SOHMEN (1976, S. 448) ist unter Bezugnahme auf verschiedene kritische Stellungnahmen zu von Mises (z.B. Lange und Lerner) der Ansicht, daß er (Dickinson) in diesen Fall zu weit geht.

„... die treibende Kraft im gesamten Prozeß, der für die Entstehung von Marktpreisen für Produktionsfaktoren verantwortlich ist, ist das ununterbrochene Streben der Kapitaleigner und Unternehmer ihren Profit zu maximieren, indem sie den Konsumentenwünschen dienen."

(MISES 1922/65, S. 82)

„Das Problem der Wirtschaftsrechnung ist ein Problem, das in einer Volkswirtschaft entsteht, die einem ständigen Wandel unterworfen ist, einer Volkswirtschaft, die sich jeden Tag neuen Problemen gegenübersieht, die gelöst werden müssen."

(MISES 1922/65, S. 83)

Von Mises sah klar die evolutorischen Eigenschaften des Wirtschaftssystems, welche Knightsche Ungewißheit implizieren. Entscheidungen über die zu künftige Verwendung von Ressourcen müssen daher notwendig spekulativen Charakter haben. Und von der Spekulation kann man erwarten, daß sie zu einem echten Ausgleich zwischen Risiko und Ertrag führt, wenn die Verantwortlichkeiten für Nutzungsentscheidungen eindeutig zugeordnet sind und wenn es einen Wettbewerb um alternative Nutzungen gibt. Dies erklärt, warum von Mises die Bedeutung von Kapitalmärkten so sehr hervorgehoben hat. Auch betonte er, daß eine Beschäftigung mit der Idee einer stationären Wirtschaftsordnung sogar ausgesprochen irreführend sein kann (MISES 1922/65, 5. 83). In der Diskussion blieben seine Warnungen jedoch völlig unbeachtet. Mit der Aufsplittung des Allokationsproblems in ein kurzfristiges und ein langfristiges Problem, welche jeweils mit unterschiedlichen Methoden zu lösen seien, eröffnete LANGE (1936) eine Denktradition, die noch immer in heutigen Vorstellungen von Marktsozialismus oder von demokratischem Sozialismus dominiert. Sie hat – und das kann man sagen, ohne damit den Einfluß ökonomischer Theorie auf politische Entwicklungen zu überschätzen – für jene ökonomischen Experimente der Gegenwart, die für viele Länder verheerende Folgen hatten, zumindest theoretischen Rückhalt geliefert.[25]

3.2 Eine falsche Dichotomie

Langes wettbewerbliche „Lösung" implizierte kurzfristig die Existenz eines stabilen quasi-stationären allgemeinen Gleichgewichts. Unter dieser Bedingung war es Aufgabe einer zentralen Planungsbehörde, den Gleichgewichtszustand „ähnlich wie im wettbewerblichen Marktprozeß durch Versuch und Irrtum" zu bestimmen (LANGE 1936, S. 94). Mit der Forderung, die Manager sozialistischer Unternehmen hätten so zu handeln, als ob es vollkommene Konkurrenz gäbe, konnte Lange argumentieren, es wäre der Behörde möglich, von beliebig fixierten Preisen für Kapitalgüter und

25 Dies schließt auch das ehemalige Jugoslawien ein, welches nach Meinung von SOHMEN (1976, S. 430) dem Modell eines Konkurrenzsozialismus am nächsten gekommen ist. Für eine neuere Untersuchung der in Jugoslawien und Ungarn erfolgten Experimente mit einem Marktsozialismus vgl. SCHÜLLER (1988).

Zwischenprodukte auszugehen. Bei gegebenen Eigenschaften eines angenommenen Gleichgewichts würden die Gleichgewichtspreise schließlich entdeckt (vorausgesetzt, das System bliebe lange genug stationär, so daß der Planungsbehörde Zeit für die Durchführung ihrer auf Versuch und Irrtum beruhenden Methode bleibt). Langfristig stünde es der Behörde frei, die Wachstumsrate des Kapitals „willkürlich" (LANGE 1936, 5. 93) festzulegen. Für das laufende Kapitalangebot würde der Zinssatz „einfach durch die Bedingung bestimmt, daß die Kapitalnachfrage der verfügbaren Kapitalmenge entspricht" (LANGE 1936, 5. 93). Dies ist trivial, verglichen mit der tatsächlichen Aufgabe, Investitionsgelegenheiten zu entdecken und eine notwendig spekulative Wahl zu treffen, eine Aufgabe, die durch funktionierende – nicht perfekte -Kapitalmärkte erfüllt wird.

Diese Anführung einiger Details sollte zur Illustration der immer noch vorherrschenden Grundstruktur bei wettbewerblichen „Lösungen" genügen, welche mit dem Etikett „Marktsozialismus" oder „demokratischer Sozialismus" versehen werden:

(a) Öffentliches Eigentum an den Produktionsmitteln sollte eine größtmögliche Trennung zwischen der Lösung des Allokationsproblems und der Lösung des Verteilungsproblems ermöglichen, in der sich die egalitären Prinzipien sozialer Gerechtigkeit widerspiegeln sollten.
(b) Kurzfristig sollte die Koordination von Produktions- und Konsumstrukturen den Wettbewerbsmärkten überlassen bleiben, wobei die Unternehmensleitung entweder in den Händen von staatlich angestellten und kontrollierten Managern liegen kann (die sogenannte etatistische Konzeption) oder in den Händen von Arbeiter-Genossenschaften (die sogenannte partizipatorische Konzeption).[26]
(c) Langfristige Entscheidungen, zum Beispiel solche über Wachstum und Struktur der Produktion und über die Qualität von technischem Fortschritt, sollten ausschließlich entweder dem Staat oder demokratischen Entscheidungsverfahren innerhalb eines differenzierten hierarchischen Systems von korporatistischen Organisationen überlassen bleiben.

3.3 Grundprobleme wettbewerblicher „Lösungen"

Berücksichtigt man die in den vorangehenden Abschnitten erzielten Ergebnisse, ist es möglich, sich auf die folgenden Grundprobleme einer „sozialistischen Marktwirtschaft" zu konzentrieren:

a) die Funktionsfähigkeit des Wettbewerbs bei Kollektiveigentum;
b) die Anreizstruktur in Genossenschaften mit Kollektiveigentum;
c) die Problemlösungskapazität des demokratischen Entscheidungsverfahrens in wirtschaftlichen Angelegenheiten.

26 Für einen Überblick über die zwei Konzeptionen, ihre Ursprünge in der Geschichte der sozialistischen Ideen sowie ihre Anwendung in verschiedenen Ländern vgl. LEIPOLD (1984).

Läßt man Oskar Langes merkwürdigen Als-ob-Wettbewerb außer Betracht, bleibt immer noch die Frage, ob Wettbewerb für kurzfristige Problemlösungen initiiert und gesichert werden kann, wenn gleichzeitig für langfristige Problemlösungen kollektive Planungsdaten Verwendung finden sollen.[27] Die Minimalanforderungen für Wettbewerb sind freier Markteintritt (und -austritt)[28] sowie eine klare Zuordnung der Verantwortlichkeiten für die Ergebnisse von Markthandlungen. Die erste Bedingung ist nicht erfüllt, weil investive Fonds entsprechend der kollektiven langfristigen Planung zugeteilt oder zurückgezogen werden müssen. Nur wenn die Planer ein irgendwie geartetes höheres Wissen über die Zukunft besäßen, wäre es ihnen möglich, Kapital in jene Verwendungen zu lenken, die anderenfalls im Wettbewerbsprozeß entdeckt worden wären. Doch in einem solchen Fall, wäre Wettbewerb nicht länger notwendig. Akzeptiert man eine solche Anmaßung von Wissen nicht, wäre zu erwarten, daß die zentralen Investitionspläne von den Erfordernissen und Gelegenheiten abwichen, welche die Manager erkennen könnten. Sie werden jedoch kaum ein Interesse daran haben, die Weisheit der Planungsbehörde in Frage zu stellen. Ganz im Gegenteil, die Arbeit auf der Grundlage von Investitionsplänen gestattet ihnen, jedwedes Risiko zu vermeiden. Und es lohnt nicht, sich für die Wahrnehmung von erfolgversprechenden Investitionsgelegenheiten einzusetzen, da die geltende Eigentumsstruktur eine Internalisierung von Gewinnen ausschließt. Auch der Marktaustritt ist eine Frage von Planung und nicht der Selektion durch Wettbewerb. Risikoübernahme wird somit zu einer Funktion des staatlichen Budgets. Politische Verantwortung für ökonomische Fehlentscheidungen läßt sich daher – um es gelinde auszudrücken – schwer etablieren. Mit diesen wenigen, auf umfangreicher Erfahrung beruhenden Erklärungen sollte bereits hinreichend deutlich geworden sein, daß es einer Farce nahekommt, wenn im Zusammenhang mit der etatistischen Konzeption des Marktsozialismus von Wettbewerb gesprochen wird.

Im Hinblick auf die partizipatorische Konzeption ließe sich vielleicht hoffen, daß die Arbeiter-Genossenschaften eine stärkere Motivation besäßen, Chancen aufzuspüren und zu nutzen, die ein wettbewerblicher Marktprozeß zu entdecken erlaubt. Doch wieder einmal führen die institutionellen Vorkehrungen, einschließlich des Fehlens

27 Dies entspräche auch Sohmens Überlegungen, der die möglichen Anreizprobleme von Planungsbürokratien und staatlichen Managern erkannt hatte (SOHMEN 1976, S. 450 f.). Er behauptet, daß Wettbewerb als ein Heilmittel möglich ist, selbst wenn es nur Kollektiveigentum an Produktionsmitteln gäbe (SOHMEN 1976, S. 448), doch daß es ratsam ist, Wettbewerbspolitik mit dem Ziel des Ausschlusses von Marktmacht zu betreiben (ebenda, S. 451). Er erklärt nicht, wie diese Politik ausgestaltet sein soll. Doch in der Tradition der Wohlfahrtsökonomik müßte sie wahrscheinlich von einem Marktstruktur-Marktverhalten-Marktergebnis-Ansatz ausgehen. Daß dieser konstruktivistische Partialmarktansatz höchst zweifelhaft ist, wurde zunehmend deutlich, wenn es um praktische Probleme ging.

28 Frei heißt dabei nicht, daß Markteintritt und -austritt ohne (versunkene) Kosten möglich sein muß, wie zum Beispiel in der Theorie anfechtbarer Märkte angenommen wird. Im Fall des Wettbewerbs als evolutorischem Prozeß heißt dies nur, daß Markt- eintritt und -austritt frei von solchen Beschränkungen sein sollten, die tatsächlich eine Behinderung des Handels darstellen, sei es durch den Staat oder durch die bereits in einem Markt operierenden Akteure (für eine neuere Diskussion des Problems der versunkenen Kosten in diesem Zusammenhang vgl. HAUER 1990, S. 63 ff.).

von Kapitalmärkten, zu äußerst ungünstigen wirtschaftlichen Ergebnissen. Die allgemeinen Probleme eines kollektiven Entscheidungsprozesses wurden bereits bei der Diskussion von Genossenschaften innerhalb einer marktwirtschaftlichen Rahmenordnung erwähnt. Darüberhinaus ändert sich die Anreizstruktur grundlegend, wenn es Mitgliedern einer Genossenschaft möglich ist, (1) sich die Erträge aus der Nutzung von Kollektiveigentum anzueignen und (2) sich, wenn notwendig, an politische Planungsbehörden als Verteiler von Investitionsmitteln und als Kreditgeber bei wirtschaftlichen Schwierigkeiten zu wenden. Wenigstens einige jener beobachtbaren Konsequenzen, welche theoretisch plausibel sind, wenn man das Selbstinteresse ökonomischer Entscheidungsträger berücksichtigt, sollen hier erwähnt werden: (1) eine closed-shop-Mentalität bei denen, die einen Arbeitsplatz in einer Genossenschaft besitzen, (2) ein Arbeitskräftebeschaffungssystem, das Vetternwirtschaft sehr nahe kommt, (3) eine Expansionstendenz, die sich übermäßig auf arbeitssparende Techniken gründet und (4) ein Raubbau am vorhandenen Kollektiveigentum aufgrund der Angebots- bedingungen für Kapital. Weder die Art des Entscheidungsproblems noch die Konsequenzen aus den Anreizstrukturen erweisen sich dabei als wettbewerblichem Verhalten förderlich.

Die Hoffnung auf Wettbewerb muß vollends aufgegeben werden, wenn man das Zusammenspiel der verschiedenen ökonomischen und politischen Organisationen betrachtet, von dem eine kooperative und demokratische Planung und Lenkung des gesellschaftlichen Entwicklungsprozesses erwartet wird. Betrachtet man am Beispiel des ehemaligen Jugoslawiens das komplexe Geflecht von Organisationen, bestehend aus Arbeiterräten, Handelskammern, Behörden auf Kommunal-, Landes- und Bundesebene, Gewerkschaften und der Kommunistischen Partei, die alle bei der Gestaltung der makroökonomischen Wirtschaftspolitik, der Verteilungspolitik, der Strukturpolitik etc. zusammenwirken sollen, so wird die Ähnlichkeit mit Konzeptionen des Neo-Korporatismus[29] offensichtlich. Gleiches gilt für seine fundamentale Schwäche: die Delegierung von hochgradig interdependenten wirtschaftspolitischen Entscheidungen konstruktivistischer Art an ein komplexes Geflecht kollektiver Entscheidungsorgane ist eine offene Einladung zu kollektiver Unverantwortlichkeit, syndikalistischer Unbeweglichkeit und zur quasi-Kartellierung der Wirtschaft anstatt zu Wettbewerb.[30]

Was bei der Betrachtung der verschiedenen, im Namen eines demokratischen Sozialismus erhobenen Forderungen nach einer Demokratisierung der wirtschaftlichen Entscheidungsprozesse am meisten Sorge macht, ist die Überschätzung des demokratischen Entscheidungsverfahrens. „Denn das legt den Gedanken nahe, daß, weil Demokratie etwas Gutes ist, es immer ein Gewinn für die Menschheit sein muß, wenn sie ausgedehnt wird. Das mag selbstverständlich klingen, aber es ist keineswegs so.“ HAYEK (1960/83, S. 127). Diese Zweifel an der Problemlösungskapazität des demo-

29 Dazu zum Beispiel STREEK und SCHMITTER (1985), sowie aus eindeutig sozialistischer Perspektive WINKLER (1977).

30 Für eine kritische Analyse des Neo-Korporatismus aus ordnungspolitischer Sicht vgl. STREIT (1988).

kratischen Verfahrens finden ihre Bestätigung, wenn man die Ausgestaltung der Wirtschaftspolitik in den westlichen Demokratien betrachtet. Die bei diesen wirtschaftspolitischen Entscheidungen ständig zutage tretende Diskrepanz zwischen ökonomischer und politischer Rationalität gilt inzwischen als systemimmanente Eigenschaft einer wettbewerblichen Demokratie. Deshalb muß der Zuspruch, den das demokratische Verfahren zurecht erfährt, anders gerechtfertigt werden: Das Verfahren macht jene Spannung erträglich, die notwendigerweise zwischen individueller Freiheit und politischer Herrschaft besteht. Ein besseres Verfahren ist nicht bekannt. Das heißt jedoch nicht, daß die Ergebnisse, welche sich bei Anwendung des demokratischen Verfahrens einstellen, notwendigerweise gut sind. Das Gegenteil zu behaupten, hieße indes, in die Rousseausche Idee einer absoluten Demokratie zurückzuverfallen.

4. Effizienzprobleme sozialistischer Systeme

4.1 Unangemessene Abstraktionen

Kehrt man zur Wohlfahrtsökonomik als der theoretischen Grundlage für wettbewerbliche „Lösungen" zurück, besteht die Hauptkritik darin, daß sie eine völlig unzureichende theoretische Behandlung des Wissensproblems liefert. Dies wird auch bei der Betrachtung von Struktur und Lösung des Effizienzproblems deutlich. Wie bereits erwähnt, wird das Problem der allokativen Effizienz als ein Entscheidungsproblem definiert. In seiner rigorosesten Form wurde es auf ein bloßes Rechenproblem reduziert. So kam LANGE (1965) in seinem letzten Beitrag zu dem Schluß, daß die Überlegenheit des Computers, wenn man ihn mit dem Markt als einem „unhandliche[n] und langsam arbeitenden Servomechanismus" vergleicht, über allen Zweifel erhaben ist (LANGE 1965, S. 325). Wo allerdings die Information herkommen soll, mit welcher der Rechner zu füttern wäre, wird völlig außer acht gelassen.

Diese radikale Auffassung ist mit der in der Wohlfahrtsökonomik üblichen Behandlung des Wissensproblems vollkommen vereinbar. Kurzfristig gesehen, kann die Verwendung von Märkten in einem sozialistischen System verteidigt werden, indem die praktischen Rechenprobleme betont werden. Aber dies ändert nichts an der Substanz des Arguments. Hingegen wäre ein überzeugendes Gegenargument auf die Behauptung zu stützen, daß Wettbewerbsmärkte selbst Systeme sind, die ökonomisch relevante Information in einem Ausmaß hervorbringen und verbreiten, welches weit über das hinaus geht, was eine Planungsbürokratie zu leisten vermag. Eine solche Argumentation bleibt der Wohlfahrtsökonomik allerdings verschlossen.[31]

31 Interessanterweise zeigt SOHMEN (1976, S. 457), daß das Problem der Wirtschaftsrechnung recht komplex ist und daß es unklug wäre, auf Märkte zu verzichten. Das hieße nämlich, daß sich die Gesellschaft eines äußerst kostensparenden Informationssystems beraubte. Indes ist schwer zu verstehen, wie eine Weiterentwicklung dieses wichtigen Arguments hätte stattfinden können, ohne daß der gesamte wohlfahrts-ökonomische Ansatz in Frage gestellt wird.

Auch bei der Betrachtung der Rolle des Geldes wird in der Wohlfahrtsökonomik – wie auch bei den wettbewerblichen „Lösungen" – die Abstraktion vom Wissensproblem offenbar. In der Wohlfahrtsökonomik spielt Geld überhaupt keine Rolle. „Jeder Vermögensgegenstand oder jede Kombination von Vermögensgegenständen ist gleichermaßen zur Wahl als Tauschmittel geeignet, und die Ressourcenallokation bleibt von dieser Wahl unbeeinflußt" (BRUNNER und MELTZER 1971, S. 785 f.). In sozialistischen Systemen ist Geld lediglich ein praktisches Instrument zur Konsumlenkung; dies, aber auch die selbst bei so beschränkter Zwecksetzung mangelhafte Handhabung dieses Instruments wurde durch das Erbe des Sozialismus drastisch vor Augen geführt. Insofern kam Lenin mit seiner Schlußfolgerung der Wahrheit sehr nahe, daß kapitalistische Systeme sich am leichtesten zerstören lassen, wenn man ihr Geld ruiniert. Brunner und Meltzer ließen einen Teil dieser Wahrheit erkennbar werden, als sie die Bedeutung des Geldes im Hinblick auf die Reduzierung von Ungewißheit hervorhoben, was in unserer Terminologie bedeutet, daß bei Gebrauch von Geld das Transaktionskostenniveau sinkt. Mit dieser Argumentation näherten sie sich der Position Hayeks: Es ist wichtiger, Wege für den Umgang mit unserem konstitutionellen Wissensmangel zu finden, anstatt so zu argumentieren, als ob es ihn gar nicht gäbe.[32]

Daß eine solche Argumentation sogar zu einer ernsthaften Verwechslung des an unangemessenen Abstraktionen leidenden Modells mit der Wirklichkeit führen kann, wurde unbeabsichtigt von LANGE (1965) gezeigt. Seiner Meinung nach besteht eine der wesentlichen Grenzen des Marktes darin, „daß er das Problem der Wirtschaftsrechnung in ausschließlich statischen Kategorien ausdrückt, d.h. als Gleichgewichtsproblem." (LANGE 1965, S. 326). Somit konnte er argumentieren, daß der Markt für eine Lösung der Probleme des Wirtschaftswachstums und der Wirtschaftsentwicklung keine hinreichende Voraussetzung darstelle (LANGE ebenda). Für ihn ist das Marktsystem schwerfällig bei der Etablierung eines kurzfristigen effizienten Gleichgewichts und es versagt bei der Bereitstellung befriedigender Lösungen für langfristige Probleme. Empirisch gesehen ist dies eine bemerkenswerte These, wenn man den langfristigen Erfolg sozialistischer und marktwirtschaftlicher Ordnungen vergleicht.

4.2 Statische versus dynamische Effizienz

Aus wirtschaftstheoretischer Sicht berührt Lange ein Problem, welches bereits von BALASSA (1959, S. 7) gesehen wurde, nämlich die Unterscheidung zwischen statischer und dynamischer Effizienz. Mit dieser Unterscheidung konnte er an Schumpeter

32 Unglücklicherweise entfernten sich Brunner und Meltzer etwas von ihrem Hauptargument, als sie versuchten, das Problem modellmäßig zu erfassen. Dazu hatten sie innerhalb einer „Periode des stetigen, allmählichen Wandels" (BRUNNER und MELTZER 1971, S. 800, Übers. W. K.) zu argumentieren. Das hieß, daß ein individueller Entscheidungsträger durch Lernprozesse Kenntnisse über die Welt erwerben könne, wodurch es wiederum möglich würde, das Informationsproblem auf ein Optimierungsproblem zu reduzieren. Als Folge davon könnte Ungewißheit als eine Abweichung von einem gegebenen Wissensbestand interpretiert werden. Eine solche Ansicht unterscheidet sich grundlegend von dem Hayekschen Gedanken einer Welt der strukturellen Ungewißheit.

anknüpfen. Schumpeter zufolge kann das Versagen einer Wirtschaftsordnung im Hinblick auf die Erreichung statischer Effizienz sogar eine Bedingung dafür sein, daß sich seine dynamische Effizienz verbessert. Indes war es nicht möglich, vom Konzept der statischen Effizienz ausgehend zu einer befriedigenden Definition dynamischer Effizienz zu gelangen. Und es ist in diesem Zusammenhang symptomatisch, daß die Wachstumstheorie trotz all ihrer intelligenten Verfeinerungen durch das Beharren auf dem eng mit der statischen Effizienz verknüpften Gleichgewichtskonzept blockiert blieb. Inzwischen wird zunehmend erkannt, aber noch nicht allgemein anerkannt, daß sich Katallaxie als ein evolutorisches Phänomen nicht analysieren und ausreichend erklären läßt, indem man einen stationären Bezugspunkt wählt und somit wiederum die theoretische Bedeutung des konstitutionellen Wissensmangels schmälert. Weniger Anlaß zu Besorgnis gäbe vielleicht eine Betrachtung des stationären Zustandes als eine bequeme und nahezu unentbehrliche Hilfe für die theoretische Analyse, wenn dies nicht in einer Vielzahl von Fällen zu einer schwerwiegenden Fehleinschätzung der ökonomischen Realität geführt hätte. Einer der wichtigsten Fälle ist in diesem Zusammenhang die Anwendung der Wohlfahrtsökonomik auf Fragen der Wirtschaftsordnung.

5. Wirtschaftsordnung und politisches System

Dem bisher dargelegten zufolge gibt es keinen Grund zur Abkehr von der Feststellung, die Ludwig von Mises traf, daß die Alternative immer noch entweder Sozialismus oder Marktwirtschaft heißt. Außerdem läßt sich hinsichtlich der theoretischen, aber mehr noch der empirischen Ergebnisse mit Sicherheit hinzufügen, daß der Sozialismus kaum eine lebensfähige Alternative darstellt. Was den wirtschaftlichen und politischen Zusammenbruch der meisten sozialistischen Systeme Europas im einzelnen verursacht hat, und wie sich die Transformation dieser Systeme entwickeln wird, bleibt noch zu untersuchen.

Aus ordnungstheoretischer Perspektive werden sich diese Untersuchungen insbesondere auf die Interdependenz zwischen Wirtschaftsordnung und politischer Ordnung konzentrieren müssen.[33] Für EUCKEN (1952, S. 183) war diese Interdependenz der Ordnungen „eine Zentralfrage unseres Zeitalters". Gegenwärtig ist diese Frage sogar von noch größerer Brisanz. Eine überwältigende Mehrheit von Bürgern der meisten sozialistischen Länder beantwortete sie im vergangenen Jahr unüberhörbar und unmißverständlich. Es ist der Ruf nach Demokratie und Marktwirtschaft, um die Freiheit zu gewinnen.

33 Es mag von Interesse sein, daß SOHMEN (1976, S. 458) ebenfalls auf die Interdependenz zwischen Wirtschaftsordnung und politischem System hinweist, ohne aber auf Walter Eucken Bezug zu nehmen, obwohl er dessen Grundsätze der Wirtschaftspolitik zitiert, wenn er die Erfordernisse einer Wettbewerbspolitik diskutiert (ebenda, S.440).

Ob diese Freiheit gesichert werden kann, hängt entscheidend von der Struktur der gewählten politischen und ökonomischen Verfassung ab. Jene Länder, die den Sozialismus und das Diktat einer einzigen Partei hinter sich gelassen haben, können nicht nur aus dem Erfolg der westlichen Demokratien lernen, sondern auch aus ihren Problemen. Eines der Hauptprobleme ist die Bedrohung der Freiheit, die innerhalb jener Demokratien nahezu unbemerkt um sich greift, nämlich in Gestalt der allzu zahlreichen Freiheitsbeschränkungen, die im Namen der sozialen Gerechtigkeit erfolgen und die aus dem Zusammenspiel von Repräsentanten spezieller Interessengruppen und politischen Akteuren hervorgeht. Bereits in den dreißiger Jahren beklagte Eucken „die Fesselung des Staates durch die Wirtschaft" (EUCKEN 1932, S. 307). Und seine Diagnose, „der heutige [Staat] pflegt ... an vielen Stellen und nachhaltig seine Macht einzusetzen, aber die wirkliche Selbständigkeit seines Willens fehlt" (ebenda, 5. 308) kommt dem nahe, was Hayek als den „verhängnisvollen Defekt der vorherrschenden Form der Demokratie" kritisiert (HAYEK 1981b, S. 17). Das hohe Maß an Macht, das dem Parlament in dieser Form von Demokratie zukommt, geht nicht notwendigerweise mit einem ähnlich hohen Ausmaß an Autonomie einher. Politische Akteure im allgemeinen und Parlamentarier im besonderen büßen tendenziell einen Großteil ihrer Autonomie ein,

a) weil die parlamentarische Mehrheit mit der Minderheit um die Erhaltung und Gewinnung von Unterstützung durch spezielle Interessengruppen konkurrieren muß, indem sie Verteilungsprivilegien bereit oder zumindest in Aussicht stellt, und
b) weil kein politischer Entscheidungsträger auf eine demokratisch legitimierte Instanz oder auf eine Regel verweisen kann, die seine Nachgiebigkeit gegenüber dem üblichen Druck der Interessengruppen verhindern könnte.

Was zu fehlen scheint, ist eine verfassungsmäßige Beschränkung parlamentarischer Aktivitäten. Allerdings, selbst wenn sich Wege finden ließen, eine durch Regeln wirksam beschränkte Gesetzgebung zu etablieren, muß bezweifelt werden, ob sie auch beschritten würden.[34] Entsprechende Reformen erforderten eine verfassungsmäßig bindende Entscheidung zur Selbstbeschränkung von jenen, die schwerlich ein besonderes Interesse an einer solchen Entscheidung haben dürften. Andererseits sind demokratische Gesellschaften offen und zu Lernprozessen fähig. Warum sollten sie nicht die Notwendigkeit einer Zähmung des Leviathan begreifen und die dazu erforderlichen Maßnahmen entdecken?

34 Für eine Diskussion einiger Reformvorschläge und für eine Untersuchung möglicher selbstregulierender Kräfte vgl. STREIT (1987, S. 12 ff.).

Literatur

ALCHIAN, A. und H. DEMSETZ (1973): The Property Rights Paradigm, in: *Journal of Economic Theory*, 33, S. 16-27.

ARROW, K. E. (1962): Economic Welfare and the Allocation of Ressources for Invention, wiederabgedruckt in: D. M. Lamberton (Hrsg., 1971): *Economics of Information and Knowledge*, Harmondsworth, S. 141-159.

BALASSA, B. (1959): Success Criteria for Economic Systems, wiederabgedruckt in: M. Bornstein (Hrsg., 1965): *Comparative Economic Systems – Models and Cases*, Homewood, Ill., S. 2-18.

BERLE, A. A. und G. C. MEANS (1932/67): *The Modern Corporation and Private Property*, revidierte Aufl., New York.

BÖHM, E (1966): Privatrechtsgesellschaft und Marktwirtschaft, in: ORDO, 17, S. 75- 151.

BOULDING, K. E. (1952): Welfare Economics, in: B. F. Haley (Hrsg.): *A Survey of Contemporary Economics*, Homewood, Ill., S. 1-38.

BRUNNER, K. und A. H. MELTZER (1971): The Use of Money – Money in the Theory of an Exchange Economy, in: *American Economic Review*, 61, S. 784-805.

BUCHANAN, J. M. und G. TULLOCK (1962): *The Calculus of Consent*, Ann Arbor.

COASE, R. H. (1960): The Problem of Social Cost, in: *Journal of Law and Economics*, 12, S. 1-22.

DEMSETZ, H. (1969): Information and Efficiency: Another Viewpoint, wiederabgedruckt in: D. M. Lamberton (Hrsg., 1971): *Economics of Information and Know ledge*, Harmondsworth, S. 160-186.

DICKINSON, H. D. (1933): Price Formation in a Socialist Community, in: *The Economic Journal*, 43, S. 237-250.

EUCKEN, W. (1932): Staatliche Strukturwandlungen und die Krise des Kapitalismus, in: *Weltwirtschaftliches Archiv*, 34, S. 297-331.

–, (1948a): On the Theory of the Centrally Administered Economy, wiederabgedruckt in: M. Bornstein (Hrsg., 1965): *Comparative Economic Systems* – Models and Cases, Homewood, Ill., S. 157-197.

–, (1948b): Das ordnungspolitische Problem, in: ORDO, 1, S. 56-60.

–, (1952): *Grundsätze der Wirtschaftspolitik*, hrsg. v. E. Eucken und K. P. Hensel, 4. Aufl., Tübingen und Zürich 1968

HAUER, R. (1990): *Versunkene Kosten — Zur Funktionsweise der unsichtbaren Hand*, Freiburg i. Br.

HAYEK, F. A. v. (1940) Socialist Calculation: The Competitive Solution, wiederabgedruckt in: M. Bornstein (Hrsg., 1965): *Comparative Economic Systems – Models and Cases*, Homewood, I11., S. 95-105.

–, (1945/52): Die Verwertung des Wissens in der Gesellschaft, in: DERS., *Individualismus und wirtschaftliche Ordnung*, Erlenbach-Zürich, S. 103-121.

–, (1948): The Meaning of Competition, in: DERS., *Individualism and Economic Order*, Chicago 92-106.

–, (1960/83): *Die Verfassung der Freiheit*, Tübingen.

–, (1966): The Principles of a Liberal Social Order, in: DERS., *Studies in Philosophy, Politics and Economics*, London and Henley, S. 160-177.

–, (1967): Notes on the Evolution of Systems of Rules of Conduct, in: DERS., *Studies in Philosophy, Politics and Economics*, London and Henley, S. 66-88.

–, (1969a): Die Ergebnisse menschlichen Handelns, aber nicht menschlichen Entwurfs, in: DERS., *Freiburger Studien*, Tübingen, S. 97-107.
–, (1969b): Wettbewerb als Entdeckungsverfahren, in: DERS., *Freiburger Studien*, Tübingen, S. 249-265.
–, (1981a): *Recht, Gesetzgebung und Freiheit*, Bd. 2: Die Illusion der sozialen Gerechtigkeit, Landsberg a.L.
–, (1981b): *Recht, Gesetzgebung und Freiheit*, Bd. 3: Die Verfassung einer Gesellschaft freier Menschen, Landsberg a.L.
HUME, D. (1739/1978): *Ein Traktat über die menschliche Natur*, Bd. 2, Hamburg.
LACHMANN, L. M. (1963): Wirtschaftsordnung und wirtschaftliche Institutionen, in: *ORDO*, 14, S. 63-77.
LANGE, O. (1936): On the Economic Theory of Socialism, wiederabgedruckt in: M. Bornstein (Hrsg., 1965): *Comparative Economic Systems – Models and Cases*, Homewood, I11., S.86-94.
–, (1965): Computer und Markt, in: O. LANGE: *Ökonomisch-theoretische Studien*, hrsg. v. J. JAROSLAWSKA, Frankfurt und Köln, 1977, S. 323-327.
LEIPOLD, H. (1983): *Eigentum und wirtschaftlicher Fortschritt* – Eine Dogmenhistorische und vergleichende Studie, Köln.
–, (1984): Wirtschaftpolitische Konzeptionen sozialistischer Marktwirtschaften, in: D. CASSEL (Hrsg.): *Wirtschaftspolitik im Systemvergleich*, München, S. 69-91.
–, (1990): The Neoliberal Theory of Order, in: *Constitutional Political Economy*, 1, S. 47-65.
MESTMÄCKER, E. -J. (1978): *Die sichtbare Hand des Rechts* – Über das Verhältnis von Rechtsordnung und Wirtschaftssystem, Baden-Baden.
MISES, L. v. (1922/65): Die Gemeinwirtschaft — Untersuchungen über den Sozialismus, Jena, gekürzt wiederabgedruckt in: M. BORNSTEIN (Hrsg., 1965): *Comparative Economic Systems – Models and Cases*, Homewood, Ill., S. 79-85.
O'DRISCOLL, G. P., JR. und M. J. RIZZO (1985): *The Economics of Time and Ignorance*, Oxford.
POPPER, K. R. (1957): *The Poverty of Historicism*, London.
SCHÜLLER, A. (1988): Does Market Socialism Work?, in: *Understanding Economic Systems*, Vol. 4, London, The Centre for Research into Communist Economies.
SOHMEN, E. (1976): *Allokationstheorie und Wirtschaftspolitik*, Tübingen.
STIGLER, G. J. (1967): Imperfections in the Capital Market, in: *Journal of Political Economy*, 75, S. 287-295.
STREEK, W. und P. SCHMITTER (1985): Community, Market, State – and Associations?, in: *European Sociological Review*, 1, S. 119-138.
STREIT, M. E. (1987): Economic Order and Public Policy, in: R. PETHIG und U. SCHLIEPER (Hrsg.): *Efficiency, Institutions and Economic Order*, Berlin und New York, S.1-21.
–, (1988): The Mirage of Neo-Corporatism, in: *Kyklos*, 41, S. 603-624.
–, und G. WEGNER (1989): Wissensmangel, Wissenserwerb und Wettbewerbsfolgen – Transaktionskosten aus evolutorischer Sicht, in: *ORDO*, 40, S. 183-200.
TINBERGEN, J. (1961): Do Communist and Free Economies Show a Converging Pattern, wiederabgedruckt in: M. BORNSTEIN (Hrsg., 1965): *Comparative Economic Systems – Models and Cases*, Homewood, Ill., S. 455-464.
VANBERG, V. (1982): *Markt und Organisation* – Individualistische Sozialtheorie und das Problem des korporativen Handelns, Tübingen.
WINKLER, I. T. (1977): The Coming Corporatism, in: R. SKIDELKY (Hrsg.): *The End of the Keynesian Era*, London, S. 78-87.

Rechtsordnung und Handelnsordnung*

I. Vorbemerkungen

Ich habe das Thema „Rechtsordnung und Handelnsordnung" für diese Vorlesung gewählt, um an Hayeks Beitrag mit dem gleichen Thema zu Ringvorlesungen seiner Freiburger Fakultät im Wintersemester 1966/67 zu erinnern[1]. Ferner hat meine Wahl beeinflußt, daß ich mir damit die Gelegenheit einräumen konnte, einige Grundfragen der Institutionenökonomik unter Hinzuziehung von Hayeks Beitrag zu erörtern. Mit den Grundfragen werden drei zentrale Forschungsthemen der Institutionenökonomik angesprochen: (1) die Entstehung (Emergenz), (2) die Wirkung (Inzidenz) und (3) der Wandel von Institutionen. Unter Institutionen verstehe ich Verhaltensregeln für eine angebbare Gruppe von Akteuren, deren Durchsetzung entweder innerhalb der Gruppe bewirkt wird (interne Institutionen) oder von außen durch eine Organisation wie den Staat[2] (externe Institutionen)[3].

Konkrete Beispiele, die *Hayek* verwendete, sind das (nationale) Privat- und das Strafrecht als Systeme externer Institutionen (*Hayek* 1967, S. 173). *Hayek*s Freiburger Beitrag „Rechtsordnung und Handelnsordnung" galt der Wirkung dieser Institutionen im Sinne der Herstellung einer Handelnsordnung. Als „Regeln gerechten Handelns" – so beschrieb er die Wirkungsweise, „kanalisieren sie die Akteure in ihren Bestrebungen so, daß sie dem Gemeinwohl dienen (freilich nur im Sinne der Herstellung einer abstrakten Ordnung)" (ebd., S. 179). *Hayek*s zentrale Vermutung war, daß „die Normen des Eigentums und Vertragsrechts der Herstellung einer solchen Ordnung dienen" (ebd.). Diese Einsicht schrieb er den Denkern des 18. Jahrhunderts, vor allem den schottischen Moralphilosophen, zu. Das galt auch für die Entwicklung der Rechtsprechung. Bei ihr war *Hayek* insofern optimistisch, als er von ihr „die Entwicklung jener besonderen Normen ..." erwartete, „... die zur vorteilhaftesten Ordnung führen

---

* -- Erstveröffentlichung in ORDO, Bd. 50, 1999, 93-104
- „Hayek-Vorlesung" anlässlich der Gedenkfeier zum 100. Geburtstag von Friedrich A. v. Hayek am 6. Mai 1999 an der Albert-Ludwigs-Universität Freiburg in Breisgau.

1 Im folgenden alle Zitate nach dem Wiederabdruck in Hayeks „Freiburger Studien: Gesammelte Aufsätze", 2. Aufl. Tübingen: Mohr 1994, S. 161-183; hier als Hayek 1967 in runden Klammern im Text.

2 Hayek sah ein Ordnungsprinzip in der „Beschränkung des staatlichen Zwanges auf die Durchsetzung allgemeiner Regeln und den Verzicht auf die Hinlenkung der wirtschaftlichen Tätigkeit auf bestimmte konkrete Ziele" (Hayek 1967, S. 191). Das war eine klare Absage an den Interventionsstaat bzw. den Staat der „Maßnahmengesetze", von dem er „die Durchdringung und Verdrängung des Privatrechts durch das öffentliche Recht" erwartete (ebenda, S. 191f.).

3 Vgl. zu dieser Unterscheidung Kiwit und Voigt (1995). Ähnlich unterschied bereits Max Weber (1921/72) extern (staatlich) durchgesetzte Rechtsregeln von intern (sozial) sanktionierten Konventionen und schließlich rein gewohnheitsmäßigen Regelmäßigkeiten der Sitte.

würden" (ebd., S. 180).[4] Es ist einzuräumen, daß diese optimistische Entwicklungshypothese schwer nachvollziehbar ist. Das gilt auch, wie noch darzulegen sein wird, für *Hayek*s Ordnungsverständnis. Er definierte Ordnung als „das Bestehen von Beziehungen zwischen wiederkehrenden Elementen, das[5] es uns möglich macht, aufgrund der Kenntnis eines (räumlich oder zeitlich) beschränkten Teils des Ganzen Erwartungen bezüglich des Restes zu bilden, die gute Aussicht auf Erfüllung haben" (ebd., S. 164). Fragt man nach den Eigenschaften dieser Ordnung, stößt man immer wieder auf *Hayek*s Aussage, es handele sich um eine spontane, ungeplante Ordnung, im Unterschied zu einer geplanten Ordnung oder Organisation. Nach heutigen Erkenntnissen beinhaltet *Hayeks* Aussage zugleich eine Erklärung der unsichtbaren Hand.[6] Derartige Erklärungen gewinnen an Plausibilität, wenn zwei ordnungstheoretisch-pathologische Fälle betrachtet werden, einmal der Niedergang sozialistischer Wirtschaftsordnungen und zum anderen die daraus erwachsenden Transformationsprobleme. In beiden Fällen sind institutionenökonomische Defizite besonders offenkundig geworden. Beispielsweise kommt eine Rechtsordnung mit fehlenden oder durch öffentliches Recht verdrängten Institutionen des Privatrechts einer sozialistischen Rechtsordnung nahe. Deren katastrophale ökonomische Wirkungen wurden erst unlängst evident. Ordnungs- sowie institutionentheoretisch begründete Schwierigkeiten gelten auch für die Wiedereinführung von Elementen eines Privatrechtssystems, wenn damit eine Transformation vormals sozialistischer Gemeinwesen angestrebt wird.[7]

II. Kognition und Emergenz

Meine bisherigen Darlegungen galten *Hayeks* analytischer Ausgangsposition aus einer institutionenökonomischen Sicht. Nunmehr werde ich mich dem ersten Forschungsthema, der Emergenz einzelner Institutionen[8] zuwenden.

Für *Hayek* war die Emergenz eng mit vielschichtigen kognitionstheoretischen, letztlich neurosensorischen Problemen verknüpft, die ihn seit seiner Wiener Zeit An-

4 Die optimistische Erwartung eines gerichteten institutionellen Wandels durch die Rechtfortschreibung schrieb Hayek den Denkern des 18. Jahrhunderts zu (ebd., S. 179f), ohne allerdings den Nachweis zu führen

5 Im Original – offensichtlich falsch – „die".

6 Vgl. dazu Koppl (1994, S. 193).

7 Vgl. hierzu Streit und Mummert (1998).

8 Die Beantwortung dieser Frage wirft für die Institutionenökonomik besonders schwierige Probleme auf. Hayek schlug mit der „conjectural history" eine spezifische Erklärungsmethode vor. Darunter verstand er in vorsichtiger Formulierung folgendes (Hayek 1969, S. 154): „Conjectural history in diesem Sinne ist die Rekonstruktion eines hypothetischen Prozesses, der vielleicht niemals beobachtet wurde, der aber, falls er stattgefunden hat, Phänomene der von uns beobachteten Art hervorgebracht haben müßte." Als Anwendungsfall dieses Verfahrens läßt sich die Arbeit von Demsetz (1967) zur Entstehung von Eigentumsrechten interpretieren. Vgl. generell zur Entstehung von Eigentumsrechten den Überblick bei Eggertsson (1990, Kap. 8), wo auf die Arbeit von Demsetz eingegangen wird.

fang dieses Jahrhunderts faszinierten. Die Suche nach einer Lösung führte ihn zu Erkenntnissen, die heute der Neurowissenschaft zugeordnet werden können.[9] Sie fanden ihren Niederschlag in der 1952 erschienenen „Sensory Order", einem Werk, von dem *Hayek* einräumte, daß es Gesellschaftswissenschaftler als uninteressant und unverdaulich betrachteten[10] (*Hayek* 1979, Fußnote 26, S. 199).

Angewandt auf die Emergenz von Institutionen lautete seine wiederholt und variantenreich vorgetragene Vermutung: Der Mensch ist ein regelorientiertes Wesen.[11] Seine Wahrnehmung orientiert sich an Strukturen oder Mustern im Verhalten anderer, die er als Regelmäßigkeiten erfährt. Für sein Verhalten bildet er entsprechende Erwartungen. Werden die Erwartungen enttäuscht, so vermute ich, löst dies Unlust bis hin zum Protest aus, sowie Versuche, auf regelkonformem Verhalten zu bestehen. Dieser Vorgang läßt sich bei Kleinkindern und ihren Bezugspersonen beobachten und als (unbewußter) Versuch zur Lösung des mit einer Regel verbundenen Durchsetzungsproblems[12] interpretieren.

III. Ordnung als Gesamtwirkung (Inzidenz)

Ich habe dargelegt, daß *Hayeks* Überlegungen von einem besonderen Ordnungsverständnis geprägt waren. Es ging ihm um eine Handelnsordnung. Diese ist insofern institutionengestützt, als sie auf der Selbstkoordination durch privatrechtliche Verträge zwischen den Akteuren und Selbstkontrolle durch Wettbewerb nach den Spielregeln des Wettbewerbsrechts beruht. Mit diesem ordnungs- und systemtheoretischen Vorverständnis näherte sich *Hayek* auch der durch das Thema seines Beitrags vorgegebenen Gesamtwirkung der Rechtsordnung im Sinne einer Generierung der Handelnsordnung, indem er normativ-funktional fragte: „Welcher Art müssen die Regelmäßigkeiten im Verhalten der menschlichen Individuen sein, damit die Reaktionen jedes einzelnen auf die ihm bekannten Umstände zu einer Ordnung des Ganzen führen?" (*Hayek* 1967, S. 172). Ordnung des Ganzen bezieht sich, wie gerade betont, auf *Hayeks* Vorverständnis von Ordnung, das zu seiner Zeit, aber auch heute, anderen Schwierigkeiten bereitet. Gemeint war stets eine marktwirtschaftliche Ordnung[13] Die

9 Ich bin in diesem Zusammenhang auf die gerade im Hinblick auf kognitive Prozesse aufschlußreiche Arbeit von Grauel (1996) gestoßen.

10 Einen Interpretationsversuch der „Sensory Order" habe ich an anderer Stelle (Streit 1992/95, S. 161ff.) unternommen.

11 Hayeks neurosensorisch begründete Vermutung war, daß das Nervensystem eine Art „Detektor" zur Identifikation von Bewegungsmustern und damit Handlungsabläufen haben müßte (Hayek 1963/67, S. 45) Er sieht dabei sehr wohl die Nähe zur Gestalts-Psychologie, wenngleich er ihr skeptisch gegenübersteht (ebenda, 49).

12 Eine durchaus moderne Diskussion dieses Problems und der gruppeninternen Lösungsmöglichkeiten bis hin zum Ostrazismus findet sich bei Hayek 1969, S.157f.

13 Von dieser Ordnungsvorstellung führte ihn die Suche nach Erklärungen zur Theorie komplexer Phänemene (Hayek 1972) Damit erschloß er neue Wege in der Komplexitätstheorie, die sich auf die Interaktion einer großen Zahl von adaptiven Elementen bezieht. Von da ist der Weg nicht

Verständnisschwierigkeiten, so vermutete *Hayek* zu recht, „entsprangen einer tief eingewurzelten Neigung unseres Denkens, überall dort, wo wir Ordnung finden, sie auf das Wirken eines persönlichen Anordners zurück(zu)führen“ (ebd., S. 163). Schwierigkeiten, aus dem Denkmuster einer gemeinsamen Zwecken unterworfenen, geplanten Ordnung oder Organisation auszubrechen, sind charakteristisch für das Verständnis der Koordination durch Marktprozesse, in deren Verlauf eine Handelnsordnung entsteht. Der neoklassische, gleichgewichtsorientierte Ansatz zur Rekonstruktion von Marktergebnissen kann durchaus als Ausdruck dieser Neigung und der damit verbundenen Verständnisprobleme angesehen werden. Die Rolle eines Organisators übernimmt bei diesem Ansatz der (gedachte) *Walras*ianische Auktionator. Er ermittelt durch „tâtonnement“ die gleichgewichts- und effizienzorientierten Preissignale vorweg. Die Signale kommen nach dem, wie die Marktakteure und ihr handlungsrelevantes Umfeld modelliert sind (Wissens- und Wettbewerbsannahmen), im Grunde den Anweisungen und Anreizen eines umfassend informierten Planers nahe.

Die Schwierigkeiten beim Verstehen der Ergebnisse menschlichen Zusammenwirkens, die mit der Unterscheidung von spontaner und geplanter Ordnung – von Kosmos und Taxis (*Hayek* 1973, Kap. 2) – auftreten, sind auch beim Verständnis der komplementären Systeme von Verhaltensregeln zu finden. In Beantwortung der zitierten normativ-funktionalen Frage müssen die ordnungskonformen Regeln für die Handelnsordnung des marktwirtschaftlichen Systems so beschaffen sein, daß sie zweierlei bewirken: Einmal sollen sie sowohl den Individuen die Verfolgung selbstgesetzter Zwecke durch Verwertung ihres personen- und situationsbezogenen Wissens erlauben. Zum anderen sollen sie ihre Erwartungen in einem Maße stabilisieren, welches die Koordination durch Markthandlungen begünstigt. Dazu muß das Regelsystem, die Rechtsordnung, vor allem das bewirken, was *David Hume* in seinem Buch „Über Moral“ (1739/1978, 274) als „Sicherheit des Besitzes, Übertragung durch Zustimmung und ... Erfüllung von Versprechen“ beschrieben hat.[14]. Die hierfür erforderlichen Regeln sind nur zum Teil im geltenden Privatrecht enthalten. Hinzu kommen viele Regeln der Sitte und Moral sowie der Gewohnheit, aber auch individuelle Erfahrungen, die es erleichtern, zutreffende Erwartungen über das Verhalten anderer zu bilden (etwa *Hayek* 1967, S. 176). Funktionsrelevante Eigenschaft vieler dieser Regeln ist ihre „Abstraktheit“ oder, genauer, ihre Universalisierbarkeit[15] in dem Sinne, daß sie Beschränkungen von Handlungen für unbekannte Umstände enthalten, mit deren Einhaltung andere rechnen können. Regeln mit dieser Eigenschaft – so argu-

---

weit zur Chaostheorie oder zur Theorie vielzahliger nicht-linearer Systeme sowie zu Modellen der „künstlichen Intelligenz“ (vgl. hierzu Holland 1995).

14 Vgl. Hayek 1967, S. 179 am Ende von Fußnote 23.

15 Solche Regeln sind (1) allgemein, weil sie für eine unbekannte und unbestimmbare Zahl von Personen und Fällen gelten (Hayek 1973, S. 50), (2) offen, weil sie lediglich solche Handlungen beschreiben, die als nicht erlaubt gelten, womit es möglich bleibt, auch neue Handlungsweisen zu nutzen, sowie (3) bestimmt oder gewiß, weil erwartet werden kann, daß es dem einzelnen möglich ist, praktische Situationen als Anwendungsfälle einer Regel auch zu identifizieren und daß auf ihr Fortbestehen vertraut werden kann.

mentierte *Hayek* (ebd., S. 183) – erlaubten die Bildung einer Großgesellschaft, „die nicht mehr die Verfolgung konkreter Zwecke voraussetzte, sondern es möglich machte, daß einander unbekannte Menschen mit ganz divergenten Zwecken ihr Wissen wechselseitig in einanders Dienste stellen konnten".

Dieses Ergebnis hat neben der Neigung, in geplanten Ordnungen zu denken, einschneidende wirtschaftswissenschaftliche Konsequenzen. Die Wohlfahrtsökonomik wird damit in mehrfacher Hinsicht in Frage gestellt.[16] Die dort analysierte Wohlstandsmaximierung scheitert einmal an der Unlösbarkeit des Aggregationsproblems, und zum anderen scheitert sie an der unabänderlichen Beschränkung unseres Wissens.[17] Ferner setzt sie dem wirtschaftlichen Geschehen ein konkretes Ziel, das niemand verfolgt. Selbst wenn dies nur aus analytischen Gründen geschähe, um die allgemeine Vorteilhaftigkeit marktwirtschaftlicher Systeme zu überprüfen, müßte ein solcher Versuch scheitern, weil Effizienzurteile über die individuelle Wahlhandlungsebene hinaus schon aus Wissensgründen bedeutungslos sind.[18]

Ein weiteres analytisches Prinzip, das sowohl in der traditionellen Allokationstheorie als auch in der Wohlfahrtsökonomik praktiziert wird, ist das Prinzip der institutionellen Neutralität der Analyse (etwa *Sohmen* 1976, S. 439). Dieses Prinzip erweist sich im Lichte der Ergebnisse *Hayeks* als unhaltbar. Werden Institutionen als Regeln im eingangs skizzierten Sinne verstanden, dann ist es gerade ihr Informationsgehalt in der Form erwartungsstabilisierender Beschränkungen von Handlungsmöglichkeiten, der den Schritt zur offenen Großgesellschaft erst ermöglicht. Ferner darf die entlastende Wirkung nicht übersehen werden, die für alle Akteure mit der häufig unbewußten, im Prozeß der Sozialisation erlernten Einhaltung und Entwicklung von Regeln verbunden ist, in denen sich die Erfahrungen und Kenntnisse von vielen niedergeschlagen haben. Erst wenn „das Hausgespenst in unserem Schrank, der homo oeconomicus, den wir mit Beten und Fasten ausgetrieben haben, durch die Hintertüre wieder hereingekommen ist in der Gestalt eines quasi allwissenden Einzelmenschen" (*Hayek* 1937/76, S. 65), kann auf solche entlastende Wirkungen von Institutionen verzichtet werden. Die Institutionen kann man aus den genannten Gründen nicht von der „reinen Theorie" zunächst fernhalten, um dann zu fragen, mit welchen institutionellen Vorkehrungen die deduzierten Ergebnisse erzielt werden könnten (so wiederum zum Beispiel *Sohmen*, ebd.).

Wie *Hayek* überzeugend dargelegt hat, gehören zur spontanen wie zur geplanten Ordnung ganz spezifische Institutionensysteme. Im Fall der Handelsordnung begünstigen sie Vereinbarungen zwischen Gleichgestellten. Im Fall der Organisation legitimieren sie Anweisungen eines übergeordneten Organisators. Im Recht ist es der Unterschied zwischen Nomos und Thesis (*Hayek* 1973, Kap. 5 sowie 6). Eine Instrumentalisierung der Institutionensysteme zur Herbeiführung spezifischer Ergebnisse wird nur durch die szientistische, d. h. auf einer Anmaßung von Wissen beruhenden Me-

16 Vgl. hierzu meine Kritik an anderer Stelle (Streit 1992/95a, 4ff.).
17 So auch Hayek (1967, S. 169).
18 Vgl. in diesem Sinne auch sehr deutlich Kirzner (1998, S. 291f).

thode möglich. Vielmehr wird damit die Gefahr eines marktwidrigen Interventionismus mit Mitteln des (öffentlichen) Rechts heraufbeschworen.

IV. Werthaltigkeit der Rechtsordnung

Ein weiteres analytisches Prinzip der Wohlfahrtsökonomik ist die Wertabstinenz. Es beinhaltet den Versuch, mit einem Minimum an grundlegenden als weithin akzeptabel geltenden Werturteilen auszukommen[19]. Das Prinzip erweist sich als eine irreführende Reaktion auf die Werturteilsdebatte. Folgt man der Analyse *Hayeks* (etwa 1973, Kap. 5; 1976, Kap. 8), so stützt sich die Handelnsordnung nicht nur auf ein Regelsystem mit spezifischen Eigenschaften. Darüber hinaus – so läßt sich seine

Analyse zusammenfassen – ist die Rechtsordnung selbst werthaltig: Sie dient dem abstrakten Ziel der Freiheit der Handelnden durch Regeln gerechten Verhaltens.

Das abstrakte Ziel der Freiheit wird in dem Maße erreicht, wie es mit Hilfe von Institutionen gelingt, Konflikten durch den Schutz individueller Einflußsphären vorzubeugen, und zugleich die Kooperation zwischen Individuen in den Fällen zu erleichtern, in denen sie ihnen aus der Sicht selbstgesetzter Zwecke und spezifischer Umstände erstrebenswert erscheint. Weil es sich um Zwecke und Umstände handelt, die niemandem in ihrer Gesamtheit bekannt sein können, müssen sich die Regeln notwendig von der Herbeiführung konkreter Ergebnisse lösen. Dann erlauben sie aber auch keine allgemeingültigen ergebnisorientierten Urteile mehr, auf die sich ihre Akzeptanz stützen könnte. Wäre dem so, würde das Durchsetzungsproblem erleichtert.[20] Viele regelorientierte Handlungen dürften unbeabsichtigte Nebenwirkungen haben, die als ungerecht gelten würden, wenn sie bewußt herbeigeführt würden. Eine Handelnsordnung bringt viele Änderungen hervor – nicht zuletzt bei den Tauschwerten von Eigentumsrechten und bei Einkommenserzielungschancen, – die als ungerecht eingestuft würden, wenn sie das Ergebnis eines menschlichen Entwurfs wären. Nur in einer Großgesellschaft von Allwissenden wären solche Ungerechtigkeiten vielleicht vermeidbar, weil die Individuen auch die Voraussicht hätten, dies zu tun. Diesseits eines solchen Nirwanas stellen abstrakte, ergebnisunabhängige Regeln oder Institutionen eine Anpassung an die konstitutionelle Unwissenheit dar (*Hayek* 1976, S. 39) und damit an die Unfähigkeit des Einzelnen, Zustände herbeizuführen, die von allen stets

19 Zur immanenten Kritik der „widely acceptable" paretianischen Werturteile vgl. etwa Nath 1969, Kap. VI. – Eine radikalere, den Hayekschen Vorstellungen in vielen Punkten nahe kommende Kritik lieferten Rowley und Peacock 1975.

20 Hayek (1969, S. 159) erläutert ebenfalls einen Durchsetzungsmechanismus, die Selbstdurchsetzung, mit Hinweis auf die psychischen Kosten, die ein schlechtes Gewissen als Folge eines Regelverstoßes bei konstitutionellem Wissensmangel über die Folgen des Verstoßes bewirkt, wie folgt: „Ein schlechtes Gewissen ist die Angst vor Gefahren, denen man sich aussetzt, wenn man [mit einem Regelverstoß, MES] den vertrauten Pfad verläßt und eine ... unbekannte Welt betritt. Die Welt ist nur dann einigermaßen voraussehbar, wenn man sich an die bewährten Verfahren hält und wird zum Schrecken, wenn man von ihnen abweicht."

als gerecht angesehen würden. Dies ist auch der Ansatzpunkt für *Hayeks* Fundamentalkritik an ergebnisorientierten Zielvorstellungen wie denen der „sozialen Gerechtigkeit".[21]

Hieraus ergibt sich: Wenn das Untersuchungsobjekt, die Handelnsordnung, das Ergebnis der Befolgung von Regeln gerechten Verhaltens ist, dann ist Wertabstinenz, wie sie an der Wohlfahrtsökonomik kritisiert wurde, analytisch unangemessen. Demgegenüber kann es durchaus Gegenstand wissenschaftlicher Bemühungen sein, zu klären, ob weitere Regeln mit denen dieser Ordnung und damit ihrem Fortbestehen verträglich sind. Gerade die häufig artikulierten, ergebnisorientierten Gerechtigkeitsvorstellungen harmonieren in ihren institutionellen Erfordernissen am wenigsten mit der Freiheit als der Norm des Nomos, einer Norm, die von niemandem gesetzt wurde. Vielmehr war Freiheit für *Hayek* ein „Artefakt der Zivilisation", das den Menschen aus der kleinen Gruppe löste und das im Prozeß der kulturellen Evolution von Regeln und regelgerechtem Verhalten geformt wurde.

Hayeks Vorstellungen von diesem Evolutionsprozeß markieren eher den Beginn einer gesellschaftswissenschaftlichen Theoriebildung.[22] Für ihn war die kulturelle Evolution in hohem Maße von der „Gruppenselektion" von Regelsystemen geprägt. Die Systeme selbst sind das Ergebnis historischer Zufälligkeiten und unbewußter, lernender Übernahme von Regeln durch Gruppenmitglieder. Dabei setzen sich solche Regelsysteme durch, welche einer Gruppe die Anpassung an unvorhersehbare Umstände besser ermöglichen als anderen Gruppen. Die Überlegenheit äußerte sich in einer Frühphase gesellschaftlicher Entwicklung darin, daß die Gruppe den organisatorischen Grenzen der Kleingruppe leichter zu entwachsen vermochte. Dazu mußte sie, wie auch in späteren Phasen, besonders gute Vermehrungs- und Zuwanderungschancen[23] bieten. Über eindrucksvoll ausformulierte Teilaspekte hinaus ist die Evolutionstheorie *Hayeks* wenig ausgearbeitet, so daß er manchen möglichen Implikationen nicht genügend Rechnung tragen konnte.[24] Inzwischen sind hierzu eine Reihe von Fragen aufgeworfen, aber auch zum Teil Kritik geäußert worden.[25] Auf sie möchte ich

---

21 Vgl. hierzu ausführlich Hayek (1976).

22 Vgl. hierzu den Epilog von Hayek (1979, S. 153ff) sowie Hayek (1988, insbes. Kap. 1 und 8.). Diese Theoriebildung dürfte mit besonderen Schwierigkeiten konfrontiert sein, die sich aus den vorherrschenden Wissenschaftsstandards ergeben. Hayek (1988, S. 61) faßte sie wie folgt zusammen: „These declarations (of faith of modern science and philosophy of science, MES), definitions, postulates, have created the impression that only that which is rationally justifiable, only that which is provable by observational experiment, only that which can be experienced, only that which can be surveyed, deserves belief." Das behindert nicht nur die Analyse der Grenzen unseres Wissens, sonders es versperrt auch den Zugang zu Phänomenen, die zwischen Instinkt und Vernunft liegen, und die für die kulturelle Entwicklung, wie Hayek vermutete, von zentraler Bedeutung sind (ebenda, S. 62).

23 Hayek (1988, S. 132) betonte: „It is not the present number of lives that evolution will tend to maximise but the prospective stream of future lives."

24 Dies räumte er am Ende des zitierten Epilogs (Hayek 1979, S. 176) selbst ein: „In concluding this epilogue I am becoming increasingly aware that it ought not to be that but rather a new beginning." Seine späteren Überlegungen brachten ihn nur noch ein begrenztes Stück weiter.

25 Vgl. etwa Radnitzky 1984; Vanberg 1986; Voigt 1991; Witt 1989.

hier nicht eingehen, sondern später eine Frage stellen, die den Evolutionsgedanken weiterführen soll.

V. Institutioneller Wandel

Ausgehend von Entwicklungsprozessen wie der Evolution von Elementen der Rechtsordnung werde ich mich abschließend dem anfangs genannten dritten institutionenökonomischen Thema, dem Wandel von Institutionen, zuwenden. Zwei Quellen des Wandels kommen in Betracht: der gruppenendogen und der gruppenexogen bedingte Wandel.

Der endogene Wandel setzt bei externen Institutionen mit dem Regelverstoß und seiner judikativen Verarbeitung ein. Hier sei daran erinnert, daß *Hayek* – wie zu Beginn betont – sich auf optimistische Erwartungen über eine Entwicklungstendenz in der Rechtsprechung bezog. Spekulativ kann ich wohlwollend in seinem Sinne argumentieren: Wenn es richtig ist, daß die Regeln des Nomos zu den unbewußten, kulturell prägenden und tradierten Regeln gehören, dann wird durch sie auch die dem Nomos konforme Interpretation des Rechts und des Verstoßes gegen das Recht begünstigt. Für den „Kampf um das Recht" (*v. Jhering* 1872/1989) gibt es also Hoffnung im Sinne der *Hayek*schen Vermutung.[26]

Die zweite genannte Quelle des institutionellen Wandels ist wissenschaftlich besonders herausfordernd und dem *Hayek*schen Denken angemessen. Es ist der gruppenexogen verursachte Wandel der Rechtsordnungen durch Wettbewerb.[27] Rechtsordnungen setzen eine Legislative sowie eine Organisation der politischen Willensbildung zur Gesetzgebung voraus. Institutioneller Wandel durch Wettbewerb ergibt sich aus dem politischen Wettbewerb, ausgetragen mit Gesetzesinitiativen und angeregt durch wahrgenommene Unterschiede in den nationalen Rechtsordnungen sowie Vermutungen über deren Folgen für die Position der Rechtssubjekte im transnationalen ökonomischen Wettbewerb. Soweit diese Unterschiede Standortentscheidungen von Eigentümern mobiler Faktoren beeinflussen, löst die Umsetzung ihrer Entscheidungen Faktorwanderungen aus. Als solche werden sie im politischen Wettbewerb aufge-

26 Von Jhering geht es in seiner berühmten Streitschrift darum, es als Bürgerpflicht anerkannt zu sehen, gegen private und staatliche Eingriffe in Recht und Eigentum beharrlich vor Gericht zu ziehen und so durch „muthige und standhafte Bethätigung des Rechtsgefühls" an der Verstärkung des Rechtsschutzes und der Rechtsfortentwicklung tätig mitzuwirken. (Jhering 1872/1989, 18)

27 Dabei handelt es sich um institutionellen oder Systemwettbewerb; vgl. hierzu Kasper und Streit (1999, S. 399 ff.), Streit und Kiwit (1999) sowie die dort angegebene Literatur. Die Hypothese zum institutionellen Wandel durch Wettbewerb im Sinne von Systemwettbewerb hat eine geistesgeschichtliche Tradition, die sich auf den Historiker Edward Gibbon sowie auf Immanuel Kant zurückführen läßt. Bereits bei Adam Smith finden sich Überlegungen zur Beziehung zwischen internationalen Besteuerungsunterschieden und induzierten transnationalen Kapitalbewegungen. Ein Überblick über die historischen Belege zu dieser Hypothese wird in der Einführung und im Vorwort zu Bernholz, Streit, Vaubel (Hrsg., 1998) gegeben.

griffen. Ökonomischer und politischer Wettbewerb sind – so gesehen – auf komplexe Weise miteinander verknüpft.[28] Der institutionelle Wandel dürfte zu einem guten Teil auch Folge dieses Wettbewerbs sein. Hieran lassen sich noch weitere Vermutungen im Sinne *Hayeks* knüpfen: Wie alle Wettbewerbsprozesse fungiert auch der skizzierte institutionelle Wettbewerb als ein Entdeckungsverfahren.[29] Neue, von anderen (nicht heimischen) Rechtsordnungen abweichende Rechtsregeln werden durch die ökonomischen Akteure aufgespürt und im politischen Prozeß thematisiert. Ihre Umsetzung in geltendes Recht führt zu legislativen Nischen im transnationalen Standortwettbewerb. Die Nischen sind wiederum Attraktoren für transnationale Faktorwanderungen. Korrekt interpretiert sind die so entstandenen Elemente der Rechtsordnung Anstoß zu einer weiteren Runde im Standortwettbewerb. Man sieht, wie komplex das skizzierte Phänomen ist, das bei der Diskussion um die Globalisierung eine bedeutende Rolle spielt. Man sieht auch die Herausforderung an die ökonomische Theorie und die unkonventionellen Antworten, mit denen der Herausforderung zu begegnen ist. Bei der Suche nach solchen Antworten wird *Friedrich August von Hayek* zweifellos vermißt. Vermißt wird er auch bei der Beantwortung einer Frage, die in enger Verbindung zu der bereits angesprochenen Theorie kultureller und damit auch institutioneller Evolution stehen dürfte. In seinem Sinne und wie zuvor angekündigt würde ich fragen: Sind wir mit der Diskussion des Systemwettbewerbs oder des institutionellen Wettbewerbs nicht auf der Spur eines wesentlichen Teilaspekts der Evolution von Rechtsordnungen moderner Zivilisationen und damit auch ihrer ökonomischen Grundlagen?

VI. Schlußbemerkungen

Hayek stellte an den Beginn seines Beitrags ein Zitat, entnommen *Schillers* vor gut 200 Jahren uraufgeführten „Wallensteins Tod"[30]. Im 2. Aufzug und 2. Auftritt äußert der mit einer Entscheidung ringende Wallenstein gegenüber Max Piccolomini:

> „Eng ist die Welt und das Gehirn ist weit."

und *Hayek* wählte folgendes, anschließendes Zitat:

> „Leicht beieinander wohnen die Gedanken und hart im Raume stoßen sich die Sachen."

In meinem Bemühen, ein kommentierendes Zitat zu finden, das dem aus Schillers Wallenstein angemessen ist, bin ich auf den Faust gestoßen. Im 2. Teil – vor gut 170 Jahren erschienen – läßt *Goethe* den Mephistopheles am Ende des ersten Aktes dem

28 Vgl. hierzu Streit und Kiwit (1999).

29 Vgl. auch Wohlgemuth (1999) zu einer konsequent Hayekianischen Interpretation des Systemwettbewerbs als Verfahren zur Entdeckung institutioneller Problemlösungshypothesen, die ohne wirksamen Systemwettbewerb entweder unbekannt blieben oder doch zumindest nicht genutzt würden.

30 Die Fundstelle verdanke ich einem Hinweis von E.-J. Mestmäcker.

im Staatsrat in Erwartung des Kaisers sinnierenden Kanzler ironisch und vernunftkritisch[31] entgegenhalten:

> „Daran erkenne ich den gelehrten Herrn!
> Was ihr nicht tastet, steht euch meilenfern,
> was ihr nicht faßt, das fehlt euch ganz und gar,
> was ihr nicht rechnet, glaubt ihr sei nicht wahr…"

Literaturverzeichnis

Bernholz, Peter /Manfred E. Streit/ Roland Vaubel (Hrsg. 1998), Political Competition, Innovation and Growth – A Historical Analysis, 1998, 3-11.

Demsetz, Harold (1967): Toward a Theory of Property Rights, American Economic Review, 57, 347-359.

Eggertsson, Thráinn (1990): Economic Behavior and Institutions, Cambridge: Cambridge University Press.

Grauel, A. (1996): Neuronale Netze, in: E. P.Fischer et al. (Hrsg.), Mannheimer Forum – Panorama der Naturwissenschaften, München: Piper, 11-29

Hayek, Friedrich A. v. (Hrsg.) (1937/76): Wirtschaftstheorie und Wissen, in ders., Individualismus und wirtschaftliche Ordnung, 2., erw. Auflage Salzburg 1976, 49-77.

Hayek, Friedrich A. v. (1960): *The Constitution of Liberty*, London und Henley

Hayek, Friedrich A. v. (1963/67): Rules, Perception and Intellegibility, in: ders., Studies in Philosophy, Politics and Economics, Chicago 1967: University of Chicago Press, 43-65.

Hayek, Friedrich A. v. (1967/69): Rechtsordnung und Handelnsordnung, in: ders., Freiburger Studien – Gesammelte Aufsätze, Tübingen 1969, 175-198.

Hayek, Friedrich A. v. (1969a): Bemerkungen über die Entwicklung von Systemen von Verhaltensregeln, in: ders., Freiburger Studien – Gesammelte Aufsätze, Tübingen 1969, 144-160.

Hayek, Friedrich A. v. (1972): Die Theorie komplexer Phänomene, Walter Eucken Institut (Hrsg.), Vorträge und Aufsätze 36, Tübingen: J.C.B. Mohr (Paul Siebeck).

Hayek, Friedrich A. v. (1973): Law, Legislation and Liberty. Band 1: The Rules and Order, Chicago und London.

Hayek, Friedrich A. v. (1976): Law, Legislation and Liberty. Band 2: The Mirage of Social Justice, Chicago und London.

Hayek, Friedrich A. v. (1979): Law, Legislation and Liberty. Band 3: The Political Order of a Free People, Chicago und London.

Hayek, Friedrich, A. v. (1988): The Fatal Conceit – The Errors of Socialism, London 1988.

Holland, John H. (1995): Hidden Order – How Adaptation builds Complexity, Reading, Mass. etc.: Helix Books.

Hume, David (1739/1978): Ein Traktat über die menschliche Natur, Bd. 2, Hamburg

Jhering, Rudolf v. (1872/1989): Der Kampf ums Recht, Neuausgabe, Frankfurt 1989.

Kasper, Wolfgang und *Manfred E. Streit* (1999) Institutional Economics, Cheltenham, UK, Northhampton, MA, USA: Edward Elgar.

Kirzner, Israel M. (1998): Coordination as a Criterion for Economic 'Goodness', Constitutional Political Economy, 9, 289-301.

31 Ganz i. S. v. Hayeks Kritik an den vorherrschenden Wissenschaftsstandards (vgl. Fußnote 22).

Kiwit, Daniel / Stefan Voigt (1995): Überlegungen zum institutionellen Wandel unter der Berücksichtigung des Verhältnisses interner und externer Institutionen, ORDO, 46, 117-147.

Koppl, Roger G. (1994): 'Invisible hand' explanations, in: Peter J. Boettke (Hrsg.), The Elgar Companion to Austrian Economics, Aldershot, 72-76.

Nath, S. K (1969): A Reapraisal of Welfare Economics, London 1969.

Radnitzky, Gerard (1984): Die ungeplante Gesellschaft – Friedrich von Hayeks Theorie der Evolution spontaner Ordnungen und selbstorganisierender Systeme, Hamburger Jahrbuch für Wirtschafts- und Gesellschaftspolitik, Band 29, 9-33.

Rowley, Charles K. / Alan T. Peacock (1975): Welfare Economics – A Liberal Restatement, London.

Sohmen, Egon (1976), Allokationstheorie und Wirtschaftspolitik, Tübingen

Streit, Manfred E. (1992/95): Wissen, Wettbewerb und Wirtschaftsordnung – zum Gedenken an Friedrich August von Hayek, in: ders., Freiburger Beiträge zur Ordnungsökonomik, Tübingen: J.C.B. Mohr (Paul Siebeck), 159-194.

Streit, Manfred E. (1992/95a): Wohlfahrtsökonomik, Wirtschaftsordnung und Wettbewerb, in ders.: Freiburger Beiträge zur Ordnungsökonomik, Tübingen: J. C. B. Mohr (Paul Siebeck), 3-28.

Streit, Manfred E. / Uwe Mummert (1998): Grundprobleme der Systemtransformation aus institutionenökonomischer Perspektive, in: Ulrich Drobnig u.a. (Hrsg.), Systemtransformation in Mittel- und Osteuropa und ihre Folgen für Banken, Börsen und Kreditsicherheiten, Tübingen: J.C.B. Mohr (Paul Siebeck), 3-35.

Streit, Manfred E. / Daniel Kiwit (1999): Zur Theorie des Systemwettbewerbs, in: Manfred E. Streit / Michael Wohlgemuth (Hrsg.), Systemwettbewerb als Herausforderung an Theorie und Politik, Baden-Baden: Nomos, erscheint demnächst.

Vanberg, Viktor (1986): Spontaneous Market Order and Social Rules – A Critical Examination of F. A. von Hayek's Theory of Cultural Evolution, Economics and Philosophy, Bd. 2, 75-100.

Voigt, Stefan (1991): Die evolutionsorientierte Theorie der Verfassung – Bemerkungen zum Ansatz von Hayeks, Zeitschrift für Wirtschaftspolitik, Bd. 40, 93-107.

Weber, Max (1921/72): Wirtschaft und Gesellschaft – Grundriß der verstehenden Soziologie, 5., revidierte Auflage (Studienausgabe), Tübingen 1972: Mohr (Siebeck).

Wohlgemuth, Michael (1999): Systemwettbewerb als Entdeckungsverfahren, in: Manfred E. Streit / Michael Wohlgemuth (Hrsg.), Systemwettbewerb als Herausforderung an Theorie und Politik, Baden-Baden: Nomos, erscheint demnächst.

Zusammenfassung

Mit diesem Aufsatz soll an eine Vorlesung mit dem gleichen Titel erinnert werden, die von *Hayek* als Beitrag zu einer Ringvorlesung seiner Freiburger Fakultät im Wintersemester 1966/67 angeboten hat. Mit Rückgriff auf diese Vorlesung werden einige grundlegende Forschungsthemen der Institutionenökonomik erörtert, d.h. das Entstehen oder die Emergenz, die Wirkung oder Inzidenz und der Wandel von Institutionen. Zunächst wird die Beziehung zwischen Emergenz und Kognition analysiert. Sodann wird Ordnung, insbesondere die spontane Ordnung des Marktgeschehens als Gesamtwirkung (Inzidenz) korrespondierender Institutionen, betrachtet. Dies erlaubt es, auf *Hayeks* Ordnungsverständnis einzugehen und auf die immanente Kritik an der neoklassischen Allokationstheorie und Wohlfahrtsökonomik. Schließlich gilt die Aufmerksamkeit dem Wandel von Institutionen. Das führt zum Phänomen des institutionellen Wettbewerbs oder des Systemwettbewerbs als möglicher Ursache institutionellen Wandels.

Summary

Order of Law and Order of Actions

The article commemorates a lecture with the same title presented by *Hayek* as a contribution to a lecture series offered by his Freiburg faculty during the winter-term 1966/67. By drawing on *Hayek's* contribution some basic research themes of institutional economics are presented, i.e., the emergence, the incidence and the change of institutions. First, the relationship between human cognition and the emergence of institutions are analysed. Thereafter the author considers the hypothesis that the economic order, particularly the spontaneous order of the market, is based on corresponding institutions. This allows to deal with *Hayek's* understanding of order which contains elements of criticism of the neoclassical theory of allocation and of welfare. Finally, institutional change and, related to it, institutional competition or competition among institutional systems as a factor of institutional change are discussed.